高等职业教育"十三五"创新型规划教材

财经法规与会计职业道德

主　编　朱　皓

副主编　刘婷婷　陆　瑶　赵　毅

参　编　孙艳妮　王　勋

主　审　姚　惠

北京理工大学出版社
BEIJING INSTITUTE OF TECHNOLOGY PRESS

图书在版编目（CIP）数据

财经法规与会计职业道德/朱皓主编 . —北京：北京理工大学出版社，2017.8
（2017.9 重印）

ISBN 978 - 7 - 5682 - 4334 - 6

Ⅰ．①财… Ⅱ．①朱… Ⅲ．①财政法 - 中国 - 教材②经济法 - 中国 - 教材③会计人员 - 职业道德 - 教材 Ⅳ．①D922.2②F233

中国版本图书馆 CIP 数据核字（2017）第 165790 号

出版发行 / 北京理工大学出版社有限责任公司

社　　址 / 北京市海淀区中关村南大街 5 号

邮　　编 / 100081

电　　话 /（010）68914775（总编室）

　　　　　（010）82562903（教材售后服务热线）

　　　　　（010）68948351（其他图书服务热线）

网　　址 / http：//www.bitpress.com.cn

经　　销 / 全国各地新华书店

印　　刷 / 三河市天利华印刷装订有限公司

开　　本 / 787 毫米 ×1092 毫米　1/16

印　　张 / 12.5

字　　数 / 295 千字

版　　次 / 2017 年 8 月第 1 版　2017 年 9 月第 2 次印刷

定　　价 / 30.00 元

责任编辑 / 王俊洁

文案编辑 / 王俊洁

责任校对 / 周瑞红

责任印制 / 李志强

前　言

　　《财经法规与会计职业道德》教材的主要使用对象是高职高专财务会计和经济管理类相关专业的学生。全书以"理论与实践相结合，突出技能培养"为指导思想，重点阐述财经类法律规范的基本知识、基本要求，目的是要使学生在校期间系统地掌握财经类法规的基本规定和财会职业对于从业人员的基本要求。毕业后，能够较快地适应不同行业的财务会计工作，具备独立从事财会工作的基本素质。

　　本书以 2016 年 8 月财政部颁布的《会计从业资格考试大纲》《中华人民共和国财政部令 82 号文》和后续的补充性规定为依据，贯彻高教〔2006〕16 号文件精神，是基于学校自身需求开发的项目化教材。全书在编写时以工作过程为导向，以工作任务为载体，突出仿真性和互动性，融教学于一体，体现了职业教育的特色。

　　全书在结构体系的设置上力求符合由浅入深、循序渐进的认识规律，遵循"实用、够用"原则，按照新大纲要求将内容分为 5 个章，每章都根据最新的会计法规和文件进行了订正。为了帮助学生进行课后复习，还准备了大量的习题供学生练习。

　　本书由湖北财税职业学院会计系朱皓老师担任主编，由长江职业学院的刘婷婷老师、湖北财税职业学院会计系陆瑶老师、武汉信息传播职业技术学院赵毅老师担任副主编，由湖北财税职业学院会计系的姚惠老师担任主审，孙艳妮老师和王勋也参与了编写工作。具体分工如下：朱皓编写了第一章，姚惠编写了第二章，刘婷婷编写了第三章，陆瑶编写了第四章，孙艳妮编写了第五章，最后由朱皓汇总成书，由陆瑶和王勋校对。此外，在本书编写过程中，得到了何爱赟、吴育湘、杜敏、胡红梅、徐丽华等老师的指点和帮助，在此一并表示衷心的感谢。

　　本书作为针对会计从业考试新大纲的最新教材，初步完成定稿后就收到了会计从业考试调整的消息，可能书中还存在不足之处，我们期待着教育界和学术界的专家、学者、老师和广大读者们提出意见和建议，便于我们进一步的修订和完善，谢谢大家！

编　者

前　言

目 录

会计法律制度

（一）知识目标

1. 掌握会计法规体系及会计法主要规定，明辨违反财经法规的行为与责任后果。
2. 了解会计机构的设置办法并理解代理记账的概念、业务范围及基本规定。
3. 了解会计法规制度的构成。
4. 了解会计工作自律管理。
5. 了解相关的会计凭证、会计账簿、相应的财务会计报表及会计档案。
6. 了解会计工作的社会监督、政府监督。

（二）能力目标

1. 熟悉会计法律制度的概念。
2. 熟悉会计工作的自律管理和行政管理。
3. 掌握会计核算依据。
4. 掌握会计法规体系及会计法主要规定。
5. 熟悉会计核算的依据。
6. 掌握单位内部的会计监督。

1. 了解会计法规法律制度的构成，包括会计法律制度的概念、构成及其制定权限与形式。
2. 掌握会计工作管理体制，包括会计工作的行政管理、自律管理及单位内部会计工作的管理要求。
3. 掌握会计核算法律规范，包括会计核算依据、对会计资料的基本要求以及对会计凭证、会计账簿、财务报表、会计档案的管理要求。
4. 掌握会计监督的制度安排，包括会计工作的单位内部监督、社会监督和政府监督。
5. 掌握会计机构的设置和对会计人员的要求，包括会计机构的设置原则、会计机构负责人（会计主管人员）的任职资格、会计工作岗位、会计工作交接、会计从业资格管理、会计专业技术资格与业务等。
6. 理解违反会计制度的法律责任，包括违反法律制度的主要行为及法律责任。

第一节　会计法律制度的概念与构成

一、会计法律制度的概念

会计法律制度是指国家权力机关和行政机关制定的，用以调整会计关系的各种法律、法规、规章和规范性文件的总称。会计法律制度是我国财经法规的重要组成部分，是调整会计关系的法律规范，是会计人员从事会计工作必须严格遵守的行为准则。目前，我国的会计法律制度基本形成了以《中华人民共和国会计法》（以下简称《会计法》）为主体的比较完整的会计法律体系，主要包括会计法律、会计行政法规、会计部门规章和地方性会计法规四个层次。

会计关系是指会计机构和会计人员在办理会计事务的过程中以及国家（主要指财政部门）在管理会计工作的过程中发生的经济关系。会计关系需要用法律规范来加以约束，于是会计法律制度应运而生。

二、会计法律制度的构成

我国会计法律制度包括会计法律、会计行政法规、会计部门规章和地方性会计法规四个层次。

（一）会计法律

会计法律是指由国家最高权力机关——全国人民代表大会及其常务委员会经过一定立法程序制定的有关会计工作的法律，是调整我国经济生活中会计关系的总规范。我国目前有两部会计法律，分别是《会计法》和《中华人民共和国注册会计师法》（以下简称《注册会计师法》）。

1.《会计法》

《会计法》是我国会计法律制度中层次最高、法律效力最高的法律规范，是制定其他会计法规的依据，也是指导会计工作的最高原则。《会计法》的使用范围遍及全国，包括我国驻外国的使、领馆。我国在境外投资设立的企业，向国内报送的财务会计报告也应当按照国内法处理。但是香港特别行政区和澳门特别行政区例外。

我国第一部会计法律——《会计法》于1985年1月21日由第六届全国人民代表大会常务委员会第九次会议通过，同年5月1日起施行，1993年和1999年全国人大常委会两次对《会计法》作了修订。目前施行的《会计法》是1999年10月31日修订后于2000年7月1日起施行的，包括总则、会计核算、公司、企业会计核算的特别规定、会计监督、会计机构和会计人员、法律责任和附则，共七章五十二条。修订后的《会计法》突出了规范会计行为、保证会计信息质量的立法宗旨，明确了会计工作在社会主义市场经济中的地位和职能作用，特别强调了单位负责人对本单位会计工作和会计资料真实性、完整性的责任，加大了对违法会计行为的惩治力度。

2.《注册会计师法》

1993年10月31日，第八届全国人民代表大会常务委员会第四次会议通过了《注册会计师法》，自1994年1月1日开始实施。这是我国中介行业的第一部法律。《注册会计师法》主要对注册会计师行业的管理体制、注册会计师考试、注册会计师事务所的组织形式和业务范围以及法律责任等进行了系统规范。其目的是发挥注册会计师在社会经济活动中的鉴证和服务作用，加强对注册会计师的管理，维护社会公共利益和投资者的合法权益，促进我国社会主义市场经济的健康发展。

早在 1986 年，国务院就颁布了《中华人民共和国注册会计师条例》，但是当时还不是法律，也没有经过全国人民代表大会的审议，是以行政法规的形式发布的。直到 1993 年才颁布了现行的《注册会计师法》，其主要规定了注册会计师的考试与注册、注册会计师承办的业务范围和规则、会计师事务所、注册会计师协会的相关问题，并对注册会计师有关的法律责任作出了明确规定。

 【相关链接】

（1）会计法律只能由具有国家立法权的全国人民代表大会及其常务委员会制定，其他机关无权制定或修改。

（2）会计法律所规定的是会计工作中重要的、带有根本性的事项。如《会计法》规定："各单位必须设置会计账簿，并保证其真实、完整"，"任何单位或者个人不得以任何方式授意、指使、强令会计机构、会计人员伪造、变造会计凭证、会计账簿和其他会计资料，提供虚假的财务会计报告等。"

（3）会计法律是制定会计行政法规、国家统一的会计制度的依据。

（二）会计行政法规

会计行政法规是指由国家最高行政机关——国务院制定并发布，或者由国务院有关部门拟定并经国务院批准发布，调整经济生活中某些方面会计关系的法律规范。会计行政法规制定的依据是《会计法》，会计行政法规的法律地位和法律效力仅次于会计法律，是一种重要的法律形式。我国当前施行的会计行政法规主要有两部，分别是《总会计师条例》和《企业财务会计报告条例》。

1. 《总会计师条例》

《总会计师条例》由国务院于 1990 年 12 月 31 日以第 72 号令颁布，是对《会计法》中有关规定的细化和补充，共分五章二十三条，主要规定了单位总会计师的职责、权限、任免、奖惩等。该条例规定国有大、中型企业及国有资产占控股地位或者主导地位的大、中型企业，必须设置总会计师。

2. 《企业财务会计报告条例》

《企业财务会计报告条例》由国务院于 2000 年 6 月 21 日以第 287 号令颁布，自 2000 年 1 月 1 日起施行，共分六章四十六条，它是对《会计法》中有关财务报表规定的细化。它主要规定了企业财务报表的构成、编制和对外提供的要求、法律责任等。该条例要求企业负责人对本企业的财务报表的真实性和完整性负责；强调任何组织或者个人不得授意、指使、强令企业编制和对外提供虚假的或者隐瞒重要事实的财务报表；规定有关部门或机构必须依据法律法规，索要企业财务报表。该条例还对违法违规行为应承担的法律责任作了明确规定。它是对《会计法》中有关财务会计报告的规定和细化。

（三）会计部门规章

会计部门规章是指国家主管会计工作的行政管理部门即财政部以及其他相关部委根据法

律和国务院行政法规、决定、命令，在部门的权限范围内制定、调整会计工作中某些方面内容的国家统一的会计准则和规范性文件，包括国家统一的会计核算制度、会计监督制度、会计机构和会计人员管理制度及会计工作管理制度等。

国务院其他部门根据其职责权限制定的会计方面的规范性文件也属于会计部门规章，但必须报国务院财政部门审核或备案。在旧版大纲中，规范性文件和部门规章并列为两个类别，现已合并统计，统称为会计部门规章。会计部门规章不得与宪法、会计法律和会计行政法规相违背，其法律地位和法律效力低于宪法、会计法律和会计行政法规。

会计部门规章涉及的会计工作管理领域较为广泛，因此会计部门规章的具体形式也较多。如2001年2月20日以财政部第10号令形式发布的《财政部门实施会计监督办法》；2005年1月22日以财政部第26号、第27号令发布，于同年3月1日起实施的《会计从业资格管理办法》、《代理记账管理办法》等。

除此之外，由国务院财政部门制定并发布的《企业会计制度》、《金融企业会计制度》、《小企业会计准则》、《行政单位会计制度》、《事业单位会计制度》、《民间非营利组织会计制度》、《会计基础工作规范》、《会计人员继续教育管理规定》，财政部与国家档案局联合发布的《会计档案管理办法》以及国务院财政部门以文件形式印发的企业会计准则体系中的38项具体准则以及应用指南，也属于会计部门规章。

（四）地方性会计法规

地方性会计法规是指由省、自治区、直辖市人民代表大会或常务委员会在同宪法、会计法律、行政法律、行政法规和国家统一的会计准则制度不相抵触的前提下，根据本地区情况制定发布的关于会计核算、会计监督、会计机构和会计人员以及会计工作管理的规范性文件。地方性会计法规是会计法律制度的重要组成部分。如2010年7月30日，辽宁省人民代表大会常务委员会公告第30号公布了《辽宁省会计管理条例》。除此之外，实行计划单列市、经济特区的人民代表大会及其常务委员会，在宪法、会计法律、会计行政法规允许的范围内也可制定会计规范性文件，如深圳市第四届人民代表大会常务委员会第十次会议通过自2007年3月1日起施行的《深圳经济特区注册会计师条例》等。地方性法规不得与宪法、会计法律和会计行政法规、会计部门规章相违背，其法律地位和法律效力低于宪法、会计法律、会计行政法规和会计部门规章。

第二节　会计工作管理体制

会计工作管理体制是指国家划分会计管理工作职责权限关系的制度，包括会计工作管理组织形式、管理权限划分、管理机构设置等内容，规定了中央、地方、部门、单位各自对会计工作的管理范围、职责权限及其相互关系，可以概括为四个"明确"：明确会计工作的主管部门，明确国家统一会计制度的制定权限，明确对会计人员的管理内容，明确单位内部的会计工作管理职责。

一、会计工作的行政管理

会计工作的主管部门是指代表国家对会计工作行使管理职责的政府部门。《会计法》第七条规定："国务院财政部门主管全国的会计工作，县级以上地方各级人民政府财政部门管理本行政区域的会计工作。"这条规定表明，会计工作的主管部门是财政部门。我国对会计工作实行"统一领导，分级管理"原则下的政府主导型管理体制，即国务院财政部门是全国会计工作的主管部门，统一领导全国会计工作，县级以上地方各级人民政府财政部门应根据国务院财政部门的要求和规定，结合本行政区域内的实际情况，做好本部门、本行政区域内的会计管理工作。

应当指出的是，《会计法》规定财政部门是会计工作的主管部门，但并不排斥国家其他部门依法对会计工作进行管理，如审计机关、证券监督机构等。

二、会计工作行政管理的内容

财政部门履行的会计行政管理职能主要有几下几项：

（一）制定国家统一的会计准则制度

市场经济是法治经济，市场经济活动需要遵循统一的规则。国家统一的会计准则制度是市场规范的重要组成部分，是会计监督的重要标准和尺度，是会计信息质量、维护社会主义市场经济秩序的重要保证。制定和实施国家统一的会计准则制度是财政部门管理会计工作的一项最基本的职能。

根据《会计法》第八条规定，国家实行统一的会计制度。国家统一的会计制度由国务院财政部门根据《会计法》制定并公布。国务院有关部门对会计核算和会计监督有特殊要求的行业，可以依照《会计法》和国家统一的会计制度的规定，制定实施国家统一的会计制度的具体办法或者补充规定，报国务院财政部门审核批准。中国人民解放军总后勤部可以依照《会计法》和国家统一的会计制度，制定军队实施的国家统一的会计制度的具体办法，报国务院财政部门备案。

（二）会计市场管理

会计市场管理是社会主义市场经济条件下财政部门管理会计工作的一项重要职能，会计工作的好坏直接影响到市场秩序，进而关系到国家和社会的公共利益。因此，财政部门作为会计行业的主管部门，必须对会计市场进行管理，履行相应的会计市场管理职责。我国财政部门对会计市场管理包括会计市场的准入管理、会计工作的过程监管和会计市场的退出管理。

会计市场的准入包括会计从业资格、注册会计师资格及会计师事务所的设立、代理记账机构的设立等。从事会计业务的机构或者人员获准进入会计市场后，还应当持续符合相关的资格条件，并主动接受财政部门的监管检查。财政部门对不再符合相关资格条件的从事会计业务的机构或者人员，可以撤回行政许可或者吊销其执业资格，强制其退出会计市场。

此外，对会计的培训市场、境外"洋资格"的管理等也属于会计市场管理的范畴，财政部门对违反会计法律、行政法规的规定，扰乱会计秩序的行为，都有权加以管理，严格规范。

财政部门对会计市场的管理还包括依法加强对会计行业自律组织的监督和指导。我国目前会计工作的自律管理组织主要有中国注册会计协会、中国会计学会和中国总会计师协会。

（三）会计专业人才评价

会计人才是国家人才战略的重要组成部分，因此，选拔、评价会计专业人才是财政部门的重要职责。对会计专业人才评价包括会计专业技术资格考试、会计行业领军人才的培养评价、对先进会计人员的表彰奖励和会计人员继续教育等内容。

会计专业技术资格考试是会计专业人才评价的一种方式，主要用于对初级、中级和高级三种级别的会计专业人才进行评价，由财政部门组织实施，由人力资源和社会保障部门监督指导。目前，我国对初级、中级会计资格实行全国统一的考试制度，对高级会计师资格实行考试与评审相结合的制度。

会计行业领军人才培养是适应我国当前经济发展的一种新的会计人才评价方式。2005年，财政部正式启动了会计领军（后备）人才培养工作，计划通过10年努力，分企业类、行政事业类、注册会计师类和艺术类，培养近千名具有国际视野、战略思维和国际竞争力的复合型人才。财政部负责组织全国范围内的会计领军人才培养工作。

对先进会计人员的表彰奖励也属于会计专业人才评价的范围。《会计法》规定，对认真执行会计法、忠于职守、坚持原则，做出显著成绩的会计人员，给予精神的或者物质的奖励。为了把对先进会计人员的表彰奖励做到经常化、制度化，财政部制定了《全国先进会计工作者评选表彰办法》，明确了评选范围、条件和程序等相关标准。

此外，会计人员继续教育是会计专业人才评估的又一重要内容。为了不断提高会计人员的专业胜任能力，促进会计人员整体素质的提高，我国规定会计人员应当参加继续教育。

　【扩展阅读】

目前，我国已初步形成了一个包含会计从业资格，初级、中级、高级会计专业技术资格，正高级会计师资格（含全国会计领军人才）的具有梯度发展级次的会计人才评价体系。为适应培养高级会计人才的需要，早在2007年，财政部就已提出了建立我国正高级会计师资格制度的构想。截至目前，正高级会计师资格评价的试点工作已在广东、江苏、浙江、辽宁、河北、湖北、内蒙古等省区成功开展。在之前的会计人才评价体系中，高级会计师在评审条件上实际只相当于副高级。

全国会计专业技术资格考试包括初级资格、中级资格和高级资格三个级别。初级会计资格考试设置《经济法基础》、《初级会计实务》两个科目；中级会计资格考试设置《经济法》、《中级会计实务》和《财务管理》三个科目；高级会计资格考试设置《高级会计实务》一个科目（高级会计师资格实行考试与评审相结合）。截至2015年年底，全国累计有近547万人通过考试，其中初级373.8万人、中级160.7万人、高级11.9万人。全国会计资格考试在选拔评价优秀会计人才方面发挥着主渠道作用，为我国经济社会发展和财税改革提供了会计人才支撑。

财政部会计资格评价中心成立于2001年8月，负责组织全国会计资格考试与会计人员水平评价工作；建立考试信息系统和合格人员库，开展考试后优秀会计人员跟踪评价；建立会计人员流动配置平台；研究提出会计职称制度改革政策建议、会计人员水平评价指标体系以及高级会计资格考试后评审指引；开展会计资格考试与评价，进行国际交流与合作。

（四）会计监督检查

会计监督是会计的基本职能之一，是我国经济监督体系的重要组成部分。为了规范会计行为，保证会计资料真实完整，维护社会公共利益和投资者的合法权益，促进社会主义市场经济的健康发展，必须加强会计监督检查。财政部门实施的会计监督检查主要包括会计信息质量检查和会计事务所执业质量检查。

根据《会计法》的规定，财政部组织实施对全国会计信息质量检查，并对违反《会计法》的行为实施行政处罚；县级以上各级人民政府财政部门组织实施本行政区域内的会计信息质量检查，并依法对本行政区域内违反《会计法》的行为实施行政处罚。

根据《注册会计师法》的规定，财政部组织实施对全国会计师事务所执业质量进行检测，并对违反《注册会计师法》的行为实施行政处罚；省、自治区、直辖市人民政府财政部门组织实施本行政区域内的会计师事务所执业质量检查，并对本行政区域内违反《注册会计师法》的行为实施行政处罚。

此外，财政部门应该对会计市场进行监督，还应该依法加强对会计行业自律组织的监督、指导。

【案例分析】

> **【案例】**
> 史密斯贸易公司是一家在厦门的外商独资经营企业，该公司的总经理张有红是美方董事长聘请的美籍华人。2015年年初，该公司接到厦门市财政局准备对其会计工作情况进行检查的通知，张有红认为，史密斯贸易公司是美资企业，应遵循美国会计标准，中国的财政局无权运用中国的《会计法》来约束一家外资企业，当即表示不接受检查。根据上述情况，请分析史密斯贸易公司总经理张有红的认识是否正确。
>
> **【分析】**
> 史密斯贸易公司总经理张有红的认识是错误的。根据《会计法》的规定，县级以上地方各级人民政府财政部门为其所在地各单位会计工作的监督检查部门，有权对各单位的会计工作进行监督。外商独资企业属于在中国注册的法人企业，应当遵守中国有关法律法规，并受其约束。因此，史密斯贸易公司应当接受厦门市财政局对其会计工作的检查。

三、会计工作的自律管理

会计工作的自律管理，即会计行业的自律管理，是会计职业组织对整个会计职业的会计行为进行自我约束、自我控制的过程。会计工作的自律管理是对会计工作的行政管理的一种有益补充，对督促会计人员依法开展会计工作、树立良好的行业风气、促进行业的发展具有重要意义。目前，我国的会计行业自律组织主要有中国注册会计师协会、中国会计学会和中国总会计师协会。

（一）中国注册会计师协会

中国注册会计师协会是依据《注册会计师法》和《社会团体登记条例》的有关规定设立，在财政部党组和理事会领导下开展行业管理和服务的社会团体法人，是中国注册会计师行业的自律管理组织。中国注册会计师协会是注册会计师的全国组织，省、自治区、市辖市注册会计师协会是注册会计师的地方组织。注册会计师应当加入注册会计师协会。

中国注册会计师协会（以下简称"中注协"）是在财政部党组和理事会领导下开展行业管理和服务的法定组织，依据《注册会计师法》和《社会团体登记管理条例》的有关规定设立，承担着《注册会计师法》赋予的职能、财政部党组委托和财政部领导交办的职能，以及协会章程规定的职能。成立于1988年11月。

中注协的主要职责如下：

（1）审批和管理本会会员，指导地方注册会计师协会办理注册会计师注册；

（2）拟订注册会计师执业准则、规则，监督、检查实施情况；

（3）组织对注册会计师的任职资格、注册会计师和会计师事务所的执业情况进行年度检查；

（4）制定行业自律管理规范，对会员违反相关法律法规和行业管理规范的行为予以惩戒；

（5）组织实施注册会计师全国统一考试；

（6）组织、推动会员培训和行业人才建设工作；

（7）组织业务交流，开展理论研究，提供技术支持；

（8）开展注册会计师行业宣传；

（9）协调行业内、外部关系，支持会员依法执业，维护会员的合法权益；

（10）代表中国注册会计师行业开展国际交往活动；

（11）指导地方注册会计师协会工作；

（12）承担法律、行政法规规定和国家机关委托或授权的其他有关工作。

截至2016年6月30日，中注协有团体会员（会计师事务所）8411家，其中，有40家证券期货资格会计师事务所，获准从事H股企业审计业务的内地大型会计师事务所11家。个人会员超过22万人，其中，注册会计师101855人，非执业会员119719人。中注协现有资深会员1442人，名誉会员17人。目前，全国具有注册会计师资质的人员超过25万人，全行业从业人员超过30万人。注册会计师行业服务于包括2800余家上市公司在内的420万家以上企业、行政事业单位。2015年度全行业业务收入超过680亿元。

中注协分别于1996年10月和1997年5月加入亚太会计师联合会（CAPA）和国际会计师联合会（IFAC），并与50多个境外会计师职业组织建立了友好合作和交往关系。

中注协最高权力机构为全国会员代表大会，全国会员代表大会选举产生理事会。理事会选举产生会长、副会长、常务理事会，理事会设若干专门委员会和专业委员会。常务理事会在理事会闭会期间行使理事会职权。协会下设秘书处，为其常设执行机构。

目前，理事会下设12个专门委员会和2个专业委员会。12个专门委员会为战略委员会、行业信息化委员会、审计准则委员会、职业道德准则委员会、财务委员会、惩戒委员会、申诉与维权委员会、教育培训委员会、注册管理委员会、执业责任鉴定委员会、会计师事务所内部治理指导委员会、《中国注册会计师》编辑委员会；2个专业委员会，即专业技术指导委员会和综合报告委员会。

中注协秘书处设15个职能部门，包括党委办公室（综合部）、考试部（财政部注册会计师考试委员会办公室）、注册部、继续教育部、专业标准与技术指导部、业务监管部、研究发展部、国际及港澳台事务部、行业党建工作部、统战群工部、期刊编辑部、信息技术部、人事部（纪委办公室）、财务部、服务部。

（二）中国会计学会

中国会计学会创建于1980年，是财政部所属由全国会计领域各类专业组织以及会计理论界、实务界会计工作者自愿组成的学术性、专业性、非营利性社会组织。中国会计学会接受财政部和民政部的业务指导、监督和管理。各省、自治区、直辖市和计划单列市会计学会和全国性专业会计学会可以申请成为中国会计学会的会员。

中国会计学会以组织、推动会计理论和实务交流，建立和完善适应社会主义市场经济发展需要的、具有国际影响力的会计理论与方法体系，向会员提供终身持续的专业化服务为目标。中国会计学会单位会员涵盖全国各省级会计管理机构、国有大中型企业、大专院校等，个人会员多在各自领域担任重要职务。

中国会计学会的业务范围如下：

（1）组织协调全国会计科研力量，开展会计理论研究和学术交流，促进科研成果的推广和运用；

（2）总结我国会计工作和会计教育经验，研究和推动会计专业的教育改革；

（3）编辑出版会计刊物、专著、资料；

（4）发挥学会的智力优势，开展多层次、多形式的智力服务工作，包括组织开展中高级会计人员培养、会计培训和会计咨询与服务等工作；

（5）开展会计领域国际学术交流与合作；

（6）发挥学会联系政府与会员的桥梁和纽带作用，接受政府和其他单位委托，组织开展有关工作；

（7）其他符合学会宗旨的业务活动。

学会下设20个分会、13个专业委员会，主办《会计研究》会刊、《中国会计研究》（英文版季刊）、《会计最新动态》（周刊）、《会计研究动态》（双月刊）电子期刊。学会通过信息技术和面授方式，为会员提供专业的培训和咨询；通过政产学研相结合的活动体系，为会员提供知识碰撞、经验交流、人际拓展的平台。

（三）中国总会计师协会

中国总会计师协会是经财政部审核同意，民政部正式批准，依法注册登记成立的跨地区、跨部门、跨行业、跨所有制的非营利性国家一级社团组织，是总会计师行业的全国性自律组织。其会员单位主体为国有重大型企业，具有一定规模的民营企业及设置总会计师职位的行政事业单位；其个人会员包括总会计师、首席财务官、财务总监、财务主管及直接以CFO命名的企业高官；其主管单位为国务院财政部，业务指导单位为国务院财政部。

1994年12月，中国总会计师研究会召开二届三次常务理事会，接受广大会员建议，拟将中国总会计师研究会更名为中国总会计师协会，呈报财政部核准后，报民政部批准登记。

1995年10月，民政部批准中国总会计师研究会更名为中国总会计师协会，颁发社团登记证书。现已在石油、电力、铁道、航天行业、纺织、民营、电信、航空工业、民用航空、核工业、兵器、远洋、电子、地质勘查、轻工、水利水电、煤炭、冶金18个行业设有分会，涵盖了国民经济的主要行业；已有22个地方省市总会计师协会成为单位会员。

各省、自治区、直辖市、计划单列市总会计师协会或研究会参加本会，为单位会员；企业、行政事业单位的总会计师，可代表本单位参加本会，为单位会员；企业、行政事业单位的总会计师包括首席财务官、管理合伙人、财务主管、财务总监等；履行总会计师职责的会计师，包括在企业、行政事业单位和民间非营利组织的会计师以及单位从事会计管理工作的人员；取得高级会计师、高级审计师、高级经济师职称、相关职业资质或相关专业的副教授、副研究员以上人员；知名会计专家、教授、学者以及在发展我国总会计师事业中作出较大贡献的专业人士，可参加本会，为个人会员。

中国总会计师协会的业务范围主要是：培训认证、理论研究、信息交流、书刊编辑、国际合作、咨询服务。

中国总会计师协会自成立以来，一直致力于履行社会责任，提高为总会计师队伍的服务能力，主要表现在：积极参与《中华人民共和国公司法》（以下简称《公司法》）、《会计法》、《总会计师条例》等与总会计师工作密切相关的国家有关方面财经法规的制定与实施；组织对新会计准则的实施及情况调研，组织对中国总会计师协会体制、机制以及队伍管理现状调查，为国家决策部门献计献策；积极推动地方总会计师协会建设，着力加强分会建设与管理，提高对会员的服务质量；适应社会主义市场经济对企业高层财务人才的需要，组织进行企业高层财务管理职业资格认证，为企业总会计师和高层财务负责人等市场需求培育后备队伍；通过各种不同类型的境内外培训与教育活动，完善了总会计师培训教材体系，努力提高企业总会计师、财务负责人的业务素质和履行职责的能力与水平；开展科研、境内外考察与交流、高层财会论坛等各种不同类型活动，组织总会计师进行系统研究，提高科研能力并评选优秀论文，拓宽总会计师们的工作视野，增强总会计师队伍的凝聚力。

四、单位内部的会计工作管理

财政部门对会计工作的管理是一种社会管理活动，属于外部管理活动。单位作为法人独立进行的会计工作管理活动，属于单位内部的管理活动，会计人员具体从事会计工作，由所在单位负责组织管理。

单位内部会计工作管理主要包括单位会计工作的组织领导、会计机构的设置和会计人员的选拔任用以及建立会计人员的回避制度等。

（一）单位负责人的职责

单位负责人指单位法定代表人或者法律、行政法规规定代表单位行使职权的主要负责人。《会计法》第四条规定："单位负责人对本单位的会计工作和会计资料的真实性、完整性负责。"《会计法》第二十八条规定："单位负责人应当保证会计机构、会计人员依法履行职责，不得授意、指使、强令会计机构和会计人员违法办理会计事项。"这些规定明确指出了单位负责人是单位的会计责任主体及在单位会计工作中的权利和责任。但并不是说单位负责人要事必躬亲、直接代替会计人员办理会计事务，而是要根据《会计法》组织、管理好本单位的会计工作，保证会计机构、会计人员依法履行职责。会计机构负责人不是单位负责人，没有负责本单位内部会计工作管理的职权。

单位负责人主要包括两类：一是单位的法定代表人（也称法人代表），是指依法代表法人单位行使职权的负责人，如国有企业的厂长（经理）、公司制企业的董事长（执行董事或经理）、国家机关的最高行政官员等；二是指根据法律、行政法规规定代表非法人单位行使职权的负责人，如代表合伙企业执行合伙企业事务的合伙人、个人独资企业的投资人等。

（二）会计机构的设置

单位是否需要设置会计机构，取决于单位规模的大小、经济业务和财务收支的繁简以及经营管理的需要等因素。《会计基础工作规范》规定，各单位应当根据会计业务的需要设置会计机构；不具备单独设置会计机构条件的，应当在有关机构中设置专职会计人员。由各单位根据会计业务的需要自主决定是否设置会计机构，这一原则与有关法律规定和企业制度改革的要求是一致的。是否设置会计机构，主要取决于本单位会计机构；如果没有配备专职会计人员，则应当根据财政部发布的《代理记账管理暂行办法》的要求，委托会计师事务所或者持有代理记账许可证书的其他代理记账机构进行代理记账，以使单位的会计工作有序进行，不影响单位正常的经营管理工作。《会计法》第三十六条规定："国有的和国有资产占控股地位或者主导地位的大型、中型企业必须设置总会计师。"

另外，为了兼顾国家对事业行政单位预算会计工作管理的要求，《会计基础工作规范》规定，事业行政单位设置会计机构和配备会计人员，应当符合国家统一事业行政单位会计制度的规定。

（三）会计人员的选拔任用

《会计法》第三十八条规定："从事会计工作的人员，必须取得会计从业资格证书；担任单位会计机构的负责人（会计主管人员），除取得会计从业资格证书外，还应当具备会计师以上专业技术职务资格或者有从事会计工作 3 年以上的经历。担任总会计师，应当在取得会计师专业技术资格后，主管一个单位或者单位内部一个重要方面的财务会计工作的时间不少于 3 年。国有大、中型企业或者国有资产占主导或控股地位的大中型企业必须设置总会计师。凡设置总会计师的单位，不应再设置与总会计师职责重叠的行政副职。"

需要说明的是，除总会计师职务之外，会计人员具备了相关资格或符合有关任职条件后，能否从事相关工作，由所在单位自行决定。单位根据法律、法规的规定选拔任用本单位的会计人员，负责对他们管理，监督他们依法履行职责。

（四）会计人员回避制度

回避制度是指为了保持执法或者执业的公正性，对可能影响其公正性的执法或者执业的人员实行职务回避和业务回避的一种制度。回避制度已成为我国人事管理的一项重要制度。在会计工作中，由于亲情关系而共同作弊和违法违纪的案件时有发生，因此，在会计人员中有必要实行回避制度。

从会计工作的特殊性出发，《会计基础工作规范》第十六条对会计人员回避问题作出了规定："国家机关、国有企业、事业单位任用会计人员应当实行回避制度。单位领导人的直系亲属不得在本单位担任会计机构负责人、会计主管人员；会计机构负责人、会计主管人员的直系亲属不得在本单位中担任出纳工作。"

根据规定，需要回避的直系亲属包括夫妻关系、直系血亲关系（父母子女、祖父母、外祖父和孙子女、外孙子女）、三代以内旁系血亲（兄弟姐妹、叔侄等）以及近姻亲关系（岳父岳母和女婿、公婆和儿媳等）。

【相关链接】

（1）直系血亲是指有直接血缘关系的亲属，即生育自己和己身所生育的上下各代亲属。包括己身所出的直系长辈血亲和从己身所出的直系晚辈血亲。如父母与子女、祖父母与孙子女、外祖父母与外孙女、外祖父母与外孙子女等。

（2）旁系血亲是相对于直系血亲而言的，旁系血亲是指具有间接血缘关系的亲属，即非直系血亲而在血缘上和自己同出一源的亲属。包括在辈分上相当于或高于父母的旁系长辈血亲，在辈分上相当于或低于子女的旁系晚辈血亲以及辈分上同自己相当的同辈旁系血亲。所谓三代内的旁系血亲，是指同源于祖（外祖）父母的旁系血亲，即从自己上溯至统一血源的亲属，再向下数两代。例如，自己与兄弟姐妹及其伯叔、叔舅之间就属旁系血亲。按照我国《婚姻法》的计算方法，三代以内旁系血亲是指：伯、叔、姑、舅、姨、侄子（女）、外甥、外甥女、堂兄弟姐妹、姑舅表兄弟姐妹、姨表兄弟姐妹等。

（3）近姻关系是指三代以内有共同祖先的血缘关系。姻亲是以婚姻关系为中介产生的亲属。血缘关系的远近是根据相同的遗传基因的概率来判断的，包括三种情况：

①血亲的配偶，指自己直系、旁系血亲的配偶，如儿媳、姐夫等；②配偶的血亲，指自己配偶的血亲，如岳父、岳母；③配偶的血亲的配偶，指自己的配偶的血亲夫或妻。

第三节　会计核算

会计核算是会计的基本职能之一，是会计工作的重要环节。会计核算是以货币为主要计量单位，运用专门的会计方法，对特定主体一定时期的经济活动进行真实、准确、完整和及时的记录、计算和报告，以反映特定主体的经济活动情况。我国会计法律制度对会计核算依据、会计资料、资本要求、会计凭证、会计账簿、财务会计报告、会计档案以及会计年度、记账本位币、会计处理方法等作出了明确的规定。

一、总体要求

（一）会计核算的依据

《会计法》第九条规定："各单位必须根据实际发生的经济业务事项进行会计核算，填制会计凭证，登记会计账簿，编制账务会计报告。任何单位不得以虚假的经济业务事项或者资料进行会计核算。"这是对会计核算依据作出明确的法律规定。

以实际发生的经济业务事项为依据进行会计核算，是会计核算的重要前提，是填制会计凭证、登记会计账簿、编制财务会计报告的基础，是保证会计资料质量的关键。以虚假的经济业务事项或资料进行会计核算，会使会计信息出现失真，极大地损害会计信息使用者的利益，扰乱社会经济秩序，是一种严重的违法行为。

经济业务事项即会计核算对象。实际发生的经济业务事项是指各单位在生产经营或者预算执行过程中发生的包括引起或未引起资金增减变化的经济活动。并非所有实际发生的经济业务事项都需要进行会计记录和会计计算，如企业签订的经济合同或协议，往往不需要进行会计核算，只有当实际履行合同或协议并引发资金运动时，才需要对履行合同或协议这一经济业务事项如实记录和反映，进行会计核算。

（二）对会计资料的基本要求

会计资料是指在会计核算过程中形成的记录和反映实际发生的经济业务事项的资料，包括会计凭证、会计账簿、财务会计报告和其他会计资料。会计资料是记录会计核算过程和结果的重要载体，是反映单位财务状况和经营成果、评价经营业绩、选择合作对象、进行投资决策的重要依据。因此，对会计资料的基本要求主要有以下两点：

1. 会计资料的生产和提供必须符合国家统一的会计准则制度规定，保证会计资料的真实性和完整性

《会计法》第十三条第一款规定："会计凭证、会计账簿、财务会计报告和其他会计资料，必须符合国家统一的会计制度的规定。"会计资料的真实性和完整性，是会计资料最基本的质量要求，是会计工作的生命。各单位必须保证所提供的会计资料真实和完整。

会计资料的真实性主要是指会计资料所反映的内容和结果应当同单位实际发生的经济业务事项的内容及结果相一致。

会计资料的完整性，主要是指构成会计资料的各项要素都必须齐全，以及会计资料如实、全面地记录和反映经济业务事项的发生情况，便于会计资料使用者全面、准确地了解经济活动。

2. 提供虚假的会计资料是违法行为

各单位必须保证会计资料的真实性和完整性，不得伪造、变造会计资料，不得提供虚假的财务会计报告。

《会计法》第十三条第三款规定："任何单位和个人不得伪造、变造会计凭证、会计账簿及其他会计资料，不得提供虚假的财务会计报告。"这是针对实际工作中存在的伪造、变造会计资料和提供虚假会计资料的情况所做出的限制性、禁止性的规定。伪造、变造会计资料和提供虚假财务会计报告是严重的会计违法行为，必须承担相应的法律责任。

（1）所谓"伪造会计资料"，包括伪造会计凭证、会计账簿及其他会计资料，是指以虚假的经济业务事项为前提编造不真实的会计凭证、会计账簿及其他会计资料，即无中生有。

（2）所谓"变造会计资料"，包括变造会计凭证、会计账簿及其他会计资料，是指用涂改、挖补等手段来改变会计凭证的真实内容，歪曲事实真相的行为，即篡改事实。

（3）所谓"提供虚假的财务会计报告"，是指通过编造虚假的会计凭证、会计账簿及其他会计资料或直接篡改财务会计报告上的数据，使财务会计报告不真实、不完整地反映真实财务状况和经营成果，借以误导、欺骗会计资料使用者的行为，即以假乱真。

此外，《会计法》第十三条第二款规定："使用电子计算机进行会计核算的，其软件及生成的会计凭证、会计账簿、财务会计报告和其他会计资料，也必须符合国家统一的会计制度的规定。"这是对实行会计电算化的单位有关会计软件及会计资料基本要求的法律规定，是为了保证计算机生成的会计资料真实、完整和安全，以加强对会计电算化工作的规范。

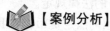 【案例分析】

人民检察院指控事实：

被告人顾某某原系上海市某区某镇某村党支部书记，上海市某化纤设备制造厂系该村村办企业。被告人徐某某原系上海市某化纤设备制造厂厂长、法定代表人，被告人朱某某原系该厂出纳，被告人杨某某原系该厂会计。2000年9月间，群众举报被告人顾某某涉嫌侵占上海市某化纤设备制造厂资金，被告人徐某某得知后，随即指使被告人朱某某、杨某某销毁该厂真实的年终分配清单以逃避查处。被告人朱某某、杨某某受其指使分别烧毁了上述清单。同年 11 月间，上海市某区公安分局根据群众举报，依法对被告人顾某某涉嫌的犯罪线索进行调查。被告人顾某某又与被告人徐某某合谋逃避查处事宜，并指使被告人朱某某、杨某某销毁该厂真实的年终分配签收簿，被告人朱某某、杨某某受其指使分别烧毁了部分签收簿，并将其余签收簿隐匿家中。上述被销毁、隐匿的会计资料涉及金额达人民币 9389291.38 元。

据此，上海市某区人民检察院指控被告人顾某某、徐某某、朱某某、杨某某的行为均构成隐匿、故意销毁会计凭证、会计账簿、财务会计报告罪，请求依法判处罪刑。

（三）会计核算的其他规定

我国会计法律制度还对会计年度、记账本位币、会计处理方法和会计记录文字等作了明确规定。

1. 会计年度

根据《会计法》第十一条的规定："会计年度自公历 1 月 1 日起至 12 月 31 日止。"这一规定表明，我国实行公历年度为会计年度，即以每年公历的 1 月 1 日起至 12 月 31 日止为一个会计年度。

会计年度是指以年度为单位进行会计核算的时间区间，是反映单位财务状况、核算经营成果的时间界限。会计上将连续不断的经营过程人为地划分为若干相等的时段，分段进行结算，分段编制财务会计报告，分段反映单位的财务状况、经营成果及现金流量。这种分段进行会计核算的时间区分，在会计上称为会计期间。《企业财务会计报告条例》规定，会计期间分为年度、半年度、季度和月度。以 1 年为一个会计期间，称为会计年度。小于年度的会计期间（如半年度、季度和月度），称为会计中期。

我国的会计年度采用公历制，是为了与我国的财政、计划、统计、税务等年度保持一致，从而便于国家宏观经济管理。各单位按年度提供的会计资料是国家实施宏观调控的重要依据。

2. 记账本位币

记账本位币是指登记会计账簿和编制财务会计报告时用以计量的货币，也就是单位主要会计核算业务所使用的货币。根据《会计法》第十二条的规定："会计核算以人民币为记账本位币。业务收支以人民币以外的货币为主的单位，可以选定其中一种货币为记账本位币，但是编报的财务会计报告应当折算为人民币。"这是对我国记账本位币的法律规定。

我国境内的会计核算，应该以人民币以记账本位币。人民币是我国的法定货币，在我国境内具有广泛的流通性，以人民币作为记账本位币具有广泛的适应性，便于会计信息口径的一致。同时，这样规定，也是国家主权的重要体现。

随着经济日益全球化，我国对外国的投资和对外贸易也日渐增多，这就涉及两种或两种以上货币的业务往来。为了便于这些单位对外开展业务，简化会计核算手续，方便我国境内财务会计报告使用者的阅读和使用，也便于税务、工商等部门通过财务会计报告计算应缴税款和进行工商年检，《会计法》规定，可以选定其中一种货币作为记账本位币，但必须遵循"业务收支以人民币以外的货币为主"的原则，而且记账本位币一旦确定，不得随意变动。但是，在编报财务会计报告时应当折算为人民币。

3. 会计处理方法

根据《会计法》第十一条的规定："会计凭证、会计账簿、财务会计报告和其他会计资料，必须符合国家统一的会计制度的规定。"会计处理方法是指会计核算中所采用的具体方法，通常包括：收入确认方法、企业所得税的会计处理方法、存货计价方法、坏账损失的核算方法、固定资产折旧方法、编制合并会计报表的方法、外币折算的会计处理方法等。采用不同的会计处理方法，会影响会计资料的一致性和可比性，进而影响会计资料的使用。

因此，《会计法》和国家统一的会计制度规定，各单位采用的会计处理方法，前后各期应当一致，不得随意变更；确有必要变更，应当按照国家统一的会计制度的规定变更，并将变更的原因、情况及影响在财务会计报告中说明。

4. 正确使用会计记录文字

会计记录所使用的文字，是正确进行会计核算和表述各种会计资料的重要媒介。会计资料作为一种商业语言和信息资源，必须规范统一，而对会计资料起辅助说明作用的会计记录文字也必须通用，为广大资料使用者所熟悉。在我国，中文是法定的官方语言文字。根据《会计法》第二十二条的规定："会计记录的文字应当使用中文。在民族自治地方，会计记录可以同时使用当地通用的一种民族文字。在中华人民共和国境内的外商投资企业、外国企业和其他外国组织的会计记录可以同时使用一种外国文字。"

这一规定表明，我国境内所有国家机关、社会团体、公司、企业、事业单位和其他组织的会计记录文字都应当使用中文；为了方便使用不同文字的人阅读会计资料，我国民族自治地方和境内的外国企业或组织可以在使用中文的前提下，选用其他的一种文字——当地通用的民族文字或外国文字，作为会计记录文字。也就是说，使用中文是强制性的，使用其他文字是备选的，不能理解为可以使用中文，也可以使用其他通用文字。

二、会计凭证

根据《会计法》第十四条的规定："会计凭证包括原始凭证和记账凭证。"

会计凭证是记录经济业务事项的发生或完成情况的书面证明，是登记账簿的依据。每个企业都必须按一定的程序填制和审核会计凭证，根据审核无误的会计凭证进行账簿登记，如实反映企业的经济业务。由于会计凭证中详细记录了企业各类经济交易与事项的具体内容和经济活动基本的财务信息，因此，会计凭证处理是整个会计信息系统运行的第一环节。会计凭证按照填制程序和用途的不同，分为原始凭证和记账凭证。

（一）原始凭证

1. 原始凭证的填制或取得

原始凭证又称单据，是指在经济业务事项发生或完成时填制的，用来表明经济业务事项已经发生或完成情况，明确经济责任，作为记账原始依据的一种会计凭证。根据《会计基础工作规范》的规定，原始凭证的填制必须具备以下内容：

① 原始凭证名称；

② 填制原始凭证的日期；

③ 填制原始凭证的单位名称或者填制人员的姓名；

④ 接受原始凭证的单位；

⑤ 经济业务事项名称；

⑥ 经济业务事项的数量、单价和金额；

⑦ 经办经济业务事项人员的签名或盖章等。如图 1－1 所示。

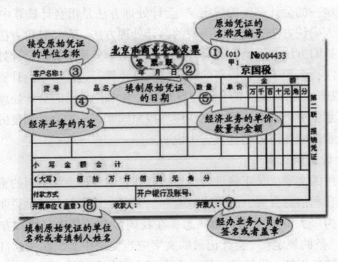

图 1－1　原始凭证填制的内容

原始凭证是进行会计核算的原始资料和重要依据，要做到每一笔会计事项都有凭据，这是会计核算最基本的规范。因此，《会计法》规定："办理需要进行会计核算的经济业务事项，必须填制或取得原始凭证并及时送交会计机构。"至于"及时"的具体期限，《会计法》没有作出明确的规定。一般来说，为保证会计工作的正常进行和会计资料的真实、完整，原始凭证送交会计机构的时间最迟不应超过一个会计结算期。

2. 原始凭证的审核

对原始凭证进行审核，是确保会计资料质量的重要措施之一，也是会计机构、会计人员的重要职责。《会计法》对原始凭证的审核作了具体规定，主要包括三个方面：

（1）会计机构、会计人员对原始凭证审核的标准是合法、真实、准确、完整。"合法"是指符合会计法律、法规和会计制度的规定；"真实"是指原始凭证上表述的经济内容是经济业务事项的本来面貌，没有掩盖歪曲和编造虚构经济业务事项；"准确"是指原始凭证准确地记录了经济业务事项的真实情况，有关数据、单价和金额计算准确无误；"完整"是指原始凭证应具备的各项内容都齐全，手续完整。

（2）会计机构、会计人员审核原始凭证的具体程序、要求，应当符合国家统一的会计制度规定，会计机构、会计人员应当据此执行。

（3）会计机构、会计人员对不真实、不合法的原始凭证，有权不予受理，并向单位负责人报告；对记载不准确、不完整的原始凭证予以退回，并要求经办人按照国家统一的会计制度的规定进行更正、补充。对原始凭证的审核，具体还应符合以下要求：

① 从外单位取得的原始凭证，必须盖有填制单位的公章；从个人处取得的原始凭证，必须有填制人员的签名或者盖章。自制原始凭证，必须有经办单位领导人或者其指定的人员或者盖章。对外开出的原始凭证，必须加盖单位公章。

② 凡填有大写和小写金额的原始凭证，大写与小写金额必须相符。购买实物的原始凭证，必须有验收证明。支付款项的原始凭证，必须有收款单位和收款人的收款证明。

③ 一式几联的原始凭证，应当注明各联的用途，只能以一联作为报销凭证。一式几联

的发票和收据，必须用双面复写纸（发票和收据本身具备复写功能的除外）套写，并连续编号。作废时应当加盖"作废"戳记，连同存根一起保存，不得撕毁。

④ 发生销货退回的，除填制退货发票外，还必须有退货验收证明；退款时，必须取得对方的收款收据或者汇票银行的凭证，不得以退货发票代替收据。

⑤ 职工公出借款凭证，必须附在记账凭证之后。收回借款时，应当另开收据或者退还借据副本，不得退还原借款收据。

⑥ 经上级有关部门批准的经济业务，应当将批准文件作为原始凭证附件；如果批准文件需要单独归档的，应当在凭证上注明批准机关名称、日期和文件字号。

3. 原始凭证错误的更正

原始凭证记载的各项内容均不得涂改，随意涂改的原始凭证即为无效凭证，不能作为填制记账凭证或者登记会计账簿的依据。原始凭证开具单位应当依法开具准确无误的原始凭证，对于填制有误的原始凭证负有更正和重新开具的义务，不得拒绝。原始凭证有错误的，应当由出具单位重开或者更正，更正处应加盖出具单位印章。原始凭证金额有错误的，应当由出具有单位重开，不得在原始凭证上更正。以上规范是为了明确相关人员的经济责任，防止利用原始凭证舞弊。原始凭证分割单如表 1 - 1 所示。

表 1 - 1 原始凭证分割单

接受单位名称			年 月 日	地址	编号										
原始凭证	单位名称			地址											
	名称		日期		号码										
总金额	人民币（大写）					千	百	十	万	千	百	十	元	角	分
分割金额	人民币（大写）					千	百	十	万	千	百	十	元	角	分
原始凭证主要内容，分割原因															
备注															

单位名称（公章）：　　　　　　　　会计：　　　　　　　制单：

（二）记账凭证

记账凭证亦称传票，是指对经济业务事项按其性质加以分类、确定会计分录，并据以登记会计账簿的一种会计凭证。记账凭证在会计资料的形成过程中，具有便于记账、减少差错、保证记账质量的作用，是原始凭证所记载的内容向会计账簿传递的重要中间环节。

1. 记账凭证的填制

记账凭证具有分类归纳原始凭证和满足登记会计账簿需要的作用，为此《会计法》第十四条第五款规定："记账凭证应当根据经过审核的原始凭证及有关材料编制。"

（1）此规定突出强调了两个方面：一是记账凭证必须以原始凭证及有关资料为编制依据；二是作为记账凭证编制依据的原始凭证和有关资料，必须经过审核无误，以保证记账凭证的质量。根据《会计基础工作规范》的规定，记账凭证应当具备以下内容：

① 填制记账凭证的日期；

② 记账凭证的名称和编号；

③ 经济业务事项摘要；

④ 应记会计科目、方向和金额；

⑤ 记账符号；

⑥ 记账凭证所附原始凭证的张数；

⑦ 记账凭证的填制人员、稽核人员、记账人员和会计机构负责人（会计主管人员）的签名或盖章。记账凭证的内容和格式如图 1 - 2 所示。

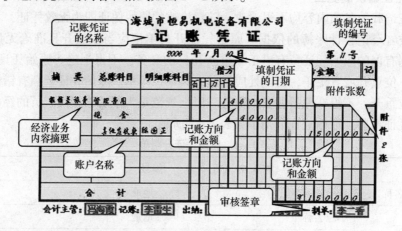

图 1 - 2　记账凭证的内容和格式

（2）在记账凭证的填制过程中，还应注意以下几点：

① 填制记账凭证时，应当对记账凭证进行连续编号。一笔经济业务需要填制两张以上记账凭证的，可以采用分数编号法编号。

② 记账凭证可以根据每一张原始凭证填制，或者根据若干张同类原始凭证汇总填制，也可以根据原始凭证汇总表填制。但不得将不同内容和类别的原始凭证汇总填制在一张记账凭证上。

③ 除结账后和更正错误的记账凭证可以不附原始凭证外，其他记账凭证必须附有原始凭证并注明所附原始凭证的张数。如果一张原始凭涉及几张记账凭证，可以把原始凭证附在一张主要的记账凭证后面，并在其他记账凭证上注明附有该原始凭证的记账凭证的编号或者附原始凭证复印件。

④ 一张原始凭证所列支出需要几个单位共同负担的，应当将其他单位负担的部分，开给对方原始凭证分割单，进行结算。开始给对方原始凭证分割单，必须具备原始凭证的基本内容：凭证名称、填制凭证日期、填制凭证单位名称或者填制人姓名、经办人的签名或者盖章、接受凭证单位名称、经济业务内容、数量、单价、金额和费用分摊情况等。

⑤ 如果在填制记账凭证时发生错误，应当重新填制。如果是已经登记入账的记账凭证，则应按照规定的更正方法进行更正。

⑥ 记账凭证填制完经济业务事项后，如有空行，应当自金额栏最后一笔金额数字下的空行处至合计数上的空行处画线注销。

⑦ 填制记账凭证，字迹必须清晰、工整，并符合规定的要求。

2. 记账凭证的审核

记账凭证审核的内容主要包括：编制依据是否真实，填写项目是否齐全，科目是否正确，金额计算是否正确，书写是否清楚，等等。

实行电算化的单位，对于机制记账凭证也要认真审核，做到会计科目使用正确，数字准确无误。打印出来的机制记账凭证，要加盖制单人员、审核人员、记账人员及会计机构负责人、会计主管人员印章或者签字。

三、会计账簿

（一）会计账簿的概念与种类

会计账簿是指由一定格式的账页组成的，以经过审核的会计凭证为依据，全面、系统、连续地记录各项经济业务的簿籍。会计簿籍是会计资料的主要载体之一，也是会计资料的重要组成部分。会计账簿的主要作用是对会计凭证提供的大量分散数据或资料进行分类归集整理，以全面、连续、系统地记录和反映经济活动的情况，是编制财务会计报告，检查、分析和控制单位经济活动的重要依据。会计账簿在会计核算中具有重要意义，是连续会计凭证和财务会计报告的中间环节。会计账簿按用途可以分为总账、明细账、日记账和其他辅助账簿。

1. 总账

总账又称总分类账，是指根据会计科目设置，用于分类登记单位的全部经济业务事项，提供资产、所有者权益、资本、费用、成本、收入和利润等总概括核算的资料账簿。总账一般使用订本账和活页账。

2. 明细账

明细账又称明细分类账，是指根据总账科目所属的明细科目设置的，用于分类登记某一类经济业务事项，提供有关明细资料的账簿。明细分类账是会计资料形成的基础环节，它可以为了解会计资料的形成提供具体情况和有关线索。明细账一般使用活页账。

3. 日记账

日记账又称序时账，是指按照经济业务事项发生时间的先后顺序，逐笔进行登记的账簿，包括现金日记账和银行存款日记账。日记账是各单位加强现金和银行存款管理的重要账簿。现金日记账和银行存款日记账必须采用订本式账簿，不得采用活页式或卡片式账簿，并逐日结出余额。

4. 其他辅助账簿

其他辅助账簿又称备查账簿，是指对无法在上述账簿中登记的经济业务事项进行补充记录的账簿，为备忘备查而设置，主要包括各种租借设备及物资的辅助登记，应收、应付款项的备查账簿或担保、抵押备查账簿。

（二）会计账簿登记的基本要求

依法设置会计账簿是单位进行会计核算的最基本要求。所有实行独立核算的国家机关、社会团体、公司、事业单位和其他组织都必须依法设置、登记会计账簿，保证其真实、完整。根据《会计法》和国家统一的会计制度的规定，会计账簿的登记应满足以下要求。

（1）单位必须依据经过审核无误的会计凭证登记会计账簿。依据会计凭证登记会计账簿是基本的会计记账规则；依据经过审核无误的会计凭证登记会计账簿，是保证会计账簿记录质量的重要环节。

（2）登记会计账簿必须按照记账规则进行。《会计基础工作规范》中规定的记账规则包括：会计账簿应当按照连续编号的页码顺序登记；会计账簿记录发生错误或隔页、缺号、跳行的，应当按照会计制度规定的方法更正，并由会计人员和会计机构负责人（会计主管人员）在更正处盖章，以明确责任，等等。

（3）实行会计电算化的单位，其会计账簿登记、更正，也应当符合国家统一的会计制度的规定。

（4）会计账簿的设置和登记，应当符合有关法律、行政法规和国家统一的会计制度规定。

（5）禁止账外设账。各单位发生的各项经济业务事项应当在依法设置的会计账簿上统一登记、核算，不得私设账外账。这是《会计法》对账外设账的问题作出的禁止性强制规定。账外设账主要表现为，在法定会计账簿之外另外设置一套或多套账簿，用于登记应纳入法定会计账簿之统一核算的其他经济业务事项，以达到种种非法目的。必须指明的是，这里所说的"账外设账"不同于有些单位为了强化内部管理而在法定会计账簿之外设置的管理会计账簿。对于设置的用于加强内部管理的会计账簿，法律予以保护。而私设用于非法目的的的账外账，是滋生"小金库"、不正之风的温床，是产生虚假会计资料的根源，是一种严重的违法行为，是法律禁止并予以打击的对象。

（三）会计账簿账目核对的要求

账目核对又称对账，是指在结账前，将账簿记录与货币资金、往来结算、财产物资等进行相互核对，是保证会计账簿记录质量的重要程序。对账工作每年至少进行一次。账目核对要做到账实相符、账证相符、账账相符和账表相符。

1. 账实相符

账实相符是会计账簿记录与实物、款项实有数核对相符的简称。保证账实相符，是会计核算的基本要求。账实核对的目的是保证会计账簿记录与实物及款项的实有数相符；保证会计账簿记录与会计凭证的有关内容相符；保证会计账簿记录与会计凭证的有关内容相符；保证会计账簿记录与会计报表的有关内容相符；保证会计账簿之间相对应的记录相符。

2. 账证相符

账证相符是会计账簿记录与会计凭证有关内容核对相符的简称。保证账证相符，也是会计核算的基本要求。

3. 账账相符

账账相符是会计账簿之间对应记录核对相符的简称。保证账账相符，也是会计核算的基本要求。

4. 账表相符

账表相符是会计账簿记录与会计报表有关内容核对相符的简称。保证账表相符，同样也是会计核算的基本要求。

四、财务会计报告

财务会计报告是对企业财务状况、经营成果和现金流量的结构性表述。财务会计报告至少应当包括资产负债表、利润表、现金流量表、所有者权益（或股东权益）变动表及附注。

财务会计报告应当由单位负责人和主管会计工作的负责人、会计机构负责人（会计主管人员）签名并盖章；设置总会计师的单位，还须由总会计师签名并盖章。单位负责人应当保证财务会计报告真实、完整。财务会计报告须经注册会计师审计的，企业应当将注册会计师及其会计师事务所出具的审计报告随同财务会计报告一并对外提供。（《企业财务会计报告条例》第三十七条）

（一）财务会计报告的作用

财务会计报告是财务报告的主要组成部分，它所提供的会计信息具有重要作用，主要体现在以下几个方面：

（1）全面系统地揭示企业一定时期的财务状况、经营成果和现金流量，有利于经营管理人员了解本单位各项任务指标的完成情况，评价管理人员的经营业绩，以便及时发现问题，调整经营方向，制定措施，改善经营管理水平，提高经济效益，为经济预测和决策提供依据。

（2）有利于国家经济管理部门了解国民经济运行状况。通过对各单位提供的财务会计报告资料进行汇总和分析，了解和掌握各行业、各地区的经济发展情况，以便宏观调控经济运行，优化资源配置，保证国民经济稳定持续发展。

（3）有利于投资者、债权人和其他有关各方掌控企业的财务状况、经营成果和现金流量情况，进而分析企业的盈利能力、偿债能力、投资收益、发展前景等，为他们投资、贷款和交易提供决策依据。

（4）有利于满足财政、税务、工商、审计等部门监督企业的经营管理。通过财务会计报告可以检查、监督各企业是否遵守国家的各项法律、法规和制度，有无偷税漏税行为。

（二）财务会计报告的种类

财务会计报告可以按照不同的标准进行分类。

1. 按服务对象，财务会计报告可分为对外报表和内部报表

（1）对外报表是企业必须定期向上级主管部门、投资者、财税部门等报送或按规定向社会公布的财务会计报告。这是一种主要的、定期的、规范的财务会计报告。它要求有统一的报表格式、指标体系和编制时间等，资产负债表、利润表和现金流量表等均属于对外报表。

（2）内部报表是企业根据内部经营管理的需要而编制的，供内部管理人员使用的财务会计报告。它不要求统一格式，没有统一的指标体系，如成本报表，就属于内部报表。

2. 按提供会计信息的重要性，财务会计报告可分为主表和附表

（1）主表即主要财务会计报告，是指所提供的会计信息比较全面、完整，能基本满足各种信息需要者的不同要求的财务报表。现行的主表主要有三张，即资产负债表、利润表和现金流量表。

（2）附表即从属报表，是指对主表中不能或难以详细反映的一些重要信息所作的补充说明的报表。现行的附表主要有利润分配表和分部报表，是利润表的附表；应交增值税明细表和资产减值准备明细表，是资产负债表的附表。

主表与有关附表之间存在着勾稽关系，主表反映企业的主要财务状况、经营成果和现金流量，附表则对主表做进一步补充说明。

3. 按编制和报送的时间不同，财务会计报告可分为中期报表（告）和年度报表（告）

（1）中期报表有广义和狭义之分，广义的中期报表包括月份、季度、半年期财务会计报告；狭义的中期财务会计报表仅指半年期财务会计报告。

（2）年度财务会计报告是反映企业整个会计年度的经营成果、现金流量情况及年末财务状况的财务会计报告。企业每年年底必须编制并报送年度财务会计报告。

4. 按编报单位不同，财务会计报告可分为基层财务会计报告和汇总财务会计报告

（1）基层财务会计报告是由独立核算的基层单位编制的财务会计报告，是用以反映本单位财务状况和经营成果的报表。

（2）汇总账务会计报告是指上级和管理部门将本身的财务会计报告与其所属单位报送的基层报表汇总编制而成的财务会计报告。

5. 按编报的会计主体不同，财务会计报告可分为个别表报和合并报表

（1）个别报表是指在以母公司和子公司组成具有控股关系的企业集团中，由母公司和子公司各自为主体分别单独编制的报表，用以分别反映母公司和子公司本身各自的财务状况和经营成果。

（2）合并报表是以母公司和子公司组成的企业集团为一个会计主体，以母公司和子公司单独编制的个别财务会计报告为基础，由母公司编制的综合反映企业集团经营成果、财务状况及其资金变动情况的财务会计报告。

（三）财务会计报告的组成

一套完整的财务会计报告应当包括"四表一注"，即资产负债表、利润表、现金流量表、所有者权益变动表（或股东权益变动表）和财务会计报告附注。考虑到小企业规模较小，外部信息需求相对较低，因此小企业编制的财务会计报告可以不包括现金流量表。

（1）资产负债表即反映企业在某一特定日期（如年末、季末、月末）的财务状况的会计报表。企业编制资产负债表的目的是如实反映企业的资产、负债和所有者权益金额及其结构情况，从而有助于使用者评价企业资产的质量以及短期偿债能力、长期偿债能力和利润分配能力等。

（2）利润表即反映企业在一定会计期间的经营成果的会计报表。企业编制利润表的目的是如实反映企业实现收入、发生的费用和应该计入当期利润的利得和损失的金额和结构情况，从而有助于使用者分析评价企业的盈利能力及其构成与质量。

（3）现金流量表即反映企业在一定会计期间的现金和现金等价物流入、流出的会计报表。企业编制现金流量表的目的是如实反映企业各项活动的现金流入、流出情况，从而有助于使用者评价企业的现金流量和资金周转情况。

（4）所有者权益变动表（或股东权益变动表）即反映构成所有者权益的各组成部分当前的增减变动情况的会计报表。它反映本期企业所有者权益（股东权益）总量的增减变动情况，还包括结构变动的情况，特别是要反映直接记入所有者权益的利得和损失。

（5）财务会计报告附注即对在财务会计报告中列示项目所作的进一步说明，以及对未来能在这些报表中列示项目的说明等。企业编制附注的目的是通过对财务会计报告本身作补助说明，以更加全面、系统地反映企业财务状况、经营成果和现金流量的全貌，从而为使用者提供更加有用的决策信息，帮助其作出更加科学合理的决策。财务会计报告附注一般包括如下项目：

① 企业的基本情况；

② 财务会计报告编制基础；

③ 遵循企业会计准则的声明；

④ 重要会计政策和会计估计；

⑤ 会计政策和会计估计变更及差错更正的说明；

⑥ 重要报表项目的说明；

⑦ 其他需要说明的重要事项，如或有和承诺事项、资产负债表日后非调整事项、关联方关系及其交易等。

（6）在财务会计报告中，如果附有会计师事务所的审计报告，它的可信性将会更高。所以在周年股东大会上，财务会计报告一般要附有审计报告。

（7）在上市公司的公司年报中，按上市规则，除了财务会计报告外，还要有公司主席业务报告、企业管治报告等多份非会计文件。不过，股民最关心的还是公司年报内的派息建议及分析财务会计报告上的营利率。

（四）财务会计报告的编制要求

财务会计报告的编制是会计核算工作的最终体现，是会计循环的最后一步。而财务会计报告是财务会计报告的核心内容。因此，为了保证财务会计报告的质量，编制财务会计报告时应符合以下要求：

1. 数字真实

财务报告中的各项数据必须真实可靠，如实地反映企业的财务状况、经营成果和现金流量。这是对会计信息质量的基本要求。

2. 内容完整

财务会计报告应当反映企业经济活动的全貌，全面反映企业的财务状况和经营成果，能满足各方面对会计信息的需要。凡是国家要求提供的财务会计报告，各企业必须全部编制并报送，不得漏编和漏报。凡是国家统一要求披露的信息，企业都必须披露。

3. 计算准确

日常的会计核算以及编制财务会计报告涉及大量的数字计算，只有准确的计算，才能保证数字的真实可靠。这就要求编制财务会计报告必须以核对无误后的账簿记录和其他有关资料为依据，不能使用估计或推算的数据，更不能以任何方式作假，玩数字游戏或隐瞒谎报。

4. 报送及时

及时性是信息的重要特征，财务会计报告信息只有及时地传递给信息使用者，才能为使用者的决策提供依据。否则，即使是真实可靠和内容完整的财务报告，由于编制和报送不及时，也会大大降低会计信息的使用价值。

5. 手续完备

企业对外提供的财务会计报告应加具封面、装订成册、加盖公章。财务会计报告封面上应当注明：企业名称、企业统一代码、组织形式、地址、报表所属年度或者月份、报出日期，并由企业负责人和主管会计工作的负责人、会计机构负责人（会计主管人员）签名并盖章；设置总会计师的企业，还应当由总会计师签名并盖章。由于编制财务会计报告的直接依据是会计账簿，所有报表的数据都来源于会计账簿，因此，为了保证财务会计报告数据的正确性，编制报表之前必须做好对账和结账工作，做到账证相符、账账相符、账实相符，以保证报表数据的真实准确。

【例题】

2012 年 5 月，某市财政局派出检查组对某国有外贸企业 2011 年度的会计工作进行检查，发现存在以下情况：

（1）2011 年 2 月，该企业财务处处长安排其妹妹（持有会计从业资格证书）在财务处任出纳，并负责保管会计档案。

（2）发现一张发票"金额"栏的数字有更改痕迹，发票出具单位在"金额"栏更改处加盖了其单位印章。经查阅相关合同、单据，确认其更改后的金额数字是正确的。

（3）2011 年 3 月，由于企业出口产品滞销，经销业绩滑坡，企业法定代表人为了单位能够获得银行贷款，要求财务处处长编造一份虚假的实现"盈利"的报表。企业财务处处长遵照办理（该企业的行为尚不构成犯罪）。

1. 根据《会计基础工作规范》的规定，该处长的妹妹可以在本单位从事的工作是（　　）。

A. 债权债务核算

B. 出纳

C. 稽核

D. 对外财务会计报告编制

2. 由出纳人员兼做会计档案保管工作，违反了（　　）。

A. 会计外部监督制度的规定

B. 会计岗位责任制度的规定

C. 会计机构内部牵制制度的规定

D. 会计机构内部稽核制度的规定

3. 企业对第（2）条中发票的正确处理办法应是（　　）。

A. 退回原出具单位，并由原出具单位重新开具发票

B. 退回原出具单位，应由原出具单位画线更正并加盖公章

C. 接收单位直接更正，并要求原出具单位说明情况，同时加盖单位公章

D. 接收单位直接更正，并说明情况，同时加盖单位公章

4. 对第（3）条中企业"处理"财务数据的行为，对单位及相关人员处以（　　）的行政处罚。

A. 由县级以上人民政府财政部门予以通报

B. 可以对单位罚款 5000 元以上 10 万元以下

C. 可以对法定代表人罚款 3000 元以上 5 万元以下

D. 可以对财务处处长罚款 3000 以上 5 万元以下

5. 对第（3）条中企业财务处处长的行为，下列说法正确的是（　　）。

A. 违反了爱岗敬业的要求

B. 违反了诚实守信的要求

C. 违反了坚持准则的要求

D. 违反了提高技能的要求

1.【答案】ACD

　【考点】会计人员回避制度

　【解析】根据《会计基础工作规范》第十六条的规定，会计机构负责人、会计主管人员的直系亲属（夫妻关系、直系血亲关系、三代以内旁系血亲以及配偶亲关系），不得在本单位会计机构中担任出纳工作。

2.【答案】C

【考点】会计机构内部牵制制度

3.【答案】A

【考点】原始凭证错误的更正

【解析】根据《会计法》第十四条第四款的规定，原始凭证记载的各项内容均不得涂改；原始凭证有错误的，应当由出具单位重开或者更正，更正处应当加盖出具单位印章。原始凭证金额有错误的，应当由出具单位重开，不得在原始凭证上更正。

4.【答案】ABD

【解析】伪造、变造会计凭证、会计账簿，编制虚假财务会计报告，尚不构成犯罪的，由县级以上人民政府财政部门予以通报，可以对单位并处5000元以上10万元以下的罚款；对其直接负责的主管人员和其他直接责任人员，可以处3000元以上5万元以下的罚款。对授意指示人可以处5000元以上5万元以下的罚款。

5.【答案】BC

【考点】会计职业道德规范的内容

【解析】首先，财务处处长没坚持准则，盲目服从领导；其次，编制假报表，违反诚实守信原则；又为了企业贷款，欺骗银行，违背客观公正原则。

五、会计档案管理

（一）会计档案的内容

会计档案是记录和反映经济业务事项的重要史料证据，一般包括：

（1）会计凭证，包括原始凭证、记账凭证；

（2）会计账簿，包括总账、明细账、日记账、固定资产卡片及其他辅助性账簿；

（3）财务会计报告，包括月度、季度、半年度、年度财务会计报告；

（4）其他会计资料，包括银行存款余额调节表、银行对账单、纳税申报表、会计档案移交清册、会计档案保管清册、会计档案销毁清册、会计档案鉴定意见书及其他具有保存价值的会计资料。

会计档案对于总结经济工作，指导生产经营管理，查验经济账务问题，防止贪污舞弊，研究经济发展的方针、战略等都具有重要的作用。

《会计法》和《会计基础工作规范》都对会计档案管理作出了原则性规定。财政部、国家档案局于1998年8月发布了《会计档案管理办法》，对会计档案管理的有关内容作出了具体规定，它适用于我国国家机关、社会团体、企业、事业单位、按规定应建账的个体工商户和其他组织（以下统称为单位）。2015年12月1日，新的《会计档案管理办法》已经财政部部务会议、国家档案局局务会议修订通过，修订后的《会计档案管理办法》（以下简称《办法》）自2016年1月1日起施行。

总之，会计档案是指单位在进行会计核算等过程中接收或形成的，记录和反映单位经济业务事项的，具有保存价值的文字、图表等各种形式的会计资料，包括通过计算机等电子设备形成、传输和存储的电子会计档案。（各单住的预算、计划、制度等文件资料属于文书档案，不属于会计档案，应当执行书档管理规定，不适用《会计档案管理办法》）。

（二）会计档案的管理部门

财政部和国家档案局主管全国会计档案工作，共同制定全国统一的会计档案工作制度，对全国会计档案工作实行监督和指导。

县级以上地方人民政府财政部门和档案行政管理部门管理本行政区域内的会计档案工作，并对本行政区域内会计档案工作实行监督和指导。

（三）会计档案的归档

单位应当加强会计档案的管理工作，建立和完善会计档案的收集、整理、保管、利用、鉴定和销毁等管理制度，采取可靠的安全防护技术和措施，保证会计档案的真实、完整、可用、安全。单位的档案机构或者档案工作人员所属机构（以下统称单位档案管理机构）负责管理本单位的会计档案。单位也可以委托具备档案管理条件的机构代为管理会计档案。

1. 以下会计资料应当进行归档

（1）会计凭证，包括原始凭证、记账凭证等。

（2）会计账簿，包括总账、明细账、日记账、固定资产卡片及其他辅助性账簿。

（3）财务会计报告，包括月度、季度、年度财务会计报告。

（4）其他会计资料，包括银行存款余额调节表、银行对账单、纳税申报表、会计档案移交清册、会计档案保管清册、会计档案销毁清册、会计档案鉴定意见书及其他具有保存价值的会计资料。

2. 单位可以利用计算机、网络通信等信息技术手段管理会计档案

同时满足下列条件的，单位内部形成的属于归档范围的电子会计资料可仅以电子形式保存，形成电子会计档案。

（1）形成的电子会计资料来源真实有效，由计算机等电子设备形成和传输。

（2）使用的会计核算系统能够准确、完整、有效地接收和读取电子会计资料，能够输出符合国家标准归档格式的会计凭证、会计账簿、财务会计报告等会计资料，设定了经办、审核、审批等必要的审签程序。

（3）使用的电子档案管理系统能够有效地接收、管理、利用电子会计档案，符合电子档案的长期保管要求，并建立了电子会计档案与相关联的其他纸质会计档案的检索关系。

（4）采取有效措施防止电子会计档案被篡改。

（5）建立电子会计档案备份制度，能够有效防范自然灾害、意外事故和人为破坏的影响。

（6）形成的电子会计资料不属于具有永久保存价值或者其他重要保存价值的会计档案。

满足《会计档案管理办法》的规定条件，单位从外部接收的电子会计资料，符合《中华人民共和国电子签名法》规定的电子签名的，可仅以电子形式归档保存，形成电子会计档案（电子签名是指数据电文中，以电子形式所含、所附，用于识别签名人身份，并表明签名人认可其中内容的数据）。单位的会计机构或会计人员所属机构（以下统称单位会计管理机构）按照归档规范和归档要求，负责定期将应当归档的会计资料整理立卷，并编制会计档案保管清册。

（四）会计档案的移交

1. 单位内部会计的移交

当年形成的会计档案，在会计年度终了后，可由单位会计管理机构临时保管1年，期满之后，再移交单位档案管理机构保管。因工作需要确需推迟移交的，应当经单位档案管理机构同意。单位会计管理机构临时保管会计档案最长不超过 3 年。临时保管期间，会计档案管理机构的保管应当符合国家档案管理的有关规定，且出纳人员不得兼管会计档案。单位会计管理机构在办理会计档案移交时，应当编制会计档案移交清册，并按照国家档案管理的有关规定办理移交手续。纸质会计档案移交时应当保持原卷的封装。电子会计档案移交时应当将电子会计档案及其源数据一并移交，且文件格式应当符合国家档案管理的有关规定。特殊格式的电子会计档案应当与其读取平台一并移交。单位档案管理机构接收电子会计档案时，应当对电子会计档案的准确性、完整性、可用性、安全性进行检测，符合要求的，才能接收。

2. 单位间的会计档案的交接

单位之间交接会计档案时，交接双方应当办理会计档案交接手续。移交会计档案的单位，应当编制会计档案移交清册，列明应当移交的会计档案名称、卷号、册数、起止年度、档案编号、应保管期限和已保管期限等内容。交接会计档案时，交接双方应当按照会计档案移交清册所列内容逐项交接，并由交接双方的单位有关负责人负责监督。交接完毕后，交接双方经办人和监督人应当在会计档案移交清册上签名或盖章。电子会计档案应当与其源数据一并移交，特殊格式的电子会计档案应当与其读取平台一并移交。档案接收单位应当对保存电子会计档案的载体及其技术环境进行检验，确保所接收电子会计档案的准确、完整、可用和安全。

（五）会计档案的查阅

单位应当严格按照相关制度利用会计档案，在进行会计档案查阅、复制、借出时履行登记手续，严禁篡改和损坏。单位保存的会计档案一般不得对外借出。确因工作需要且根据国家有关规定必须借出的，应当严格按照规定办理相关手续。会计档案借用单位应当妥善保管和利用借入的会计档案，确保借入会计档案的安全、完整，并在规定时间内归还。

（六）会计档案的保管期限

会计档案的保管期限分为永久、定期两类。定期保管期限一般分为 10 年和 30 年。会计档案的保管期限，从会计年度终了后的第一天算起。各类会计档案的保管期限原则上应当按照《办法》附表执行，《办法》规定的会计档案保管期限为最低保管期限。单位会计档案的具体名称如有同本办法附表所列档案名称不相符的，应当比照类似档案的保管期限办理。

企业和其他组织会计档案保管期限如表 1-2 所示。

表 1-2　企业和其他组织会计档案保管期限

序号	档案名称	保管期限	备注
一	会计凭证		
1	原始凭证	30 年	
2	记账凭证	30 年	
二	会计账簿		
3	总账	30 年	
4	明细账	30 年	
5	日记账	30 年	

续表

序号	档案名称	保管期限	备注
6	固定资产卡片		固定资产报废清理后保管 5 年
7	其他辅助性账簿	30 年	
三	账务会计报告		
8	月度、季度、半年度账务会计报告	10 年	
9	年度财务会计报告	永久	
四	其他会计资料		
10	银行存款余额调节表	10 年	
11	银行对账单	10 年	
12	纳税申报表	10 年	
13	会计档案移交清册	30 年	
14	会计档案保管清册	永久	
15	会计档案销毁清册	永久	
16	会计档案鉴定意见书	永久	

（七）会计档案的销毁

经鉴定可以销毁的会计档案，应当按照以下程序销毁：

（1）单位档案管理机构编制会计档案销毁清册，列明拟销毁会计档案的名称、卷号、册数、起止年度、档案编号、应保管期限、已保管期限和销毁时间等内容。

（2）单位负责人、档案管理机构负责人、会计管理机构负责人、档案管理机构经办人、会计管理机构经办人在会计档案销毁清册上签署意见。

（3）单位档案管理机构负责组织会计档案销毁工作，并与会计管理机构共同派员监销。监销人在会计档案销毁前，应当按照会计档案销毁清册所列内容进行清点核对；在会计档案销毁后，应当在会计档案销毁清册上签名或盖章。电子会计档案的销毁还应当符合国家有关电子档案的规定，并由单位档案管理机构、会计管理机构和信息系统管理机构共同派员监销。

保管期满但未结清的债权债务会计凭证和涉及其他未了事项的会计凭证不得销毁，纸质会计档案应当单独抽出立卷，电子会计档案单独转存，保管到未了事项完结时为止。单独抽出立卷或转存的会计档案，应当在会计档案鉴定意见书、会计档案销毁清册和会计档案保管清册中列明。单位因撤销、解散、破产或其他原因而终止的，在终止或办理注销登记手续之前形成的会计档案，按照国家档案管理的有关规定处置，单位分立后原单位存续的，其会计档案应当由分立后的存续方统一保管，其他方可以查阅、复制与其业务相关的会计档案。单位分立后原单位解散的，其会计档案应当经各方协商后由其中一方代管或按照国家档案管理的有关规定处置，各方可以查阅、复制与其业务相关的会计档案。单位分立中未结清的会计事项所涉及的会计凭证，应当单独抽出，由业务相关方保存，并按照规定办理交接手续。单位因业务移交其他单位办理所涉及的会计档案，应当由原单位保管，承接业务单位可以查阅、复制与其业务相关的会计档案。对其中未结清的会计事项所涉及的会计凭证，应当单独抽出，由承接业务单位保存，并按照规定办理交接手续。单位合并后原各单位解散或者一方存续、其他方解散的，原各单位的会计档案应当由合并后的单位统一保管。单位合并后原各单位仍存续的，其会计档案仍应当由原各单位保管。建设单位在项目建设期间形成的会计档案，需要移交给建设项目接收单位的，应当在办理竣工财务决算后及时移交，并按照规定办理交接手续。

第四节　会　计　监　督

会计监督是会计的又一项基本职能，是我国经济监督体系的重要组成部分，也是会计资料质量控制的重要环节。会计监督有狭义和广义之分，狭义的会计监督也指单位内部会计监督，它是指会计人员对特定主体经济活动的真实性、合法性和合理性所进行的审查。广义的会计监督还包括对单位内部会计监督的再监督，即外部监督，主要有政府监督和社会监督。

目前，我国《会计法》以法律的形式确立了与社会主义市场经济相适应的"三位一体"的会计监督体系。"三位"是指会计监督体系的三个层次：单位内部的会计监督、以财政部门为主体的政府监督和以注册会计师为主体的社会监督；"一体"是指各层次监督之间互相联系、相互协调，形成一个有机整体。内部监督的本质是内部控制，是内部管理的重要组成部分；社会监督是对内部监督的再监督，其特征是监督行为的独立性和有偿性；政府监督是对内部监督和社会监督的再监督，其特征是强制性和无偿性。因此，《会计法》所确立的会计监督体系，是三种监督相互补充，相互制约和不可替代的关系，是一种有效的会计监督体系。

一、单位内部会计监督

（一）单位内部会计监督的概念

单位内部会计监督是指会计机构、会计人员依照法律的规定，通过会计手段对经济活动的合法性、合理性和有效性进行的监督。单位内部会计监督制度是内部控制制度的重要组成部分。

根据《会计法》第二十九条规定："会计机构、会计人员发现会计账簿记录与实物、款项及有关资料不相符的，按照国家统一的会计制度的规定，有权自行处理的，应当及时处理；无权处理的，应当立即向单位负责人报告，请求查明原因，作出处理。"

会计监督主体是指会计监督行为的具体实施者，任何有权对会计活动施加影响的机构和人员都属于会计监督主体的范畴。《会计法》规定："各单位的会计机构、会计人员对本单位实行会计监督。"这一规定明确了单位内部会计监督的主体是各单位的会计机构和会计人员。虽然内部监督的主体是各单位的会计机构、会计人员，但内部会计监督不仅仅是会计机构、会计人员的事情，单位负责人也应当积极支持、鼓励会计机构、会计人员行使好会计监督。会计机构和会计人员进行内部会计监督的对象是本单位的经济活动。

根据《会计法》第二十八条规定："单位负责人应当保证会计机构、会计人员依法履行职责，不得授意、指使、强令会计机构、会计人员违法办理会计事项。会计机构、会计人员对违反本法和国家统一的会计制度规定的会计事项，有权拒绝办理或者按照职权予以纠正。"也就是说，单位负责人负责单位内部会计监督制度的组织实施，对本单位内部会计监督制度的建立及有效实施承担最终责任。

（二）单位内部会计监督制度的要求

根据《会计法》第二十七条规定："各单位应当建立、健全本单位内部会计监督制度。"单位内部会计监督制度应当符合下列要求：

1. 明确经济业务事项或会计事项相关人员的职责权限，相互分离、相互制约

《会计法》规定："记账人员与经济业务事项或会计事项的审批人员、经办人员、财务保管人员的职责权限应当明确，并相互分离、相互制约。"这是机构控制和职务控制的基本要求，具体要求如下：

（1）经济业务事项、会计事项的审批人员、经办人员、财务保管人员、记账人员的职责权限应当明确，做到职权明确，程序规范，责任清楚，避免因职责不清而相互扯皮、推诿，甚至越权行事，造成管理失控。

（2）记账人员与经济业务事项和会计事项的审批人员、经办人员、财务保管人员要实行职务分离。职务分离是内部控制的重要手段之一，可以有效防止因权限集中、职务重叠而造成的贪污、舞弊和决策失误。

（3）记账人员与经济业务事项和会计事项的审批人员、经办人员、财务保管人员应当相互制约。相关人员之间相互制约与职务分离既有联系也有区别。职务分离是相互制约的前提条件，但实行职务分离并不表明就能够相互制约，如果没有赋予各职务岗位的人员相应的职权，就无法进行相互制约。因此，在明确记账人员与经济业务事项和会计事项的审批人员、经办人员、财务保管人员的职责权限时，不仅要考虑职务分离的要求，还要考虑上述职务岗位的人员之间能够相互相制约，将失误、舞弊等问题控制到最低限度。

2. 明确对外投资、资产处置、资金调度和其他重大经济业务事项的决策和执行的相互监督、相互制约的程序

《会计法》规定："重大对外投资、资产处置、资金调度和其他重要经济业务事项的决策和执行的相互监督、相互制约的程序应当明确。"这是对业务处理程序控制的基本要求，是对盲目对外投资、擅自处置资产、随意调度资金所作的限制性规定，具有很强的针对性。重大对外投资、资产处置、资金调度等经济业务事项，既是各单位重大的经济活动，也是非常重要的财务管理问题，如果决策和执行的程序不明确，缺乏有效的监督和控制，不仅影响国家、单位和社会公众的利益，也会削弱财务会计管理的职能，并影响会计秩序和会计信息质量。

《会计法》对重要经济业务事项决策和执行程序的要求突出了两点：

（1）决策和执行的程序应当明确，做到制度化、规范化；

（2）决策和执行的程序中应当体现决策人员与执行人员之间能够相互监督、相互制约，既要防止权限过于集中，也要防止政出多门，各行其是。

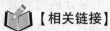 **【相关链接】**

《会计法》规定："对重要经济业务事项决策和执行程序应相互监督、相互制约。"举例说明：在公司制企业，董事会拟订重大对外投资、资产处置、资金调度等计划或方案；股东会审查批准，作出决议；以总经理为首的经营者执行股东会决议；监事会对经营者执行股东会决议情况进行监督。

3. 明确财产清查的范围、期限和组织程序

财产清查制度是根据账簿记录，对各项财产物资和库存现金进行定期或不定期的实地盘点，对银行存款和债权债务进行核对，保证财产物资、货币资金以及债权、债务实存数额和账面数额相符的一种专门方法。财产清查制度历来是《会计法》强调的重要制度之一。各单位不仅要建立财产清查制度，而且要明确规定财产清查的范围、期限、组织程序，这是财产安全控制和会计信息控制的基本要求。

财产清查既可定期进行，也可不定期进行，清查时，应根据单位实际情况，既可全面进行，也可部分进行。财产清查，既是加强财产物资管理的一项重要制度，也是会计核算工作的一项重要制度。通过财产清查，可以改善经营管理，保护财产的安全与完整；通过财产清查，可以确定各项财产的实存数，以便查明实存数与账面数是否相符，并查明不符的原因和责任，制定改进措施，做到账实相符，保证会计资料的真实、完整。如在编报年度财务会计报告之前，必须进行财产清查，对账实不符的问题，根据有关规定进行会计处理，以保证会计数据真实、完整。

4. 明确对会计资料定期进行内部审计的办法和程序

内部审计是指由被审计单位内部机构或人员，对其内部控制的有效性、财务信息的真实性和完整性，以及经营活动的效率和效果等开展的一种评价活动。内部审计是和政府审计、注册会计师审计并列的三种审计类型之一。内部审计既是内部控制的一个组成部分，又是内部控制的一种特殊形式。

内部审计的内容十分广泛，一般包括内部财务审计和内部经营管理审计。内部财务审计是对会计工作和会计资料实行控制和再监督。《会计法》明确规定："对会计资料定期进行内部审计的办法和程序应当明确。"也就是说，在单位内部应当由除会计机构、会计人员以外的专门机构或专门人员对会计资料进行再监督，设置内部审计机构或内部审计人员的单位，该项工作应由内部审计机构或内部审计人员进行；没有设置内部审计机构或内部审计人员的单位，可以由其他负责监督的机构、人员进行，如公司制企业的监事会。对会计资料进行内部审计应当制度化、程序化。

（三）内部控制

1. 内部控制的概念和目标

（1）企业内部控制的概念和目标。

为了加强和规范企业内部控制，提高企业的经营管理水平和风险防范能力，促进企业高效、可持续地发展，根据国家有关法律法规，财政部会同证监会、审计署、银监会、保监会五部门联合制定并发布了《企业内部控制基本规范》。《企业内部控制基本规范》适用于中华人民共和国境内设立的大中型企业。小企业和其他单位可以参照本规范建立与实施内部控制。该规范自 2009 年 7 月 1 日起实施。

对企业而言，内部控制是指由企业董事会、监事会、经理层和全体员工实施的，旨在实现控制目标的过程。其内部的控制目标主要包括：合理保证企业经营管理合法合规、资产安全、财务报告及相关信息真实完整、提高经营效率和效果，促进企业实现发展战略。

（2）行政事业单位内部控制的概念和目标。

为了进一步提高行政事业单位内部控制水平，规范内部控制，加强廉政风险控制机制建设，财政部根据《会计法》等相关法律规定，制定了《行政事业单位内部控制规范（试行)》，并于 2014 年 1 月 1 日起施行。该规范适用于各级党政机关、各民主党派机关、人民团体和事业单位（以下统称单位）的经济活动内部控制。

对行政事业单位而言，内部控制是指单位为了实现控制目标，通过制定制度，实施措施和执行程序，对经济活动的风险进行防范和管控。其内部控制的目标主要包括：合理保证单位经济活动合法合规、资产安全和使用有效、财务信息真实完整，有效防范舞弊和预防腐败，提高公共服务的效率和效果。

2. 内部控制的原则

企业、行政事业单位建立与实施内部控制，均应遵循以下原则：

（1）全面性原则，即内部控制应当贯穿决策、执行和监督的全过程，覆盖企业及其所属单位的各种业务和事项。

（2）重要性原则，即内部控制应当在全面的基础上，关注重要业务事项和高风险领域。

（3）制衡性原则，即内部控制应当在治理结构、机构设置及权责分配、业务流程等方面相互制约、相互监督，同时兼顾运营效率。

（4）适应性原则，即内部控制应当与企业经营规模、业务范围、竞争状况和风险水平等相适应，并随着经营情况和市场环境的变化而加以调整。

此外，企业内部控制还应遵循成本效益原则，即内部控制应当权衡实施成本与预期效益，以适当的成本实现有效的控制。

3. 内部控制的责任人

（1）对企业而言，董事会负责内部控制的建立健全和有效实施；监事会对董事会建立与实施内部控制进行监督；经理层负责组织领导企业内部控制的日常运行。企业应当成立专门机构或者指定适当的机构具体负责组织协调内部控制的建立实施及日常工作。

（2）对行政事业单位而言，单位负责人对单位内部控制的建立健全和有效实施负责。单位应当建立适合本单位实际情况的内部控制体系，并组织实施。

4. 内部控制的内容

（1）企业内部控制的内容。

企业建立与实施有效的内部控制，应当包括下列要素：

① 内部环境。内部环境是企业实施内部控制的基础，一般包括治理结构、机构设置及权责分配、内部审计、人力资源政策、企业文化等。

② 风险评估。风险评估是企业及时识别系统分析经营活动中与实现内部控制目标相关的风险，合理确定风险应对策略。

③ 控制活动。控制活动是企业根据风险评估结果，采用相应控制措施，将风险控制在可承受的范围之内。

④ 信息与沟通。信息与沟通是企业及时、准确地收集、传递与内部控制相关的信息，确保信息在企业内部、企业与外部之间进行有效沟通。

⑤ 内部监督。内部监督是企业对内部控制的建立与实施情况进行监督检查，评价内部控制的有效性，发现内部控制的缺陷，及时加以改进。

（2）行政事业内部控制的内容。

行政事业单位建立与实施内部控制的具体工作包括：梳理单位各类经济活动的业务流程，明确业务环节，系统分析经济活动风险，确定风险点，选择风险应对策略，在此基础上根据国家有关规定建立、健全单位各项内部管理制度并督促相关工作人员认真执行。

（3）企业内部控制的控制措施。

控制措施一般包括：不相容职务分离控制、授权审批控制、会计系统控制、财产保护控制、预算控制、运营分析控制和绩效考评控制等。

① 不相容职务分离控制。不相容职务，是指不能同时由一人兼任的职务，它主要包括：出纳与记账、业务与记账、业务经办与业务审批、业务审批与记账、财务保管与记账、业务经办与财务保管、业务操作与业务复核等。不相容职务相互分离控制要求单位按照不相容职务相分离的原则，合理设置会计及相关工作岗位，明确职责权限，形成相互制衡机制。

② 授权审批控制。授权审批控制要求单位明确规定涉及会计及相关工作的授权批准的范围、权限、程序、责任等内容，单位内部的各级管理层必须在授权范围内行使职权和承担责任，经办人员也必须在授权范围内办理业务。

③ 会计系统控制。系统控制要求单位依据《会计法》和国家统一的会计制度，制定适合本单位的会计制度，明确会计凭证、会计账簿和财务会计报告的处理程序，建立和完善会计档案保管和会计工作交接办法，实行会计人员岗位责任制，充分发挥会计的监督职能。

④ 财产保护控制。财产保护控制要求单位限制未经授权的人员对财产的直接接触，采取定期盘点、财产记录、账实核对、财产保险等措施，确保各种财产的安全完整。

⑤ 预算控制。预算控制要求单位加强预算编制、执行、分析、考核等环节的管理，明确预算项目，建立预算标准，规范预算的编制、审定、下达和执行程序，及时分析和控制预算差异，采取改进措施，确保预算的执行。预算内资金，实行责任人限额审批，限额以上资金，实行集体审批。严格控制无预算的资金支出。

⑥ 运营分析控制。要求企业建立运营情况分析制度，经理应当综合运用生产、购销、投资、筹资、财务等方面的信息，通过因素分析、对比分析、趋势分析等方法，定期开展运营情况分析，发现存在的问题，及时查明原因并加以改进。

⑦ 绩效考评控制。绩效考评控制是解决企业内部公平问题的必要条件。绩效考评控制要求企业科学设置业绩考核指标体系，对照预算指标、盈利水平、投资回报率、安全生产目标等方面的业绩指标，对各部门和员工当期业绩进行考核和评价，兑现奖惩，强化对各部门和员工的激励与约束。

（4）行政事业单位内部控制的控制方法。

① 不相容岗位相互分离。不相容岗位相互分离控制要求单位合理设置内部控制关键岗位，明确划分职责权限，实施相应的分离措施，形成相互制约、相互监督的工作机制。

② 内部授权。内部授权审批控制要求单位明确规定各岗位办理业务和事项的权限范围、审批程序、相关责任等内容，建立重大事项集体决策和会签制度。单位内部的各级管理层必须在授权范围内行使职权和承担责任，经办人员也必须在授权范围内办理业务。

③ 归口管理。归口管理要求单位根据自身实际情况，按照权责对等的原则，采取成立联合工作小组并确定牵头部门或牵头人员等方式，对有关经济活动实行统一管理。

④ 预算控制。预算控制要求单位强化对经济活动的预算约束，预算管理贯穿于单位经济活动的全过程。

⑤ 财产保护控制。财产保护控制要求单位建立资产日常管理制度和定期清查机制，采取资产记录、实物保管、定期盘点、账实核对等措施，确保资产安全完整。

⑥ 会计控制。会计控制要求单位建立、健全本单位财会管理制度，加强会计机构建设，提高会计人员的业务水平，强化会计人员的岗位责任制，规范会计基础工作，加强会计档案管理，明确会计凭证、会计账簿和财务会计报告处理程序。

⑦ 单据控制。单据控制要求单位根据国家有关规定和单位的经济活动，在内部管理制度中明确界定各项经济活动所涉及的表单和票据，要求相关工作人员按照规定填制、审核、归档、保管单据。

⑧ 信息内部公开。信息内部公开要求单位建立健全经济活动相关信息内部公开制度，根据国家有关规定和单位的实际情况，确定信息内部公开的内容、范围、方式和程序。

（四）内部审计

1. 内部审计的概念

内部审计是指单位内部的一种独立客观的监督和评价活动，它通过单位内部独立的审计机构和审计人员审查和评价本部门、本单位财务收支和其他经济活动以及内部控制的适当性、合法性和有效性，来促进单位目标的实现。

内部审计是外部审计的对称，是由本部门、本单位内部的独立机构和人员对本部门、本单位的财政财务收支和其他经济活动进行的事前和事后的审查和评价。这是为加强管理而进行的一项内部经济监督工作。

2. 内部审计的内容

内部审计的内容是一个不断发展变化的范畴，主要包括：财务审计、经营审计、经济责任审计、管理审计和风险管理等。

（1）财务审计，即按照规定的程序和方法对单位资产、负债、损益的真实、合法、效益进行审计监督，对会计报表反映的会计信息依法作出客观、公正的评价，其目的是揭露和反映企业资产、负债和盈亏的真实情况。

（2）经营审计，即经济性、效率性、建设性的审计，经营审计要对企业生产、经营、管理的全过程进行审计。其任务是揭露经营管理过程中存在的问题和薄弱环节，探求堵塞漏洞、解决问题的有效途径，提高改善经营管理、提高经济效益的措施。

（3）经济责任审计，即对经济责任人所承担的经济责任的执行情况进行审查。内部审计人员进行的经济责任审查，是结合日常的财务审计及经营审计进行的，一般侧重于经营责任目标的审计。

（4）管理审计，即以计划、组织、决策和控制等管理职能为对象的一种经济效益审计。它通过对各种管理职能的健全性和有效性的评估，以考察管理水平的高低、管理素质的优劣，以及管理活动的经济性、效率性，并针对管理中所存在的问题，提出改进的建议和意见。

（5）风险管理，即对影响组织目标实现的各种不确定性事件进行识别与评估，并采取应对措施将其影响控制在可接受范围内的过程。风险管理旨在为组织目标的实现提供合理保证，它包括风险识别、风险评估、风险应对三个阶段。

3. 内部审计的特点

内部审计的审计机构和审计人员都设在本单位内部，专门执行审计监督的职能，审计的内容更侧重于经营过程是否有效、各项制度是否得到遵守与执行，不承担其他经营管理工作。审计机构直接隶属于本部门单位最高管理当局，并在本部门单位内部保持组织上的独立地位，在行使审计监督职责和权限时，内部各级组织不得干预。由于内部审计机构隶属于部门、单位领导，其独立性不及外部审计，它所提出的审计报告的客观性和公正性较低，只供本部门、本单位内部使用，且以建议性意见为主，在社会上不起公证作用。因此，内部审计具有以下特点：

① 审计机构和审计人员都设在各单位内部。

② 审计的内容更侧重于经营过程是否有效、各项制度是否得到遵守与执行。

③ 服务的内向性和相对的独立性。

④ 审计结果的客观性和公正性较低，并且以建议性意见为主。

4. 内部审计的作用

（1）预防保护作用。内部审计机构通过对会计部门工作的再监督，有助于强化单位内部管理控制制度，及时发现问题，纠正错误，堵塞管理漏洞，减少损失，保护资产的安全与完整，提高会计资料的真实性、可靠性。

（2）服务促进作用。内部审计机构作为企业内部的一个职能部门，熟悉企业的生产经营活动等情况，工作便利。因此，通过内部审计，可在企业改善管理、挖掘潜力、降低生产成本、提高经济效益等方面起到积极的促进作用。

（3）评价鉴证作用。内部审计是基于受托经济责任的需要而产生和发展起来的，是经济管理分权制的产物。随着企业单位规模的扩大，管理层次增多，对各部门经营业绩的考核与评价是现代管理不可缺少的组成部分。通过内部审计。可以对各部门的活动作出客观、公正的审计结论和意见，起到评价和鉴证的作用。要提高内部审计的作用，一方面，要加强内部审计的行业自律与引导作用；另一方面，企业的管理当局要赋予内部审计机构足够的权力。

二、会计工作的政府监督

（一）会计工作政府监督的概念

会计工作的政府监督主要指财政部门代表国家对有关单位和单位中相关人员的会计行为实施的监督检查，以及对发现的违法会计行为实施行政处罚。会计工作的政府监督检查的依据是我国相关法律法规和相关部门依照有关法律、行政法规规定的职权范围。会计工作的政府监督是我国经济监督体系的一个重要方面，它与单位内部由会计机构、会计人员实行的会计监督相辅相成。

根据《会计法》的规定，县级以上地方各级人民政府财政部门是会计工作的政府监督主体，对本行政区域内各单位的会计工作行使监督权，并依法对违法会计行为实施行政处罚。（财政部门是《会计法》的执法主体，是会计工作国家监督的实施主体。这里所说的"财政部门"，是指国务院财政部门、国务院财政部门的派出机构和县市以上人民政府财政部门）。此外，审计、税务、人民银行、银行监管、证券监管、保险监管等部门应当依照有关法律、行政法规规定的职责，对有关单位的会计资料实施监督检查。

应当注意的是，审计、税务、人民银行、银行监管、证券监管、保险监管等部门和财政部门实施会计监督的范围、目的是不同的。在会计工作的政府监督中，财政部门有权向所有单位的会计行为、会计资料进行普遍监督，其目的是规范会计行为、保证会计资料的真实完整，对于被检查单位及相关人员的违法行为，可依据《会计法》作出相应处罚。而审计、税务、人民银行、银行监管、证券监管、保险监管等部门则只能按照法律、行政法规的授权和部门的职责，从行业管理、履行职责的角度出发，对有关单位的会计资料实施监督检查，不能超越既定权限，不是面向所有单位的监督。例如，《中华人民共和国税收征收管理法》（以下简称《税收征收管理法》）规定，税务机关只能对纳税人和扣缴义务人的账簿、记账凭证、报表和有关资料进行监督检查；《证券法》规定，证券监督管理部门只能对证券发行人、上市公司、证券公司、证券投资基金管理公司、证券服务机构、证券交易所等的会计资料进行监督检查；《审计法》规定，审计部门只能对行政事业单位、国有金融机构、国有企业等单位的会计资料进行监督检查，对于被审计单位不直接涉及财政收支和财务收支的会计违法行为，审计机关无权作出处理、处罚，而应移送财政部门处理。前款所列监督检查部门对有关单位的会计资料依法实施监督检查后，应当出具检查结论。有关监督检查部门已经作出的检查结论能够满足其他监督检查部门履行本部门职责需要的，其他监督检查部门应当加以利用，避免重复查账。

《会计法》第三十五条规定："各单位必须依照有关法律、行政法规的规定，接受有关监督检查部门依法实施的监督检查，如实提供会计凭证、会计账簿、财务会计报告和其他会计资料以及有关情况，不得拒绝、隐匿、谎报。"同时，《会计法》第三十四条还要求，"实施监督检查的部门及其工作人员，对在监督检查过程中知悉的国家秘密和商业秘密负有保密义务，如有违反，应承担相应的法律责任。"

财政部门实施会计监督检查，可以在被检查单位的业务场所进行，必要时，经财政部门负责人批准，也可以将被检查单位以前会计年度的会计凭证、会计账簿、财务会计报告和其他有关资料调回财政部门检查，但须由组织检查的财政部门向被检查单位开具调用会计资料清单，并在 3 个月内完整退还。

（二）财政部门会计监督的主要内容

根据《会计法》的规定，财政部门对各单位实施会计监督检查的主要内容包括以下几个方面：

1. 对单位依法设置会计账簿的监督检查

对各单位依法设置会计账簿的监督检查具体包括以下几个方面：

（1）应当设置会计账簿的是否按规定设置；

（2）是否存在违反《会计法》和国家统一的会计制度的规定私设会计账簿的行为；

（3）是否存在伪造、变造会计账簿的行为；

（4）设置会计账簿是否存在其他违反法律、行政法规和国家统一会计制度的行为。

2. 对单位会计资料的真实性、完整性的监督检查

对单位会计资料的真实性、完整性的监督检查具体包括以下几个方面：

（1）应当办理会计手续，进行会计核算的经济业务事项是否如实在会计凭证、会计账簿、财务会计报告和其他会计资料上反映；

（2）填制的会计凭证、登记的会计账簿、编制的财务会计报告与实际发生的经济业务事项是否相符；

（3）财务会计报告是否符合法律、行政法规和国家统一的会计制度的要求；

（4）其他会计资料是否真实、完整等。

3. 对单位会计核算情况的监督检查

对单位会计核算情况的监督检查具体包括以下几个方面：

（1）采用会计年度、使用记账本位币和会计记录文字是否符合法律、行政法规和国家统一的会计制度的规定；

（2）填制或者取得原始凭证、编制记账凭证、登记会计账簿是否符合法律、行政法规和国家统一的会计制度的规定；

（3）财务会计报告的编制程序、报送对象和报送期限是否符合法律、行政法规和国家统一的会计制度的规定；

（4）会计处理方法的采用和变更是否符合法律、行政法规和国家统一的会计制度的规定；

（5）使用的会计软件及其生成的会计资料是否符合法律、行政法规和国家统一的会计制度的规定；

（6）是否按照法律、行政法规和国家统一的会计制度的规定建立并实施内部会计控制制度；

（7）会计档案的保管是否符合法定要求等。

4. 对单位会计人员从业资格和任职资格的监督检查

对单位会计人员从业资格和任职资格的监督检查具体包括以下几个方面：

（1）从事会计工作的人员，是否取得会计从业资格证书；

（2）单位会计机构负责人（会计主管人员）是否具备法律、行政法规和国家统一的会计制度规定的任职资格等。

5. 对会计师事务所出具的审计报告的程序和内容的监督检查

根据《注册会计师法》的规定，国务院财政部门和省自治区直辖市人民政府财政部门，依法对注册会计师、会计师事务所和注册会计师协会进行监督、指导。根据《会计法》的规定，财政部门有权对会计师事务所出具审计报告的程序和内容进行监督。

财政部门实施会计监督可以采取的具体形式包括以下几种：

（1）对单位遵守《会计法》、会计行政法规和国家统一的会计制度的情况进行全面检查；

（2）对单位会计基础工作、从事会计工作的人员持有会计从业资格证书、会计人员从业情况进行专项检查；

（3）对注册会计师审计的财务会计报告进行定期抽查；

（4）对会计师事务所出具的审计报告进行抽查；

（5）依法实施其他形式的会计监督检查。

三、会计工作的社会监督

（一）会计工作社会监督的概念

会计工作的社会监督主要是指注册会计师及其所在的会计师事务所依法对委托单位的经济活动进行审计、鉴证的一种外部监督。此外，单位和个人检举违反《会计法》和国家统一的会计制度规定的行为，也属于会计工作社会监督的范畴。

社会监督以其特有的中介性和公正性得到法律的认可，具有很强的权威性、公正性。根据《会计法》和《注册会计师法》的规定，须经注册会计师进行审计的单位，应当向受委托的会计师事务所如实提供会计凭证、会计账簿、财务会计报告和其他会计资料以及有关情况。任何单位或者个人不得以任何方式，要求或者示意注册会计师及其所在的会计师事务所出具不实或者不当的审计报告。财政部门有权对会计师事务所出具审计报告的程序和内容进行监督。

根据《会计法》的规定，任何单位和个人对违反《会计法》和国家统一的会计制度规定的行为，有权检举。收到检举的部门有权处理的，应当依法按照职责分工及时处理；无权处理的，应当及时移送有权处理的部门处理。为了保护检举人的合法权益，收到检举的部门、负责处理的部门应当为检举人保密，不得将检举人姓名和检举材料转给被检举单位和被检举个人。

（二）注册会计师审计与内部审计的关系

注册会计师审计与内部审计既有联系又有区别。

1. 注册会计师审计与内部审计之间的主要联系

（1）两者都是现代审计体系的组成部分。

（2）两者都注重内部控制的健全性和有效性。

（3）注册会计师审计中可能会涉及对内部审计成果的利用等。

2. 注册会计师审计与内部审计的主要区别

（1）审计独立性不同。内部审计为组织内部服务，接受总经理或董事会的领导，独立性较弱。注册会计师审计为需要可靠信息的第三方提供服务，不受被审计单位管理层的领导和制约，独立性较强。

（2）审计方式不同。内部审计由本单位组织审计，内部审计人员遵循的是内部审计准则，具有较大的灵活性；注册会计师审计是受被审计单位委托审计，注册会师遵循的是《注册会计师法》、执业准则和规则。

（3）审计的职责和作用不同。内部审计的结果只对本部门、本单位负责，只作为本部门、本单位加强和改进经营管理的参考，不对外公开；注册会计师审计需要对投资者、债权人及其他利益相关者负责，对外出具的审计报告具有鉴证作用。

（4）接受审计的自愿程度不同。内部审计是代表总经理或董事会实施的组织内部监督，是内部控制的重要组成部分，单位内部的组织必须接受内部审计人员的监督；注册会计师审计是以独立第三方对被审计单位进行的审计，委托人可自由选择会计师。

（5）注册会计师审计与内部审计的目标与时间也是不同的。内部审计主要是对内部控制的有效性、财务信息的真实性和完整性以及经营活动的效率和效果所展开的一种评价活动；注册会计师审计主要是对被审计单位财务报表的真实性（或合法性）和公允性进行审计。内部审计通常是对单位内部组织采用定期或不定期审计，时间安排比较灵活；而注册会计师审计通常是定期审计，每年对被审计单位的财务会计报表审计一次。

注册会计师审计与内部审计尽管存在很大的差别，但是，注册会计师审计作为一种外部审计，在工作中要利用内部审计工作的成果。任何一种外部审计在对一个单位进行审计时，都要对其内部审计的情况进行了解并考虑是否利用其工作成果。

（三）注册会计师的业务范围

注册会计师是指依法取得注册会计师证书并接受委托从事审计和会计咨询、会计服务业务的执业人员，为保证注册会计师鉴证作用的发挥，维护社会公众和投资者的合法权益，《注册会计师法》规定，从事社会审计业务的人员必须具有注册会计师资格。我国实行注册会计师全国统一考试制度，考试成绩合格并从事审计业务工作两年以上的人员，才可以申请成为注册会计师；注册会计师调入企业工作时，应当办理中国注册会计师协会执业会员转为非执业会员手续。注册会计师执行业务应当加入会计师事务所。根据《会计师事务所审批和监督暂行办法》的规定，注册会计师可以申请设立合伙会计师事务所或有限责任会计师事务所；会计师事务所的合伙人或股东应具有取得注册会计师证书后最近连续五年在会计师事务所从审计业务的经历。设立会计师事务所，由省级财政部门审批，批准后再报财政部备案。由于上市公司和证券期货相关经营机构的业绩、资产安全等关系到众多投资者和相关方面的利益，其影响远高于一般企业，因此，对从事证券期货审计业务的注册会计师要求具有更高的业务能力和职业道德水平。根据有关规定，持有"证券期货相关业务许可证"的会计师事务所，才可以对上市公司和证券期货相关经营机构进行审计。证券期货相关业务许可证由财政部和证监会联合审批。

根据《注册会计师法》第十四条的规定，注册会计师及其所在的会计师事务所的业务范围主要包括以下几个方面：

1. 依据《注册会计师法》承办的审计业务

注册会计师及其所在的会计师事务所承办的审计业务，主要包括以下内容：

（1）审查企业会计报表，出具审计报告。

（2）验证企业资本，出具验资报告。

（3）办理企业合并、分立、清算事宜中的审计业务，出具有关的报告。

（4）法律、行政法规规定的其他审计业务。

审计报告是指注册会计师根据《中国注册会计师审计准则》的规定，在实施审计工作的基础上，对被审计单位财务报表出具审计意见的书面文件。审计报告分为标准审计报告和非标准审计报告。当注册会计师出具的无保留意见的审计报告不附加说明段、强调事项段或任何修饰用语时，称为标准审计报告；反之，则称为非标准审计报告，包括带强调事项段的无保留意见的审计报告、保留意见的审计报告、否定意见的审计报告和无法表示意见的审计报告。注册会计师依法执行审计业务所出具的审计报告具有证明效力。

2. 会计咨询、会计服务业务

注册会计师及其所在的会计师事务所承办的会计咨询、会计服务业务，主要包括以下内容：

（1）设计会计制度，担任会计顾问，提供会计、管理咨询。

（2）代理纳税申报，提供税务咨询。

（3）代理申请工商登记，拟订合同、章程和其他业务文件。

（4）办理投资评估、资产评估和项目可行性研究中的有关业务。

（5）培训会计、审计和财务管理人员。

（6）其他会计咨询、会计服务业务。

需要注意的是，注册会计师进行审计，仅对其出具的审计报告负责。注册会计师审计，不能替代或减轻单位负责人对会计资料真实性、完整性承担责任。

为保证注册会计师依法独立执行审计业务，《会计法》第三十一条第一款规定："有关法律、行政法规规定，须经注册会计师进行审计的单位，应当向受委托的会计师事务所如实提供会计凭证、会计账簿、财务会计报告和其他资料以及有关情况。"这是保证注册会计师审计工作得以顺利开展的重要基础。

注册会计师开展审计业务，有既定的规则、程序，出具的审计报告有法律效力，由注册会计师及其会计师事务所承担法律责任。注册会计师承担的职责是要求其必须按照法定规则和职业判断作出客观、公正的审计结论，不受外界的干扰和左右，外界也不应违法干预注册会计师的审计业务。因此，《会计法》规定："任何单位或者个人不得以任何方式要求或者示意注册会计师及其所在的会计师事务所出具不实或者不当的审计报告。"

（四）财政部门对社会监督的再监督

国务院财政部门和省、自治区、直辖市人民政府财政部门除了对企业依法实施监督之外，还依法对注册会计师、会计师事务所和注册会计师协会进行监督、指导，这是对社会监督的一种再监督。

1. 财政部门再监督的范围

根据《会计师事务所审批和监督暂行办法》的规定，财政部和省级财政部门依法对下列事项实施监督检查：

（1）会计师事务所保持设立条件的情况；

（2）会计师事务所应当向财政部和省级财政部门备案事项的报备情况；

（3）会计师事务所和注册会计师的执业情况；

（4）会计师事务所的质量控制制度；

（5）法律、行政法规规定的其他监督检查事项。

2. 财政部门再监督的重点内容

会计师事务所和注册会计师存在下列情形之一的，财政部和省级财政部门应当进行重点监督检查：

（1）被投诉或者举报的；

（2）未保持设立条件的；

（3）在执业中有不良记录的；

（4）采取不正当竞争手段承接业务的。

财政部应当加强对省级财政部门监督、指导注册会计师、会计师事务所工作的监督检查。省级财政部门应当建立信息报告制度，对会计师事务所、注册会计师发生的重大违法、违规案件及时上报财政部。

（五）会计工作的社会监督的相关问题

（1）委托注册会计师审计的单位应当如实提供会计资料。

（2）任何单位或个人不得以任何方式要求或者示意注册会计师及其所在的会计事务所出具不实或者不当的审计报告。

（3）会计师事务所和注册会计师必须接受财政部和省级财政部门依法实施的检查，如实提供中文工作底稿以及有关资料，不得拒绝、阻挠、逃避检查，不得谎报、隐匿、销毁相关证据材料。

四、单位内部会计监督与政府监督、社会监督的关系

（一）单位内部会计监督与政府监督、社会监督的联系

（1）单位内部会计监督是政府监督、社会监督有效进行的基础。

（2）政府监督、社会监督是对单位内部会计监督的一种再监督。

（3）政府监督是社会监督有效进行的重要保证。

（二）单位内部会计监督与政府监督、社会监督的区别

1. 监督的主体不同

单位内部会计监督的主体是单位的会计机构、会计人员；政府监督的主体主要是财政部门、审计部门、税务部门、人民银行、银行监管部门、证券监管部门、保险监管部门，国家规定的其他有关部门也可以实施监督；社会监督的主体是社会审计组织和广大社会公众。

2. 监督的性质不同

单位内部会计监督是单位内部的一种自我约束机制；政府监督是政府有关部门依照有关法律、法规对会计主体的会计行为进行的管理与监督；社会监督则是通过审计、鉴证职能的发挥及单位、个人的检举来实施的。

3. 监督的时间不同

单位内部会计监督可以是事前监督，也可以是事中监督和事后监督；而政府监督和社会监督则主要是事后监督。

4. 监督的内容不同

单位内部会计监督不仅包括对不合法的收支予以制止、纠正和检举等内容，而且包括为加强经济管理、提高经济效益服务的内容；政府监督的内容主要是监督会计主体的行为是否合法；社会监督主要是指会计师事务所对被监督单位财务会计报告的真实性发表意见，以提高被监督单位财务会计报告的公信力。

第五节 会计机构与会计人员

会计机构是指单位内部所设置的、专门办理会计事项的机构。旧时称柜吏；从事会计工作的专职人员，在我国，会计人员按职权划分为总会计师、会计机构负责人、会计主管人员、一般会计；按照专业技术职务划分为高级会计师、中级会计师、初级会计师。《会计法》和《会计基础工作规范》等法律法规对会计机构设置和会计人员配备要求作出了具体规定。

一、会计机构的设置

（一）办理会计事务的组织方式

《会计法》第三十六条规定："各单位应当根据会计业务的需要，设置会计机构，或者在有关机构中设置会计人员并指定会计主管人员；不具备设置条件的，应当委托经批准设立从事会计代理记账业务的中介机构代理记账。"由此可见，各单位应当根据本单位经营管理的实际和会计业务的繁简情况决定是否设置会计机构。对此，《会计法》提出了三个层次的原则。

1. 单独设置会计机构

单独设置会计机构是对会计机构设置的第一层要求。《会计法》规定，各单位应当根据会计业务的需要设置会计机构。一般而言，一个单位是否单独设置会计机构，往往取决于下列各因素。

（1）单位规模的大小。一个单位的规模，往往决定了这个单位内部职能部门的设置，也决定了会计机构的设置与否。一般来说，从有效发挥会计职能作用的角度来看，大中型企业（包括集团公司、股份有限公司、有限责任公司等）和具有一定规模、实行企业化管理的事业单位，都应单独设置会计机构，以便及时组织本单位各项经济活动和财务收支的核算，实行有效的会计监督。

（2）经济业务和财务收支的繁简。财务收支数额较大、会计业务较多的行政单位和社会团体及其他经济组织，有必要单独设置会计机构，以保证会计工作的效率和会计信息的质量。

（3）经营管理的要求，一个单位在经营管理上的要求越高，对会计信息的需求也越多，对会计信息系统的要求也越高，从而决定了该单位设置会计机构的必要性。

2. 在有关机构中设置专职会计人员

《会计法》规定，不单独设置会计机构的单位应当在有关机构中设置专职会计人员，并指定会计主管。这是会计机构设置中的另一种形式，这种形式一般在行政机关、事业单位和中小企业中比较多见，这是对会计机构设置的第二层次要求，对于不具备单独设置会计机构的单位，如财务收支数额不大、会计业务比较简单的企业，机关团体事业单位和个体工商户等，为了适合这些单位的客观需要和组织结构特点，应当在有关机构中配备专职会计人员并规定会计管理人员。目的是强化责任制度，防止出现会计工作无人负责的局面。

3. 实行代理记账

《会计法》规定，对于不具备设置会计机构和会计人员条件的单位，应当委托经批准设立从事会计代理记账业务的中介机构代理记账。对此规定的目的是适应不具备设置会计机构，配备会计人员的小型经济组织解决记账、算账、报账问题的要求。对于不单独设置会计机构的单位可以不设置会计人员，而委托经批准设立从事会计代理记账业务的中介机构代理记账。

（二）代理记账

代理记账是指会计咨询、服务机构及其他组织等经批准设立从事会计代理记账业务的中介机构接受独立核算单位的委托，代替其办理记账、算账、报账业务的一种社会性会计服务活动。代理记账的主体是经批准设立从事会计代理记账业务的中介机构，包括会计师事务所、代理记账公司及其他具有代理记账资格的中介机构；代理记账的对象是不具备设置会计机构或者在有关机构中设置专职会计人员的独立核算单位，如小型经济组织、应当建账的个体工商户等；代理记账的内容主要是代替独立核算单位办理记账、算账、报账等业务；代理记账的性质是一种社会性会计服务活动，是会计工作社会化、专门化的表现；代理记账在法律上的表现则是通过签订委托合同的方式来明确和规范委托及受托双方的权利义务关系。

1. 代理记账机构应具备的设立条件

除国家法律、行政法规另有规定外，在我国从事代理记账业务的机构，应具备下列条件：

（1）有三名以上持有会计从业资格证书的专职从业人员；

（2）主管代理记账业务的负责人，必须具有会计师以上专业技术职务资格；

（3）有固定的办公场所；

（4）有健全的代理记账业务规范和财务会计管理制度。

代理记账机构主要包括代理记账公司、会计师事务所、税务师事务所以及具有代理记账资格的其他社会咨询服务机构等几大类。代理记账机构从事代理记账业务，必须符合财政部发布的《代理记账管理暂行办法》中的关于从事代理记账业务应具备条件的规定。除申请设立会计师事务所外的代理记账机构必须经所在地的县级以上人民政府财政部门审查批准并领取由财政部统一印制的代理记账许可证书后，方可从事代理记账业务，具体的审批机关由省自治区、直辖市、计划单列市人民政府财政部确定。

2. 代理记账机构的业务范围

代理记账机构可以接受委托，办理委托人的以下业务：

（1）根据委托人提供的原始凭证和其他资料，按照国家统一的会计制度的规定进行会计核算，包括审核原始凭证、填制记账凭证、登记会计账簿、编制财务会计报告等。

（2）对外提供财务会计报告，代理记账机构为委托人编制的财务会计报告经代理记账机构负责人和委托人签名并盖章后，按照有关法律、行政法规和国家统一的会计制度的规定对外提供。

（3）向税务机关提供税务资料。

（4）委托人委托的其他会计业务。

3. 委托人的义务

委托代理记账的委托人应当履行以下义务：

（1）对本单位发生的经济业务事项，应当填制或者取得符合国家统一的会计制度规定的原始凭证。

（2）应当配备专人负责日常货币收支和保管。

（3）及时向代理记账机构提供真实、完整的凭证和其他相关资料。

（4）对于代理记账机构退回的要求按照国家统一的会计制度的规定进行更正、补充的原始凭证，应当及时予以更正、补充。委托代理记账机构办理会计业务时，单位负责人仍是单位的会计责任主体，仍要对会计资料的真实性和完整性承担最终责任。

4. 代理记账机构及其从业人员的义务

代理记账机构及其从业人员应当履行以下业务：

（1）按照委托合同办理代理记账业务，遵守有关法律、行政法规和国家统一的会计制度的规定。

（2）对在执行业务中知悉的商业秘密应当保密。

（3）对委托人示意其作出不当的会计处理，提供不实的会计资料，以及其他不符合法律、行政法规和国家统一的会计制度规定的要求，应当拒绝。

（4）对委托人提出的有关会计处理原则问题应当予以解释。

5. 法律责任

根据《代理记账管理办法》的有关规定，代理记账机构应承担以下法律责任。

（1）代理记账机构对其专职从业人员和兼职从业人员的业务活动承担责任。

（2）代理记账机构及其从事代理记账业务的人员在办理业务中违反会计法律、行政法规和国家统一的会计制度规定的，由县级以上人民政府财政部门依据《会计法》及相关法规的规定处理。

（3）对于未经批准从事代理记账业务的，由县级以上人民政府财政部门责令其改正，并予以公告。

(4) 代理记账机构违反本法和国家有关规定造成委托人会计核算混乱、损害国家和委托人利益，或者会同委托人共同提供不真实会计资料的，应当承担相应法律责任。

二、会计工作岗位设置

(一) 会计工作岗位设置的要求

会计工作岗位是指单位会计机构内部根据业务分工而设置的从事会计工作、办理会计事项的具体职位。在会计机构内部设置会计工作岗位，是建立岗位责任制的前提，是提高会计工作效率和质量的重要保证。同时，也是会计机构配备数量适当的会计人员的客观依据之一。

1. 按需设岗

各单位会计工作岗位的设置应与本单位业务活动的规模、特点和管理要求相适应。一个单位究竟设置多少会计工作岗位，需要配备多少会计人员，应与其业务活动规模、特点和管理要求相适应，配备数量适当的会计人员，是提高会计工作效率和质量的重要保证。各单位业务活动的规模、特点和管理要求不同，其会计工作的组织方法、会计人员的数量和会计工作岗位的职责分工也不同。通常，业务活动规模大、业务过程复杂、经济业务量大和管理严格的单位，会计机构会相应较大，会计人员相应较多，会计机构内部的岗位职责分工也相应较细；相反，业务活动规模小、业务过程简单、经济业务量少和管理要求不高的单位，会计机构就会相应较小，会计人员相应较少，会计机构内部的岗位职责分工也相应较粗。

2. 符合内部牵制制度的要求

《会计基础工作规范》第十二条规定："会计工作岗位，可以一人一岗、一人多岗或者一岗多人。但出纳人员不得兼任稽核、会计档案保管和收入、支出、费用、债权债务账目的登记工作。"这是会计机构内部牵制制度最基本的要求，也是我国在会计工作实践中总结出来的经验和教训。因为出纳人员是各单位专门从事货币资金收付的会计人员，根据复式记账的原则，每发生一笔货币资金收付业务，都要登记收入、费用或者债权、债务等有关账簿，如果这些账簿登记工作都由出纳人员一人承担，就会造成一个既管钱又记账的情况，无人监管、无人控制，给贪污舞弊行为以可乘之机。同理，如果稽核、会计档案保管工作由出纳人员担任，很难防止利用抽换单据、涂改记录等手段进行舞弊。当然，出纳人员不是完全不能记账，只要所记的账目不是收入、费用、债权债务等直接与单位资金收支增减往来有关的账目，是可以承担一部分记账工作的，如有些单位出纳人员业务不多，就可以记固定资产明细账，这是可以的。

内部牵制制度是指凡涉及款项和财务收付、结算及登记的任何一项工作，都必须由两人或两人以上分工办理，以起到相互制约作用的一种工作制度。会计机构内部牵制制度，在国际上也称为会计责任分离，实际上是我国传统的"钱、账分管"制度。它是内部控制制度的重要组成部分，各单位应当建立内部牵制制度，必须遵循"不相容职务相分离原则"。

3. 建立岗位责任制度

会计岗位责任制度是指明确各项会计工作的职责范围、具体内容和要求，并落实到每个会计工作岗位或会计人员身上的一种会计工作责任制度。

会计人员岗位责任制度的主要内容包括：会计人员的工作岗位设置、各会计工作岗位的职责和标准、各会计工作岗位的人员和具体分工、会计工作岗位轮换办法、对各会计工作岗位的考核办法。

4. 建立轮岗制度

《会计基础工作规范》第十三条规定："会计人员的工作岗位应当有计划地进行轮换。"定期或不定期地轮换会计人员的工作岗位，有利于会计人员全面熟悉会计核算与监督业务，不断提高会计业务技能和业务素质。同时，也有利于增强会计人员之间的团结合作意识，进一步完善单位内部会计控制制度。

（二）主要会计工作岗位

1. 会计工作岗位

会计工作岗位是指一个单位会计机构内部根据业务分工而设置的职能岗位。会计工作岗位一般可分为以下几种：

（1）总会计师（或行使总会计师职权）岗位；

（2）会计机构负责人或者会计主管人员；

（3）出纳岗位；

（4）稽核岗位；

（5）资本、基金核算岗位；

（6）收入、支出、债权债务核算岗位；

（7）职工薪酬、成本费用、财务成果核算岗位；

（8）财产物资的收发增减核算岗位；

（9）总账岗位；

（10）财务会计报告编制岗位；

（11）会计机构内会计档案管理岗位；

（12）其他会计工作岗位。

2. 不属于会计岗位的有下列一些岗位

（1）对于会计档案管理岗位，在会计档案正式移交之前，属于会计岗位；正式移交档案管理部门后，不属于会计岗位；档案管理部门的人员管理会计档案，不属于会计岗位。

（2）医院门诊收费员、住院部收费员、药房收费员、药品库房记账员和商场收银员等均不属于会计岗位。

（3）单位内部审计、社会审计、政府审计工作也不属于会计岗位。

3. 总会计师是一种行政职务

总会计师是由组织领导本单位的财务管理、成本管理、预算管理、会计核算和会计监督等方面工作，参与本单位重要经济问题分析和决策的单位行政领导人负责。所以，总会计师不是一种专业技术职务，也不是会计机构的负责人或会计主管人员，而是一种行政职务。《会计法》、《会计基础工作规范》以及国务院于1990年12月31日发布的《总会计师条例》等，都对总会计师的配备要求作出了规定。

（1）总会计师的设置。

建立总会计师制度，是我国加强经济核算、发挥会计职能作用的一项重要经验。《会计法》第三十六条第二款规定："国有的和国有资产占控股地位或者主导地位的大、中型企业必须设置总会计师。"根据《会计法》的规定，必须设置总会计师的范围界定在国有的和国有资产占控股地位或者主导地位的大、中型企业。但《会计法》并没有限制除国有大、中型企业以外的其他单位设置总会计师。其他单位可根据业务需要，视情况自行决定是否设置总会计师。从实际情况来看，许多外商投资企业、一定规模的民营企业设有总会计师。

（2）总会计师的地位。

总会计师是行政单位领导成员，是单位财务会计工作的主要负责人，全面负责财务会计管理和经济核算，参与单位的重大经营决策活动，是单位主要行政领导人的参谋和助手。明确总会计师的地位，有利于保证总会计师依法行使职权，发挥其应有的作用。为了保障总会计师的职权，《总会计师条例》规定："凡是设置总会计师的单位，不能再设置与总会计师职责重叠的行政副职。"

（3）总会计师的任职资格。

根据《总会计师条例》的规定，担任总会计师应当具备下列条件：

① 坚持社会主义方向，积极为社会主义建设和改革开放服务。

② 坚持原则，廉洁奉公。

③ 取得会计师任职资格后，主管一个单位或者单位内一个重要方面的财务会计工作时间不少于 3 年。

④ 有较高的理论政策水平，熟悉国家财经法律、法规、方针、政策和制度，掌握现代化管理的有关知识。

⑤ 具备本行业的基本业务知识，熟悉行业情况，有较强的组织领导能力。

⑥ 身体健康，能胜任本职工作。

（4）总会计师的职责。

根据《总会计师条例》的规定，总会计师的职责主要有以下几项：

① 编制和执行预算、财务收支计划、信贷计划、拟定资金筹措和使用方案，开辟财源，有效地使用资金。

② 进行成本费用预测、计划、控制、核算、分析和考核，督促本单位有关部门降低消耗、节约费用、提高经济效益。

③ 建立健全经济核算制度，利用财务会计资料进行经济活动分析。

④ 负责对本单位财务会计机构的设置和会计人员的配备、会计专业职务的设置和聘任提出方案，组织会计人员的业务培训和考核，支持会计人员依法行使职权。

⑤ 协助单位主要行政领导人对企业的生产经营、行政事业单位的业务发展以及基本建设投资等问题作出决策；参与重大合同和经济协议的研究、审查。

（5）总会计师的权限。

根据《总会计师条例》的规定，总会计师的权限主要有以下几项：

① 对违反国家财经法律、法规、方针、政策、制度和有可能在经济上造成损失、浪费的行为，有权制止或者纠正；制止或者纠正无效时，提请单位主要行政领导人处理。

② 有权组织本单位各职能部门、直属基层组织的经济核算、财务会计和成本管理方面的工作。

③ 主管审批财务收支工作。除一般的财务收支可以由总会计师授权的财会机构负责人或者其他指定人员审批外，重大的财务收支，须经总会计师审批或者由总会计师报单位主要行政领导批准。

④ 签署预算、财务收支计划、成本和费用计划、信贷计划、财务专题报告、会计决算

报表；涉及财务收支的重大业务计划、合同、经济协议等，在单位内部须经总会计师会签。

⑤ 会计人员的任用、晋升、调动、奖惩，应当事先征求总会计师的意见；财会机构负责人或者会计主管的人员，应当由总会计师进行业务考核，依照有关规定审批。

（6）总会计师的任免程序。

对于国有大、中型企业，《总会计师条例》第十五条规定："总会计师由本单位主要行政领导人提名，政府主管部门任命或者聘任；免职或者解聘程序与任命或者聘任程序相同。"对于事业单位和业务主管部门，《总会计师条例》第十五条规定："总会计师依照干部管理权限任命或聘选；免职或者解聘与任命或者聘任程序相同。"城乡集体所有制企业、事业单位任免（包括聘任或解聘）总会计师，可以参照《总会计师条例》的有关规定办理。其他单位的总会计师，应当按照有关法律的规定来任免（包括聘任或解聘）。

4. 会计机构负责人（会计主管人员）

（1）会计机构负责人（会计主管人员）是指在一个单位内具体负责会计工作的中层领导人员。在一个单位内部，不论设置会计机构或者在有关机构中设置会计人员，都需要有一位负责人。在设置会计机构的情况下，该负责人为会计机构负责人；在有关机构中设置会计人员的情况下，被指定为会计主管人员的人就是负责人。

① "会计机构负责人"是指在一个单位内具体负责会计工作的中层领导人。对于单独设置会计机构的单位，该负责人就是"会计机构负责人"；对于不单独设置会计机构的单位，在有关机构中设置会计人员的单位，在该单位内部负责组织管理会计事务、行使会计机构负责人职权的负责人就是"会计主管人员"。

② "会计主管人员"是《会计法》的一个特制概念，不同于通常所说的"会计主管"、"主管会计"、"主办会计"等。同时，《会计法》没有对如何配备会计机构负责人作出具体规定，因为在现实中，凡是设置会计机构的单位，都配备了会计机构负责人。对于没有设置会计机构，只在其他机构中配备一定数量专职或兼职会计人员的单位，《会计法》明确规定应在会计人员中指定会计主管人员，目的是强化责任制度，防止出现会计无人负责的局面。

（2）会计机构负责人（会计主管人员）的任职资格。

《会计法》第三十八条第二款规定："会计机构负责人要有担任会计师以上专业技术职务资格或者从事会计工作3年以上经历。"除此之外，《会计基础工作规范》第七条还规定了会计机构负责人、会计主管人员应当具备的基本条件如下：

（1）坚持原则，廉洁奉公。

（2）具有会计专业技术资格。

（3）除取得会计从业资格证书外，还应当具备会计师以上专业技术职务资格或者从事会计工作3年以上经历。

（4）熟悉国家财经法律、法规、规章和方针、政策等，掌握本行业务管理的有关知识。

三、会计工作交接

会计人员工作交接，也称会计工作交接，是指会计人员工作调动、离职或因病暂时不能工作，应与接管人员办理交接手续的一种工作程序。会计人员工作交接是会计工作的一项重要内容，也是做好会计工作的基本要求。做好会计交接工作，可以使会计工作前后衔接，保证会计工作连续进行，防止因人员更换而出现账目不清、财务混乱等现象，也是分清移交人员和接管人员责任的有效措施。

（一）交接的范围

《会计法》第四十一条规定："会计人员调动工作或者离职，必须与接管人员办清交接手续。一般会计人员办理交接手续，由会计机构负责人（会计主管人员）监交，必要时主管单位可以派人会同监交。"同时，《会计基础工作规范》第二十五条还规定："会计人员工作调动或者因故离职，必须将本人所经管的会计工作全部移交给接管人员。没有办清交接手续的，不得调动或者离职。会计人员临时离职或者因其他原因暂时不能工作的，都需要办理交接手续。"对此，《会计基础工作规范》作出了以下明确规定：

（1）会计人员临时离职或者因病不能工作且需要接替或者代理的，会计机构负责人（会计主管人员）或者单位负责人必须指定有关工作人员接管或者代理，并办理会计工作交接手续。

（2）临时离职或者因病不能工作的会计人员恢复工作的，应当与接替或者代理人员办理交接手续。

（3）移交人员因病或者其他特殊原因不能亲自办理移交手续的，经单位负责人批准，可由移交人员委托其他人代办移交，但委托人应当对所移交的会计凭证、会计账簿、财务会计报告和其他有关资料的真实性、完整性承担法律责任。

（二）交接的程序

1. 提出交接申请

会计人员在向单位或者有关机关提出调动工作或者离职的申请时，应当同时向会计机构提出会计交接申请，以便会计机构早作安排，安排其他会计人员接替。

2. 移交前的准备工作

会计人员办理移交手续前，必须及时做好以下工作：

（1）已经受理的经济业务尚未填制会计凭证的，应当填制完毕。

（2）尚未登记的账目应当登记完毕，并在最后一笔余额后加盖经办人员印章。

（3）整理应该移交的各项资料，对未了事项和遗留问题写出书面说明材料。

（4）编制移交清册，列明应当移交的会计凭证、会计账簿、财务会计报告、印章、现金、有价证券、支付簿、发票、文件、其他会计资料和物品等内容。实行会计电算化的单位，从事该项工作的移交人员还应当在移交清册中列明会计软件及密码、会计软件数据、磁带等内容。

（5）会计机构负责人（会计主管人员）移交时，还应将财务会计工作、重大财务收支问题和会计人员的情况等向接替人员介绍清楚。

3. 移交点收

移交人员在离职前，必须将经营的会计工作在规定的期限内全部向接替人员移交清楚。移交人员在办理移交时，要按移交清册逐项移交；接替人员要按移交清册逐项核对点收。具体要求如下：

（1）现金要根据会计账簿有关记录进行当面点交，不得短缺，接管人员发现不一致或者"白条顶库"现象时，移交人员必须在规定期限内查清处理。

（2）有价证券的数量要与会计账簿记录一致，有价证券面额与发行价不一致时，按照会计账簿余额交接。

（3）会计凭证、会计账簿、财务会计报告和其他会计资料必须完整无缺。如有短缺，必须查清原因，并在移交清册中注明，由交接人员负责。

4. 专人负责监交

一般会计人员办理交接手续，由单位会计机构负责人（会计主管人员）监交。会计机构负责人（会计主管人员）办理交接手续，由单位负责人监交，必要时主管单位可以派人会同监交。所谓必要时主管单位可以派人会同监交，是指有些交接需要主管部门认为需要参与监交的。通常有三种情况：

（1）所属单位负责人不能监交，需要由主管单位派人监交。如因单位撤并而办理交接手续等。

（2）所属单位负责人不能尽快监交的，需要由主管部门派人督促监交。如主管部门责成所属单位撤换不合格的会计机构负责人（会计主管人员），所属单位负责人以种种借口拖延不办交接手续，此时，主管部门就应派人督促会同监交。

（3）所属单位负责人不宜单独监交的，需要主管部门派人会同监交。如所属单位负责人与办理交接手续的会计机构负责人（会计主管人员）有矛盾，交接时需要主管部门派人会同监交，以防单位负责人借机刁难。此外，主管单位认为交接中存在某种问题需要派人监交时，也可派人会同监交。

5. 交接后的有关事宜

（1）交接会计工作后，交接双方和监交人员要在移交清册上签名或者盖章，并应在移交清册上注明单位名称，交接日期，交接双方和监交人员的职务、姓名，移交清册页数以及需要说明的问题和意见等。

（2）交接人员应当继续使用移交的会计账簿，不得自行另立新账，以保持会计记录的前后交接。

（3）移交清册填制一式三份，交接双方各执一份，存档一份。

（三）交接人员的责任

根据《会计基础工作规范》第三十五条的规定："移交人员对所移交的会计资料的真实性、完整性负责。即便接替人员在交接时因疏忽没有发现所交接的会计资料在合法性、真实性方面存在问题，如事后发现，仍应由原移交人员负责，原移交人员不应以会计资料已经移交而推脱责任，接替人员不对移交过的材料的真实性、完整性负法律上的责任。"

【案例分析】

【案例】

天力公司调整内部机构：会计李某负责会计档案保管工作，调离会计工作岗位，离岗前与接替者王某在财务科长的监交下办妥了会计工作交接手续。李某负责会计档案工作后，公司档案管理部门会同财务科将已到期会计资料编造清册，报请公司负责人批准后，由李某自行销毁。年底，财政部门对该公司进行检查时，发现该公司原会计李某所记的账目中有会计作假行为，而接替者王某在会计交接时并未发现这一问题。财政部门在调查时，原会计李某说，已经办理了会计交接手续，现任会计王某和财务科长均在移交清册上签了字，自己不再承担任何责任。

根据会计法律制度的有关规定，回答下列问题：

（1）公司销毁档案是否符合规定？

（2）公司负责人是否对会计作假行为承担责任？简要说明理由。

（3）原会计李某的说法是否正确？简要说明理由。

【解析】

（1）公司销毁档案不符合会计法律制度的规定。根据《会计档案管理办法》的规定，保管期满的会计档案，应由单位档案管理机构提出销毁意见，会同会计机构共同鉴定，报单位负责人批准后，由单位档案管理机构和会计机构共同派员监销。

（2）公司负责人对会计作假行为应当承担责任。《中华人民共和国会计法》规定："单位负责人对本单位的会计工作和会计资料的真实性、完整性负责。""单位负责人应当保证会计机构、会计人员依法履行职责，不得授意、指使、强令会计机构、会计人员违法办理会计事项。"

（3）李某的说法不正确。《中华人民共和国会计法》规定，交接工作完成后，移交人员所移交的会计凭证、会计账簿、财务会计报告和其他会计资料是在其经办会计工作期间内发生的，应对这些会计资料的真实性、完整性负责，即便接替人员在交接时因疏忽没有发现所交接会计资料在真实性、完整性方面的问题，如事后发现，仍由原移交人员负责，原移交人员不应以会计资料已移交而推脱责任。

四、会计从业资格

（一）会计从业资格的概念

会计从业资格是指进入会计职业、从事会计工作的一种法定资质，是进入会计职业的"门槛"。会计从业资格证书是具备会计从业资格的证明文件。

根据《会计法》第三十八条的规定："从事会计工作的人员，必须取得会计从业资格证，会计从业资格证一经获取，在全国范围内有效，不得涂改、出借。"2012年12月5日财政部会议通过修订后的《会计从业资格管理办法》，自2013年7月1日起施行。

（二）会计从业资格证书的适用范围

根据修订后的《会计从业资格管理办法》（财政部令第73号）第三条和第三十五条的规定："在国家机关、社会团体、企业、事业单位和其他组织从事下列会计工作的人员（包括香港特别行政区、澳门特别行政区、台湾地区居民及外籍居民在中国大陆境内从事会计工作的人员），应当取得会计从业资格，持有会计从业资格证书。"

这里的会计工作，包括以下几项：

（1）出纳；

（2）稽核；

（3）资本基金核算；

（4）收入、支出、债权债务核算；

（5）职工薪酬、成本费用、财务成本核算；

（6）财务物资的收发、增减核算；

（7）总账财务；

（8）会计报告编制；

（9）会计机构内会计档案管理；

（10）其他会计工作。

《会计从业资格管理办法》还明确规定，各单位不得任用（聘用）不具备会计从业资格的人员从事会计工作。不具备会计从业资格的人员，不得参加会计专业技术资格考试，不得参加会计专业职务的聘任，不得申请取得会计人员荣誉证书。

（三）会计从业资格的取得

1. 会计从业资格的取得实行考试制度

国家实行会计从业资格考试制度。会计从业资格考试科目实行无纸化考试，无纸化考试题库由财政部统一组织建设。会计从业资格考试科目为《财经法规与会计职业道德》《会计基础》《会计电算化》或者《珠算》。会计从业资格考试题目应当一次性通过。会计从业资格考试大纲、考试合格标准由财政部统一制定和公布。会计从业资格无纸化考试管理相关规定由财政部另行制定。

县级以上地方人民政府财政部门、新疆生产建设兵团财务局、中共中央直属机关事务管理局、国务院机关事务管理局、中央军委后勤保障部、中国人民武装警察部队后勤部（以下简称会计从业资格管理机构）应当对申请参加会计从业资格考试人员的条件进行审核，符合条件的，允许其参加会计从业资格考试。

省级财政部门、新疆生产建设兵团财务局和中央主管单位应当根据本办法制定、公布会计从业资格考试的报考办法、考务规则、考试相关要求、报名条件和考试科目。

2. 会计从业资格报名条件

申请参加会计从业资格考试的人员，应当符合下列基本条件：

（1）遵守会计和其他财经法律、法规。

（2）具备良好的道德品质。

（3）具备会计专业基础知识和技能。

特别需注意的是，《会计从业资格管理办法》第八条第二款、第三款和第三十条的以下规定：

① 因有《会计法》第四十二条、第四十三条、第四十四条所列违法情形，被依法吊销会计从业资格证书的人员，自被吊销之日起5年以内，不得参加会计从业资格考试，不得重新取得会计从业资格证书。

② 因有提供虚假财务会计报告，做假账，隐匿或者故意销毁会计凭证、会计账簿、财务会计报告，贪污、挪用公款，职务侵占等与会计职务有关的违法行为，被依法追究刑事责任的人员，不得参加会计从业资格考试，不得取得或者重新取得会计从业资格证书。

③ 参加会计从业资格考试有违法作弊行为的，两年内不得参加会计从业资格考试，由会计从业资格管理机构取消其考试成绩，已取得会计从业资格的，由会计从业资格管理机构撤销其会计从业资格。

3. 会计从业资格证书的取得

根据新的《会计从业资格管理办法》第十一条的规定，会计从业资格管理机构应当在考试结束后及时公布考试结果，通知考试通过人员在考试结果公布之日起6个月内，到指定的会计从业资格管理机构领取会计从业资格证书。

通过会计从业资格考试的人员，应当持本人有效身份证件原件，在规定的期限内，到指定的地点领取会计从业资格证书。

通过会计从业资格考试的人员，可以委托代理人领取会计从业资格证书。代理人领取会计从业资格证书时，应当持本人和委托人的有效身份证件原件。

根据新的《会计从业资格管理办法》第三十六条的规定，本办法施行之日前已被聘任为高级会计师或者从事会计工作满20年，且年满50周岁、目前尚在从事会计工作的，经本人申请并提供单位证明等相关材料，会计从业资格管理机构核实无误后，发给会计从业资格证书。取得注册会计师证书，目前尚在从事会计工作的，经本人申请并提供单位证明等相关材料，会计从业资格管理机构核实无误后，发给会计从业资格证书。

会计从业资格证书的样式和编号规则由财政部统一规定，省级财政部门负责本地区会计从业资格证书的印制；新疆生产建设兵团财务局和中央主管单位分别负责本部门、本系统会计从业资格证书的印制。

会计从业资格证书是具备会计从业资格的证明文件，在全国范围内有效。持有会计从业资格证书的人员（以下简称持证人员）不得涂改、出借会计从业资格证书。

（四）会计从业资格的管理

1. 会计从业资格的管理机构

除《会计从业资格管理办法》另有规定外，县级以上地方人民政府财政部门负责本行政区域内的会计从业资格管理。

财政部委托中共中央直属机关事务管理局、国务院机关事务管理局按照各自权限分别负责中央在京单位的会计从业资格的管理。新疆生产建设兵团财务局负责所属单位的会计从业资格的管理。中央军委后勤保障部、中国人民武装警察部队后勤部应当按照财政部的有关规定，分别负责中国人民解放军、中国人民武装警察部队系统的会计从业资格的管理。

2. 信息化管理制度

会计从业资格实行信息化管理。会计从业资格管理机构应当建立持证人员从业档案信息系统，及时记载、更新持证人员的下列信息：

（1）持证人员的相关基础信息；

（2）持证人员从事会计工作的情况；

（3）持证人员的变更、调转登记情况；

（4）持证人员换发会计从业资格证书的情况；

（5）持证人员接受继续教育的情况；

（6）持证人员受到表彰奖励的情况；

（7）持证人员因违反会计法律、法规、规章和会计职业道德被处罚的情况。

3. 监督检查制度

会计从业资格管理机构应当对会计从业资格证书的持有、换发、调转、变更登记等情况及持证人员继续教育、遵守会计法律和职业道德等情况实施监督检查。

4. 持证人员继续教育指导

持证人员应当接受继续教育，提高业务素质和会计职业道德水平。持证人员参加继续教育采取学分制管理制度。持证人员继续教育相关规定由财政部另行制定。会计从业资格管理机构应当加强对持证人员继续教育工作的监督、指导工作。单位应当鼓励和支持持证人员参加继续教育，保证学习时间，提供必要的学习条件。会计从业资格管理机构应当对开展会计人员继续教育的培训机构进行监督和指导，规范培训市场，确保培训质量。

（1）会计人员继续教育的管理部门。

会计人员继续教育实行统一规划、分级管理的原则。

国务院财政部门负责全国会计人员继续教育的管理。各省、自治区、直辖市、计划单列市财政厅（以下简称省级财政部门）负责本地区的会计人员继续教育的组织管理工作。中共中央直属机关事务管理局、国家机关事务管理局、中央军委后勤保障部、中国人民武装警察部队后勤部（以下简称中央主管单位）和新疆生产建设兵团财务局应当按照会计从业资格管理体制，分别负责中央在京单位、中国人民解放军系统、中国人民武装警察部队系统和新疆生产建设兵团财务局会计人员继续教育的组织实施工作。

（2）会计人员继续教育的对象和基本原则。

① 会计人员享有参加继续教育的权利和接受继续教育的义务。会计人员继续教育的对象是取得并持有会计从业资格证书的人员。会计人员继续教育分为高级、中级、初级三个级别：

a. 高级会计人员继续教育对象为取得或者受聘高级会计专业技术资格（职称）及具备相当水平的会计人员；

b. 中级会计人员继续教育对象为取得或者受聘中级会计专业技术资格（职称）及具备相当水平的会计人员；

c. 初级会计人员继续教育对象为取得或者受聘初级会计专业技术资格（职称）的会计人员，以及取得会计从业资格证书但未取得或者受聘初级会计专业技术资格（职称）的会计人员。

② 会计人员继续教育应遵循以下基本原则：

以人为本，按需施教。把握会计行业发展趋势和会计人员从业基本要求，突出提升会计人员的专业胜任能力，引导会计人员更新知识、拓展技能。

a. 提高解决实际问题的能力。

b. 突出重点，提高能力。会计人员继续教育面向会计人员，全面提高会计人员的整体素质，进一步改善会计人员的知识结构。

c. 加强指导，创新机制。在统筹规划的前提下，有效利用各方面的教育资源，引导社会办学单位参与会计人员继续教育，并不断丰富继续教育的内容，创新继续教育的方式，融合继续教育的资源，提高继续教育的质量，逐步形成政府部门规划指导、社会单位积极参与、用人单位支持督促的会计人员继续教育新格局。

（3）会计人员继续教育的管理制度。

《会计人员继续教育规定》明确规定，取得会计从业资格的人员，应当自取得资格的次年开始参加持证人员继续教育，采取学分管理制度，每年参加继续教育取得的学分不得少于24学分。持证人员参加继续教育取得的学分在全国范围内有效。但持证人员参加继续教育取得的学分均在当年度有效，不得结转下年度。对未按规定参加继续教育或者参加继续教育未取得规定学分的持证人员，继续教育管理部门应当责令其限期改正。

5. 变更登记制度

《会计从业资格管理办法》第二十条规定："持证人员的姓名、有效身份证件及号码、照片、学历或学位、会计专业技术职务资格、开始从事会计工作的时间等基础信息，以及第十九条第（五）和第（六）项内容发生变化的，应当持相关有效证明和会计从业资格证书，到所属会计从业资格管理机构办理从业档案信息变更。会计从业资格管理机构应当在核实相关信息后，为持证人员办理从业档案信息变更。持证人员的其他相关信息发生变化的，应当登录所属会计从业资格管理机构指定网站进行信息变更，也可以到所属会计从业资格管理机构办理。"

6. 登记调转制度

《会计从业资格管理办法》第二十一条规定："持证人员所属会计从业资格管理机构发生变化的，应当及时办理调转登记手续。持证人员所属会计从业资格管理机构在各省级财政部门、新疆生产建设兵团财务局、中央主管单位各自管辖范围内发生变化的，应当持会计从业资格证书、工作证明（或户籍证明、居住证明）到调入地所属会计从业资格管理机构办理调转登记。"

持证人员所属会计从业资格管理机构在各省级财政部门、新疆生产建设兵团财务局、中央主管单位管辖范围之间发生变化的，应当及时填写调转登记表，持会计从业资格证书，到原会计从业资格管理机构办理调出手续。持证人员应当自办理调出手续之日起3个月内，持会计从业资格证书、调转登记表和在调入地的工作证明（或户籍证明、居住证明），到调入地会计从业资格管理机构办理调入手续。

7. 定期换证制度

《会计从业资格管理办法》第二十三条规定："会计从业资格证书实行6年定期换证制度。持证人员应当在会计从业资格证书到期前6个月内，填写定期换证登记表，持有效身份证件原件和会计从业资格证书，到所属会计从业资格管理机构办理换证手续。"

8. 会计从业资格的撤销

《会计从业资格管理办法》第二十四条规定，有下列情形之一的，会计从业资格管理机构可以撤销持证人员的会计从业资格：

（1）会计从业资格管理机构工作人员滥用职权、玩忽职守，作出给予持证人员会计从业资格决定的；

（2）超越法定职权或者违反法定程序，作出给予持证人员会计从业资格决定的；

（3）对不具备会计从业资格的人员，作出给予会计从业资格决定的。

持证人员以欺骗、贿赂、舞弊等不正当手段取得会计从业资格的，会计从业资格管理机构应当撤销其会计从业资格。

参加会计从业资格考试舞弊的人员，2年内不得参加会计从业资格考试，由会计从业资格管理机构取消其考试成绩，已取得会计从业资格的，由会计从业资格管理机构撤销其会计从业资格。

9. 会计从业资格的注销

《会计从业资格管理办法》第二十五条规定，持证人员具有下列情形之一的，会计从业资格管理机构应当注销其会计从业资格：

（1）死亡或者丧失行为能力的；

（2）会计从业资格被依法吊销的。

五、会计专业技术资格与职务

会计工作的专业性要求会计人员具备一定的专业知识和专业技能。会计专业职务和会计专业技术资格，都是我国用于考核和评价会计人员的专业知识和业务技能的制度，目的是通过考核合理评价会计人员的技术等级，促进会计人员加强业务学习，提高会计技能。

（一）会计专业技术资格

会计专业技术资格是指担任会计专业职务的任职资格，它与会计从业资格、会计专业职务是不同的概念。

 【相关链接】

> 会计从业资格是会计人员从事会计工作的上岗证，是对会计人员最基本的要求；会计专业职务是一种技术职称；会计专业技术资格是担任会计专业职务的任职资格。持有会计从业资格证书并实际从事会计工作的人员才可以参加会计专业技术资格考试，取得会计专业技术资格后通过单位聘任或任命，才能担任会计专业职务。

1. 会计专业技术资格的考试级别

会计专业技术资格分为初级资格、中级资格和高级资格三个级别，分别对应助理会计师或会计员、会计师和高级会计师。初级、中级会计专业技术资格实行全国统一的考试制度，高级资格实行考试与评审相结合的制度。

2. 会计专业技术资格的考试科目

（1）会计专业技术初级资格考试科目为《初级会计实务》、《经济法基础》两个科目。参加初级资格考试的人员，必须在一个考试年度内通过全部科目的考试，方可获得会计专业技术初级资格证书。

（2）会计专业技术中级资格考试科目为《中级会计实务》、《财务管理》、《经济法》三个科目。参加会计专业技术中级资格考试的人员，在连续的两个考试年度内，全部科目考试均合格者，可以获得会计专业技术中级资格证书。通过全国统一考试，取得会计专业技术资格的会计人员，表明其已具备担任相应级别会计专业技术职务的任职资格。

（3）凡申请参加高级会计师资格评审的人员，须经考试合格后，方可参加评审。考试科目为《高级会计实务》，考试方式采取开卷笔答方式进行，主要考核应试者运用会计、财务、税收等相关的理论知识、政策法规，对所提供的有关背景资料进行分析、判断和处理业务的综合能力。参加考试并达到国家合格标准的人员，由全国会计专业技术资格考试办公室核发高级会计师资格考试成绩合格证，该证在全国范围内 3 年有效。

3. 会计专业技术资格证书的管理

会计专业技术资格考试合格者，由省级人事部门颁发由人事部、财政部统一印制的会计专业技术资格证书，该证书在全国范围内有效。对伪造学历、会计从业资格证书和资历证明，或者在考试期间有违纪行为的，由会计专业技术资格管理机构吊销其会计专业技术资格，由发证机关收回会计专业技术资格证书，2 年内不得再参加会计专业技术资格考试。

4. 会计专业职务的评聘

通过全国统一考试取得初级或中级会计专业技术资格的会计人员，表明其已具备担任相应级别会计专业技术职务的任职资格。用人单位可根据工作需要和德才兼备的原则，从获得会计专业技术资格的会计人员中择优聘任。

（1）取得中级会计资格并符合国家有关规定的会计人员，可聘任会计师职务。

（2）取得初级会计资格的人员，如具备大专毕业且担任会计员职务满2年，或中专毕业担任会计员职务满4年，或不具备规定学历的，担任会计员职务满5年并符合国家有关规定的，可聘用助理会计师职务。不符合以上条件的人员，可聘任会计员职务。

申请参加高级会计师资格评审的人员，考试合格并符合规定条件的，可在考试成绩合格有效期内，向所在省、自治区、直辖市或中央单位会计专业高级职务评审委员会申请进行评审，通过后，即表示其已具备担任高级会计师资格，经单位聘任或任命后担任高级会计师。

（二）会计专业职务

会计专业职务是区分会计人员业务技能的技术等级。会计专业职务分为高级会计师、会计师、助理会计师和会计员。高级会计师为高级职务、会计师为中级职务、助理会计师和会计员为初级职务。会计专业职务，由各单位根据会计工作的需要，在规定的限额和批准的编制内设置。

目前，我国部分省份实行正高级会计师职务评审试点工作，该职务也属于高级职务。不同级别会计专业职务的任职条件及其基本职责都不一样，国家对此都有相应的规定，如会计员的基本职责是负责具体审核和办理财务收支、编制记账凭证、登记会计账簿、编制财务会计报告和办理其他会计事项；助理会计师的基本职责是负责草拟单位内部一般性的财务会计制度、规定、办法，分析检查某一方面或某些项目的财务收支和预算的执行情况。

第六节 法 律 责 任

一、法律责任的概述

法律责任是指行为人因实施违反法律、法规规定的行为而应承担的法律后果，即对违法者的制裁。它是一种通过对违法行为惩罚来实施法律规则的要求。规定法律责任的目的在于保障法律的遵守与执行，强制当事人的行为与法律所要求的标准统一起来，符合已经确定的秩序。法律责任是法律制度的一个重要组成部分，是保障法律得以遵守与执行的关键所在。法律责任通常可分为民事责任、行政责任、刑事责任、违宪责任和国家赔偿责任五种。针对会计违法行为，《会计法》规定了两种法律责任：一是行政责任；二是刑事责任。

（一）行政责任

行政责任，是指行政法律关系主体在国家行政管理活动中因违反了行政法律规范，不履行行政上的义务而应承担的法律责任。《会计法》规定的行政责任的形式有两种，即行政处罚和行政处分。

1. 行政处罚

行政处罚是指特定的行政主体（国家行政机关）基于其行政管理职权，对构成行政违法行为的行政管理相对人（公民、法人和其他组织）所实施的行政法上的制裁措施。《中华人民共和国行政处罚法》对行政处罚的种类和实施做出了如下规定：

（1）行政处罚的种类包括：警告，罚款，没收违法所得、没收非法财物，责令停产、停业，暂扣或吊销许可证、暂扣或吊销营业执照，行政拘留，法律、行政法规规定的其他行政处罚。

（2）原则上，行政处罚由违法行为发生地县级以上地方人民政府具有行政处罚权的行政机关管辖，但法律、行政法规另有规定的除外。

（3）对当事人的同一违法行为，不得给予两次以上罚款的行政处罚。

（4）行政机关在作出处罚决定之前，应当告知当事人作出处罚决定的事实、理由、依据以及当事人依法享有的有关权利；当事人有权进行陈述和申辩。

（5）行政处罚决定做出后，当事人应当在行政处罚决定的期限内，予以履行。

2. 行政处分

行政处分是国家工作人员违反行政法律规范所应承担的一种行政法律责任，是行政机关对国家工作人员故意或者过失侵犯行政相对人的合法权益所实施的法律制裁。行政处分的形式有：警告、记过、记大过、降级、降职、撤职和开除等。

（二）刑事责任

刑事责任是指行为人因触犯《中华人民共和国刑法》（以下简称《刑法》）所必须承受的，由司法机关代表国家所确定的否定性法律后果，包括刑罚处理方法和非刑罚处理方法。

1. 刑事责任的两类问题

刑事责任包括两类问题：一是犯罪；二是刑罚。

（1）关于犯罪。

我国《刑法》第十三条规定："一切危害国家主权、领土完整和安全，分裂国家、颠覆人民民主专政政权和推翻社会主义制度，破坏社会秩序和经济秩序，侵犯国有财产或者劳动群众集体所有的财产，侵犯公民私人的所有的财产，侵犯公民的人身权利、民主权利和其他权利，以及其他危害社会的行为，依据法律应当受刑罚处罚的，都是犯罪。但是情节显著轻微、危害不大的，不认为是犯罪。"

（2）关于刑罚。

根据《刑法》的规定，刑罚分为主刑和附加刑。

① 主刑是对犯罪分子适用的主要刑罚方法，只能独立适用，不能附加适用。主刑的种类包括：管制、拘役、有期徒刑、无期徒刑、死刑。

② 附加刑是既可独立适用又可以附加适用的刑罚方法，即对同一犯罪行为既可以在主刑之后判处一个或两个以上的附加刑，也可以独立判处一个或两个以上的附加刑。附加刑是补充主刑适用的刑罚方法。附加刑的种类包括：罚金、剥夺政治权利、没收财产。对于犯罪的外国人，也可以独立或者附加适用驱逐出境。

2. 刑事责任与行政责任的区别

（1）追究的违法行为不同：追究刑事责任的是犯罪行为，追究行政责任是一般违法行为。

（2）追究责任的机关不同：追究刑事责任只能由司法机关依照《刑法》的规定决定，追究行政责任由国家特定的行政机关依照有关法律的规定决定。

（3）承担法律责任的后果不同：追究刑事责任是最严厉的制裁，可以判处死刑；追究行政责任，承担的法律后果相对刑事责任要轻很多。

【拓展阅读】

（1）罚金与罚款的区别：罚金是由人民法院强制被判刑的人在一定的期限内交纳一定数量的金钱，它是一种刑罚，前提必须是被判处罚金的人构成了犯罪。罚款与罚金不同，它虽然也是剥夺被处罚人一定的金钱，但它不是一种刑罚，而是行政责任，适用的对象一般不是犯罪分子，而是没有达到犯罪程度的违法人员。

（2）没收财产和没收违法所得的区别：没收财产是将犯罪分子个人所有财产的一部分或者全部强制无偿地收归国有的刑罚方法。没收财产也是一种财产刑，但它不同于罚金，是适用于罪行严重的犯罪分子的刑罚方法。没收财产是刑事责任。没收违法所得是指行政机关或司法机关依据相关法律，将违法行为人取得的违法所得财产，运用国家法律法规赋予的强制措施，对其违法所得财物的所有权予以强制性剥夺的处罚方式。没收违法所得（非法财物）是行政责任。

二、不依法设置会计账簿等会计违法的法律责任

（一）违反会计法规应承担法律责任的行为

根据《会计法》第四十二条的规定，违反会计法规应承担法律责任的行为主要包括以下几点：

（1）不依法设置会计账簿的行为。其是指违反《会计法》和国家统一的会计制度的规定，应当设置会计账簿的单位不设置会计账簿或者未按规定的种类、形式及要求设置会计账簿的行为。

（2）私设会计账簿的行为。其是指不在依法设置的会计账簿上对经济业务事项进行统一会计核算，而另外私自设置会计账簿进行会计核算的行为，即俗称的"两本账"、"账外账"。

（3）未按照规定填制、取得原始凭证或者填制、取得的原始凭证不符合规定的行为。

（4）以未经审核的会计凭证为依据登记会计账簿或者登记会计账簿不符合规定的行为。

（5）随意变更会计处理方法的行为。会计处理方法的变更会直接影响会计资料的质量和可比性，按照《会计法》和国家统一的会计制度的规定，不得随意变更会计处理方法。

（6）向不同的会计资料使用者提供的财务会计报告编制依据不一致的行为。财务会计报告应当根据登记完整、核对无误的会计账簿记录和其他相关会计资料编制，使用的计量方法、确认原则、统计标准应当一致，做到数字真实、计算准确、内容完整、说明清楚。不得向不同的会计资料使用者提供编制依据不一致的财务会计报告。

（7）未按照规定使用会计记录文字或者记账本位币的行为。

（8）未按照规定保管会计资料，致使会计资料毁损、灭失的行为。

（9）未按照规定建立并实施单位内部会计监督制度或者拒绝依法实施的监督或者不如实提供有关会计资料及有关情况的行为。

（10）任用会计人员不符合《会计法》规定的行为。

（二）违反会计法规行为应承担的法律责任

根据《会计法》第四十二条的规定，有上述行为之一的，应承担以下法律责任：

1. 责令限期改正

所谓责令限期改正，是指要求违法行为人在一定期限内停止违法行为并将其违法行为恢复到合法状态。违法单位或个人应当按照县级以上人民政府财政部门的责令限期改正决定的要求，停止违法行为，纠正错误。比如私设账簿的单位，应当取消私设的账簿，并根据实际发生的经济业务将在私设的会计账簿上登记的事项转移到依法设置的会计账簿上，统一进行登记、核算。

2. 罚款

在县级以上人民政府财政部门根据上述所列行为的性质、情节及危害程度，在责令期限改正的同时，可以对单位并处 3000 元以上 5 万元以下的罚款；对其直接负责的主管人员和其他直接责任人员，可以处 2000 元以上 2 万元以下的罚款。

3. 给予行政处分

对于上述所列行为直接负责的主管人员或其他直接责任人员中的国家工作人员，视情节轻重，还应当由其所在单位或者其上级单位或者行政监察部门依法给予警告、记过、记大过、降级、降职、撤职、留用察看和开除等行政处分。

4. 吊销会计从业资格证书

会计人员有上述行为之一，情节严重的，由县级以上人民政府财政部门吊销其会计从业资格证书。

5. 追究刑事责任

我国《刑法》并没有把上述所列行为单独明确规定为犯罪，但是，行为人为偷逃税款、骗取出口退税、贪污、挪用公款等目的，从事了上述行为，造成了严重后果，按照《刑法》的有关规定，构成犯罪的，依法追究刑事责任。

三、其他会计违法行为的法律责任

（一）伪造、变造会计凭证、会计账簿，编制虚假财务会计报告的法律责任

伪造、变造会计凭证、会计账簿，编制虚假财务会计报告的行为的含义如下所示：

（1）伪造会计凭证的行为是指以虚假的经济业务事项或者资金往来为前提，编造不真实的会计凭证的行为。

（2）变造会计凭证的行为是指用涂改、挖补等手段来改变会计凭证的真实内容，歪曲事实真相的行为。

（3）伪造会计账簿的行为是指违反《会计法》和国家统一的会计制度的规定，根据伪造或者变造的虚假会计凭证填制会计账簿，或者不按要求登记账簿，或者对内对外采用不同的确认标准、计量方法等手段编造虚假的会计账簿的行为。

（4）变造会计账簿的行为指涂改、挖补或者用其他手段改变会计账簿的真实内容的行为。

（5）提供虚假财务会计报告的行为，是指违反《会计法》和国家统一的会计制度的规定，根据虚假的会计账簿记录编制财务会计报告，或者凭空捏造虚假的财务会计报告以及对财务会计报告擅自进行没有依据的修改的行为。

伪造、变造会计凭证、会计账簿，编制虚假财务会计报告，情节较轻，社会危害不大，根据《刑法》的有关规定，尚不构成犯罪的，应当按照《会计法》第四十二条第二款的规

定予以处罚，具体包括以下几点：

① 予以通报。有伪造、变造会计凭证、会计账簿，编制虚假财务会计报告行为的，尚不构成犯罪的，由县级人民政府财政部门予以通报。

② 罚款。在县级以上人民政府财政部门予以通报的同时，可以对单位并处 5 000 元以上 10 万元以下的罚款；对其直接负责的主管人员和其他直接责任人员，可以处 3 000 元以上 5 万元以下的罚款。

③ 给予行政处分。属于国家工作人员的，还应当由其所在单位或者有关单位依法给予撤职直至开除的行政处分。

④ 吊销会计从业资格证书。对其中的会计人员，由县级以上人民政府财政部门吊销其会计从业资格证书。即会计人员伪造、变造会计凭证、会计账簿，编制虚假财务会计报告，不论情节是否严重，由县级以上人民政府财政部门吊销其会计从业资格证书。

⑤ 追究刑事责任。伪造、变造会计凭证、会计账簿，编制虚假财务会计报告构成犯罪的，依法追究刑事责任。

(二) 隐匿或者故意销毁依法应当保存的会计凭证、会计账簿，财务会计报告的法律责任

这里所称的隐匿，是指故意转移、隐藏应当保存的会计凭证、会计账簿、财务会计报告的行为；故意销毁是指故意将依法应当保存的会计凭证、会计账簿、财务会计报告予以毁灭的行为。

根据《会计法》第四十四条的规定："隐匿或者故意销毁依法应当保存的会计凭证、会计账簿、财务会计报告，情节较轻，社会危害不大，根据《刑法》的有关规定尚不构成犯罪的，应当根据《会计法》的规定追究其行政责任。"追究行政责任的具体形式及标准与伪造、变造会计凭证、会计账簿，编制虚假财务会计报告的法律责任相同，这里不再阐述。

(三) 授意、指使、强令会计机构、会计人员及其他人员伪造、变造会计凭证、会计账簿，编制虚假财务会计报告或者隐匿、故意销毁依法应当保存的会计凭证、会计账簿、财务会计报告的法律责任

所谓授意，是指暗示他人按其意思行事。所谓指使，是指通过明示方式，指使他人按其意思行事。所谓强令，是指明知其命令是违反法律的，但仍强迫他人执行其命令的行为。

授意、指使、强令会计机构、会计人员及其他人员伪造、变造会计凭证、会计账簿，编制虚假财务会计报告或者隐匿、故意销毁依法应当保存的会计凭证、会计账簿、财务会计报告，情节较轻，社会危害不大，根据《刑法》的有关规定，尚不构成犯罪的，应当按照《会计法》第四十五条第二款的规定予以处罚。

(1) 罚款。县级以上人民政府财政部门可以视违法行为的情节轻重，对违法行为人处以 5 000 元以上 5 万元以下的罚款。

(2) 行政处分。对授意、指使、强令会计机构、会计人员及其他人员伪造、变造会计凭证、会计账簿，编制虚假财务会计报告或者隐匿、故意销毁依法应当保存的会计凭证、会计账簿、财务会计报告的国家工作人员，还应当由其所在单位，或者其上级单位，或者行政监察部门给予降级、撤职或者开除的行政处分。

（四）单位负责人对依法履行职责、抵制违反《会计法》规定行为的会计人员实行打击报复的法律责任，以及对受打击报复的会计人员的补救措施

《会计法》第四十六条规定："单位负责人对依法履行职责、抵制违反本法规定行为的会计人员以降级、撤职、调离工作岗位、解聘或者开除等方式实行打击报复构成犯罪的，依法追究刑事责任；尚不构成犯罪的，由其所在单位或者有关单位依法给予行政处分。对受打击报复的会计人员，应当恢复其名誉和原有职务、级别。"这是对打击报复会计人员行为应当承担的法律责任及其补救措施的规定。

1. 行政责任

单位负责人对依法履行职责、抵制违反《会计法》规定行为的会计人员实行打击报复，情节轻微，危害性不大，按照《刑法》的有关规定，不构成犯罪的，应当依照《会计法》第四十六条及有关法律、法规的规定，由其所在单位或者有关单位依法给予行政处分。

对有上述违法行为的单位负责人，可以由其所在单位或者有关单位视情节轻重，给予相应的行政处分。这里所说的有关单位，是指其上级单位和行政监察部门。

2. 刑事责任

根据《刑法》第二百五十五条规定："公司、企业、事业单位、机关、团体的领导人对依法履行职责、抵制违反《会计法》规定行为的会计人员实行打击报复，情节恶劣的，构成打击报复会计人员罪。根据《刑法》规定，对犯打击报复会计人员罪的，处3年以下有期徒刑或者拘役。"

构成本罪须具备以下几个条件：

（1）本罪的主体是公司、企业、事业单位、机关、团体的领导人。

根据《会计法》第五十条的规定："单位负责人是指单位法定代表人或者法律、行政法规规定代表单位行使职权的主要负责人。"这表明，单位负责人属于《刑法》规定的领导人的范围，可以成为本罪的主体。

（2）本罪的犯罪对象是依法履行职责、抵制违反《会计法》规定行为的会计人员。

这里所说的打击报复，主要是指对依法履行职责、抵制违反《会计法》规定行为的会计人员，通过调动其工作、撤换其职务、对其进行处罚以及其他方式进行打击报复的行为。

这里所说的情节恶劣，主要是指多次或者对多人进行打击报复，或者打击报复手段恶劣，或者因打击报复而造成严重后果，或者打击报复影响恶劣，等等。

3. 对受打击报复的会计人员的补救措施

对会计人员进行打击报复的，除对单位负责人依法进行处罚外，还应当按照《会计法》第四十六条的规定，对受打击报复的会计人员采取必要的补救措施，主要包括以下两点：

（1）恢复其名誉。

受打击报复的会计人员的名誉受到损害时，其所在单位或者其上级单位及有关部门，应当要求打击报复者向受打击报复的会计人员赔礼道歉，并澄清事实，消除影响，恢复名誉。

（2）恢复原有的职务、级别。

会计人员受到打击报复，被调离工作岗位、解聘或者开除的，应当在征得会计人员同意的前提下，恢复其工作；被撤职的，应当恢复其原有职务；被降级的，应当恢复其原有级别。

【案例分析】

【案例】

恒远公司是一家国有大型制造企业，2007 年 12 月，公司产品滞销状况仍无法根本改变，亏损已成定局。公司董事长刘天华指使会计科在会计报表上作一些"技术处理"，确保"实现"年初定下的盈利 50 万元的目标。会计科遵照办理。

该公司董事长刘天华指使会计科在会计报表上做一些"技术处理"，致使公司由亏损变为盈利的行为属于何种违法行为？应承担哪些法律责任？

【答案】

（1）恒远公司董事长刘天华指使会计科在会计报表上做一些"技术处理"，致使公司由亏损变为盈利的行为属于授意、指使、强令会计机构、会计人员及其他人员伪造、变造会计凭证、会计账簿，编制虚假财务会计报告的行为。

（2）根据《会计法》的规定，授意、指使、强令会计机构、会计人员及其他人员伪造、变造会计凭证、会计账簿，编制虚假财务会计报告，应承担的法律责任有：构成犯罪的，依法追究刑事责任；尚不构成犯罪的，可以处 5000 元以上 5 万元以下的罚款；属于国家工作人员的，还应当由其所在单位或者有关单位依法给予降级、撤职、开除的行政处分。在本案例中，董事长刘天华是国家工作人员，根据违反法律法规的严重程度，可能追究其刑事责任；也可能处 5000 元以上 5 万元以下的罚款；同时还应当由其所在单位或者有关单位依法给予其降级、撤职、开除的行政处分。

第二章

结算法律制度

学习目标

（一）知识目标

1. 了解支付结算的相关概念及其法律构成。

2. 了解银行结算账户的开立、变更和撤销。

3. 熟悉票据的相关概念。

4. 熟悉各银行结算账户的概念、使用范围和开户要求。

5. 掌握现金管理的基本要求和现金的内部控制。

6. 掌握票据和结算凭证填写的基本要求。

（二）能力目标

1. 要求学生熟悉现金管理的基本原则，掌握现金使用范围的规定和现金管理的基本要求。

2. 掌握支付结算概念、办理结算的基本要求、填写凭证的基本要求。

3. 掌握人民银行对于企业账户管理的相关规定，银行账户种类、开户要求、各账户功能及使用注意事项。

4. 掌握票据结算，包括票据种类、权利的取得、补救；汇票、本票、支票的区别。

5. 掌握托收承付、委托收款、信用证、汇兑的主要规定和说明。

6. 掌握支票、商业汇票、银行卡、汇兑结算方式的规定，并能综合分析具体案例。

第一节　现 金 结 算

一、现金结算的概念与特点

（一）现金结算的概念

现金结算是指在商品交易、劳务供应等经济往来中，直接使用现金进行应收应付款结算的一种行为。在我国，国家鼓励开户单位和个人在经济活动中，采取转账方式进行结算，减少使用现金。开户单位之间的经济往来，除按规定的范围可以使用现金外，应当通过开户银行进行转账结算。现金结算主要适用于单位与个人之间的款项收付，以及单位之间的转账结算起点金额以下的零星小额收付。

（二）现金结算的特点

和转账结算相比，现金结算具有以下特点：

1. 直接便利

在现金结算方式下，买卖双方一手交钱，一手交货，当面钱货两清，无须通过中介，因而对买卖双方来说是最为直接和便利的。同样在劳务供应、信贷存放和资金调拨方面，现金结算也是最为直接和便利的，因而广泛地被社会大众所接受。

2. 不安全性

由于现金使用极为广泛和便利，因而便成为不法分子最主要的目标，很容易被偷盗、贪污、挪用。在现实经济生活中，绝大多数的经济犯罪活动都和现金有关。此外，现金还容易因火灾、虫蛀、鼠咬等发生损失。

3. 不易宏观控制和管理

由于现金结算大部分不通过银行进行，因而使国家很难对其进行控制。过多的现金结算会使流通中的现钞过多，从而容易造成通货膨胀，增大对物价的压力。

4. 费用较高

使用现金结算，各单位虽然可以减少银行的手续费用，但其清点、运送、保管的费用很大。对于整个国家来说，过多的现金结算会增大整个国家印制、保管、运送现金和回收废旧现钞等工作的费用和损失，浪费人力、物力和财力。因此，国家实行现金管理，限制现金结算的范围。

二、现金结算的渠道

在我国，现金结算主要有以下两种渠道。

（1）付款人直接将现金支付给收款人，不通过银行等中介机构。

（2）付款人委托银行、非银行金融机构或者非金融机构将现金支付给收款人。

三、现金结算的范围

为了控制现金的流量，《现金管理暂行条例》对单位现金的使用范围做了以下规定：

（一）一般规定

开户单位可以在下列范围内使用现金：

（1）职工工资、津贴；

（2）个人劳务报酬；

（3）根据国家规定颁发给个人的科学技术、文化艺术、体育等各种奖金；

（4）各种劳保、福利费用以及国家规定的对个人的其他支出；

（5）向个人收购农副产品和其他物资的价款；

（6）出差人员必须随身携带的差旅费；

（7）结算起点以下的零星支出；

（8）中国人民银行确定需要支付现金的其他支出。

上述款项结算起点为1000元。结算起点的调整，由中国人民银行确定，报国务院备案。除上述第（5）（6）项外，开户单位支付给个人的款项，超过使用现金限额的部分，应当以支票或者银行本票支付；确需全额支付现金的，经开户银行审核后，予以支付现金。

【例2-1】下列各项中，属于不可使用现金的事项是（　　　）。

A. 职工工资、报酬　　　　　　　　　B. 个人劳务报酬

C. 支付给施工单位的大额劳务报酬　　D. 出差人员随身携带的差旅费

【答案】C

（二）特殊规定

对于向个人收购农副产品和其他物资的价款以及出差人员必须随身携带的差旅费，现金支付不受结算起点的限制。除这两项规定之外，开户单位支付给个人的款项，超过使用现金限额的部分，应当以支票或者银行本票支付；确须全额支付现金，经开户银行审核后，予以支付现金。机关、团体、部队、全民所有制和集体所有制企业、事业单位购置国家规定的专项控制商品，必须采取转账结算方式，不得使用现金。

开户单位在销售活动中，不得对现金结算给予比转账结算优惠的待遇；不得拒收支票、银行汇票和银行本票。各单位之间的经济往来，如支付结算限额以下的货币结算，可使用现金，而限额以上的货币结算，一律通过银行转账。

四、现金使用的限额

现金使用的限额是指为了保证开户单位日常零星开支的需要，允许单位留存现金的最高数额。根据《现金管理暂行条例实施细则》的规定，现金使用的限额由开户银行根据开户单位实际需要和实际距离银行远近等情况予以核定。

（1）现金使用的限额，一般按照单位3~5天日常零星开支所需确定。这里的"日常零星开支"是除去定期的大额现金支出（如发放工资等）和不定期的大额现金支出（如新闻出版单位的稿费支出等）以外的零星的费用支出。

（2）边远地区和交通不便地区的开户单位的库存现金限额，可按多于5天但不得超过15天的日常零星开支的需要确定。经核定的库存现金限额，开户单位必须严格遵守。

对没有在银行单独开立账户的附属单位，也要实行现金管理，必须保留的现金，也要核定限额，其限额包括在开户单位的库存限额之内。商业和服务行业的找零备用现金也要根据营业额核定定额，但不包括在开户单位的库存现金限额之内。

【例2-2】某超市每天的零星现金支付额为8000元，根据银行规定，该超市库存现金的最高限额应为（　　　）元。

A. 6000   B. 12000   C. 3000   D. 40000

【答案】D

【解析】库存现金限额由开户银行根据开户单位3~5天的日常零星开支所需要的现金核定。该单位库存现金的最高限额应为8000×5＝40000(元)。

五、现金收支的基本要求

开户单位应当按照《现金管理暂行条例》的规定，加强现金收支管理。具体而言，开户单位在办理有关现金收支业务时，应遵守以下几项规定：

(1) 开户单位在购销活动中不得对现金结算给予比转账结算优惠的待遇；不得只收现金而拒收支票、银行本票和其他转账结算凭证。转账结算凭证在经济往来中具有同现金相同的支付能力。

(2) 开户单位必须严格遵守开户银行核定的库存现金限额；库存现金限额由开户银行根据开户单位3~5天的日常零星开支所需要的现金核定，开户单位需要增加或者减少库存现金限额的，应当向开户银行提出申请，由开户银行核定。

(3) 开户单位应当建立健全现金账目，逐笔记载现金支付。账目应当日清月结，账款相符；不准用不符合财务会计制度规定的凭证顶替库存现金，不准单位之间相互借用现金，不准谎报用途套用现金，不准利用存款账户代其他单位和个人存入或者支取现金，不准将单位收入的现金以个人名义存入储蓄，不准保留账外公款（即小金库），禁止发行变相货币，不准以任何票券代替人民币在市场上流通。

(4) 一个单位在几家金融机构开户的，只能在一家金融机构开设一个基本存款账户，一般存款账户不得办理现金支付。

(5) 实行大额现金支付登记备案制度。根据中国人民银行《大额现金支付登记备案规定》，凡在商业银行、城乡信用社开设账户的机关、团体、企业、事业单位、其他经济组织、个体工商户以及外国驻华机构，除工资性支出和农副产品采购所用现金支付外，提取现金超过中国人民银行中心支行、分行营业部确定的大额现金数量标准的，要填写有关大额现金支取登记表格；同时，开户银行要建立台账，实行逐笔登记，并于季后15日内报送中国人民银行当地支行备案。开户银行对本行签发的超过大额现金标准、注明"现金"字样的银行汇票、银行本票，视同大额现金支付，实行登记备案制度。

(6) 开户银行应当按照以下要求办理现金收支：

① 开户单位现金收入应当于当日送存开户银行；当日送存有困难的，由开户银行确定送存时间。

② 开户单位支付现金，可以从本单位库存现金限额中支付或者从开户银行提取，不得从本单位的现金收入中直接支付（即坐支）。因特殊情况需要坐支现金的，应当事先报经开户银行审查批准，由开户银行核定坐支范围和限额。坐支单位应当定期向开户银行报送坐支金额和使用情况。

③ 开户单位在规定的现金使用范围内从开户银行提取现金，应当写明用途，由本单位财会部门负责人签字盖章，经开户银行审核后，予以支付现金。

④ 因采购地点不固定、交通不便、生产或者市场急需、抢险救灾以及其他特殊情况必须使用现金的，开户单位应当向开户银行申请，由本单位财会部门负责人签字盖章，经开户

银行审核后，予以支付现金。

【例 2 - 3】 下列有关现金使用限额说法中，正确的是 ( )。

A. 现金使用限额由中国人民银行核定

B. 现金使用限额一般按照开户单位 3 ~ 5 天日常零星开支所需确定

C. 边远地区和交通不便地区的库存现金限额可按超过 5 天但不得超过 30 天的零星开支的需要确定

D. 需要增加或者减少库存现金限额的，由中国人民银行核定

【答案】 B

第二节 支付结算概述

一、支付结算的概念与特征

随着社会经济金融活动的快速发展，单位、个人的经济往来日益频繁，对资金及时到账提出了更高的要求，支付结算已经成为社会经济金融活动的重要组成部分。

(一) 支付结算的概念与主体

1. 支付结算的概念

支付结算是指单位、个人在社会经济活动中使用票据、信用卡和结算凭证进行货币给付及其资金清算的行为。其主要功能是完成资金从一方当事人向另一方当事人的转移。银行是支付结算和资金清算的中介机构，未经中国人民银行批准的非银行金融机构和其他单位不得作为中介机构经营支付结算业务，但法律、行政法规另有规定的除外。支付结算的任务表现为根据经济往来，准确、及时、安全地办理支付结算，并按照有关法律、法规和规章的规定管理支付结算，保障支付结算活动的正常运行。

2. 支付结算的主体

银行 (银行、城市信用合作社、农村信用合作社，以下统称银行) 以及单位 (含个体工商户) 和个人是办理支付结算的主体。其中，银行仅仅是结算活动和资金清算的中介机构，在支付结算过程中处于受托人地位，其在办理结算时必须遵循委托人的意愿，按照委托人的委托，保证把所收款项支付给委托人确定的收款人。非银行金融机构未经批准，不得作为中介机构参与办理支付结算业务。

【例 2 - 4】 下列各项中，可以作为办理支付结算和资金清算业务的中介机构的有 ( )。

A. 银行
B. 农村信用合作社
C. 保险公司
D. 城市信用合作社

【答案】 ABD

【解析】 支付结算和资金清算中介机构包括银行、城市信用合作社、农村信用合作社。非银行金融机构未经批准，不得作为中介机构参与办理支付结算业务。

(二) 支付结算的特征

支付结算作为一种法律行为，具有以下法律特征：

1. 支付结算必须通过中国人民银行批准的金融机构进行

支付结算包括票据、银行卡和汇兑、托收承付、委托收款、电子支付等结算行为，而这

些结算行为必须通过中国人民银行批准的金融机构或其他机构才能进行。《支付结算办法》第六条规定："银行是支付结算和资金清算的中介机构。未经中国人民银行批准的非银行金融机构和其他单位不得作为中介机构经营支付结算业务。但法律、行政法规另有规定的除外。"这表明，支付结算与一般的货币给付及资金清算行为不同。

2. 支付结算的发生取决于委托人的意志

《支付结算办法》第十九条规定："除国家法律、行政法规另有规定外，银行不得为任何单位或者个人查询；除国家法律另有规定外，银行不代任何单位或者个人冻结、扣款，不得停止单位、个人存款的正常支付。"这就是说，银行在支付结算中是一个中介机构的角色，办理支付结算业务时，银行只需以善意且符合规定的正常操作程序进行审查。

3. 实行统一领导，分级管理

《支付结算办法》第十九条规定："中国人民银行总行负责制定统一的支付结算制度，组织、协调、管理、监督全国的支付结算工作，调解、处理银行之间的支付结算纠纷。中国人民银行省、自治区、直辖市分行根据统一的支付结算制度制定实施细则，报总行备案；根据需要可以制定单项支付结算办法，报经中国人民银行总行批准后执行。中国人民银行分、支行负责组织、协调、管理、监督本辖区的支付结算工作，调解、处理本辖区银行之间的支付结算纠纷。政策性银行、商业银行总行可以根据统一的支付结算制度，结合本行情况，制定具体的管理实施办法，报经中国人民银行总行批准后执行。政策性银行、商业银行负责组织、管理、协调本行内的支付结算工作，调解、处理本行内分支机构之间的支付结算纠纷。"

4. 支付结算是一种要式行为

《支付结算办法》第九条规定："票据和结算凭证是办理支付结算的工具，单位、个人和银行办理支付结算，必须使用按中国人民银行统一规定印制的票据凭证和统一规定的结算凭证。""未使用按中国人民银行统一规定印制的票据，票据无效；未使用中国人民银行统一规定格式的结算凭证，银行不予受理。"

5. 支付结算必须依法进行

《支付结算办法》第五条规定："银行、城市信用合作社、农村信用合作社以及单位和个人（含个体工商户）办理支付结算，必须遵守国家的法律、行政法规和本办法的各项规定，不得损害社会公共利益。"支付结算的当事人必须严格依法进行支付结算活动。

二、支付结算的主要法律依据

为了规范支付结算行为，保障支付结算活动中当事人的合法权益，加速资金周转和商品流通，促进社会主义市场经济的发展，我国制定了一系列支付结算方面的法律、法规和制度，主要包括：2003 年 4 月 10 日中国人民银行发布的于同年 9 月 1 日起实施的《人民币银行结算账户管理办法》、1995 年 5 月 10 日第八届全国人大常委会第 13 次会议通过的于 2004 年 8 月 28 日第十届全国人大常委会第 11 次会议修订于 1996 年 1 月 1 日起实施的《中华人民共和国票据法》、1997 年 6 月 23 日中国人民银行发布的于同年 8 月 1 日起实施的《国内信用证结算办法》、1997 年 8 月 21 日经国务院批准由中国人民银行发布的于同年 10 月 1 日起实施的《票据管理实施办法》、1997 年 9 月 19 日中国人民银行发布的于同年 12 月 1 日起实施的《支付结算办法》和 1999 年 1 月 5 日中国人民银行发布的于同年 3 月 1 日起实施的《银行卡业务管理办法》等。

支付结算工作的任务是根据经济往来组织支付结算，准确、及时、安全地办理支付结算，并按照有关法律和行政法规的规定管理支付结算，保障支付结算活动的正常进行。

三、支付结算的原则

支付结算的原则是指单位、个人和银行在进行支付结算活动时必须遵循的行为准则。1997年9月，中国人民银行发布的《支付结算办法》中规定了支付结算应当遵守以下原则：

（一）恪守信用，履约付款原则

根据该原则，各单位之间、单位与个人之间发生交易往来，产生支付结算行为时，结算当事人必须依照双方约定的民事法律关系内容依法承担义务和行使权利，严格遵守信用，履行付款义务，特别是应当按照约定的付款金额和付款日期进行支付。结算双方办理款项收付完全建立在自觉自愿、相互信任的基础上。

（二）谁的钱进谁的账、由谁支配原则

根据该原则，银行在办理结算时，必须按照存款人的委托，将款项支付给其指定的收款人；对存款人的资金，除国家法律另有规定外，必须由其自由支配。这一原则主要在于维护存款人对存款资金的所有权，保证其对资金支配的自主权。

（三）银行不垫款原则

即银行在办理结算过程中，只负责办理结算当事人之间的款项划拨，不承担垫付任何款项的责任。这一原则主要在于划清银行资金与存款人资金的界限，保护银行资金的所有权和安全，有利于促使单位和个人直接对自己的债权债务负责。

 【拓展阅读】

迎接无现金时代

截至2016年年底，我国手机网上支付用户规模已达4.69亿人，有50.3%的网民在线下实体店购物时使用手机支付结算。而在移动支付技术向线下领域快速渗透并改变人们消费习惯的同时，这种"无现金"的支付形式却成为网络安全的"重灾区"。

"无现金时代"悄然到来

得益于快速增长的移动互联网用户数和较好的经济增长趋势，亚洲地区的移动支付近年发展迅猛。我国的这一新兴市场同样在迅速地扩大，网络支付企业大力拓展线上线下渠道，不断丰富支付场景，发挥网上支付"电子钱包"功能；而随着用户黏性的日益提升，发红包、转账等社交支付行为也带动了转账支付交易规模的提升。

目前，手机网上支付和手机网上银行已成为重要的手机互联网应用，其中，2016年我国手机网上支付的网民使用率达67.5%，增长率31.2%，如图2-1所示。用户支付习惯从PC端向移动端转移的趋势明显，"不带钱包出门"成为一些人的常态。

根据2016年的一项相关调查显示，使用移动支付的男性明显多于女性，超70%的用户年龄在30岁以下，且城乡之间的移动支付用户比例基本没有明显的差异，可以说，移动支付的普及不仅给我们的日常生活带来直接便利，也让城市之间的"生活鸿沟"越来越小。

大多数移动支付用户有着较高的使用频率，超过五分之一的用户每天都使用移动支付，大部分用户用于娱乐或生活类的 100 元以下小额支付。

（资料来源：2017 年 2 月 21 日 17：12《21 世纪经济报道》）

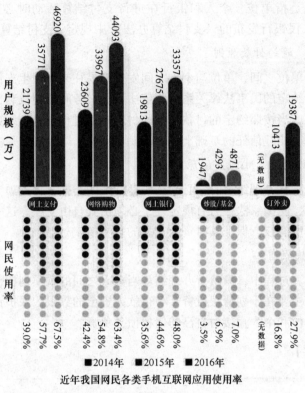

■2014年　■2015年　■2016年

近年我国网民各类手机互联网应用使用率

（数据来源：中国互联网金融发展报告，CNNIC/ 新华网数据新闻）

图 2－1　近年我国网民各类手机互联网应用使用率

四、办理支付结算的基本要求

（一）办理支付结算的基本要求

根据《支付结算办法》的规定，单位、个人和银行办理支付结算的基本要求包括以下几点：

1. 单位、个人和银行办理支付结算必须使用按中国人民银行统一规定印制的票据和结算凭证

未使用中国人民银行统一规定格式的结算凭证，银行不予受理。

《支付结算办法》第九条规定："票据和结算凭证是办理支付结算的工具。单位、个人和银行办理支付结算，必须使用按照中国人民银行统一规定印制的票据凭证和统一规定的结算凭证。""未使用按中国人民银行统一印制的票据，票据无效；未使用中国人民银行统一规定格式的结算凭证，银行不予受理。"

2. 单位、个人和银行应当按照《人民币银行结算账户管理办法》的规定开立、使用账户

单位、个人和银行应当按照《人民币银行结算账户管理办法》的规定开立和使用账户。办理支付结算，单位、个人应当按照规定在银行开立、使用账户，因为转账结算是在收付双方的存款账户上划拨资金，没有账户，就无法办理支付结算。同时，要求在银行开立存款账户的单位、个人办理支付结算时，账户内需要有足够的资金以保证支付。

3. 票据和结算凭证上的签章和其他记载事项应当真实，不得伪造、变造

票据和结算凭证上的签章，为签名、盖章或者签名加盖章；单位、银行在票据上的签章和单位在结算凭证上的签章，为该单位、银行的公章加其法定代表人或者其授权的代理人的签名或者盖章。

【例2-5】 票据金额的中文大写和数字不一致时，下列表述中，正确的是（   ）。

A. 以中文大写金额为准

B. 以中文大写和阿拉伯数字中较小的为准

C. 票据无效

D. 以阿拉伯数字为准

【答案】 C

【解析】 票据和结算凭证金额应以中文大写和阿拉伯数字同时记载，两者必须一致，两者不一致的，票据无效。

4. 填写票据和结算凭证应当规范，做到要素齐全、数字正确、字迹清晰、不错不漏、不潦草，防止涂改

票据和结算凭证的金额、出票或者签发日期、收款人名称不得更改，更改的票据无效；更改的结算凭证，银行不予受理。对票据和结算凭证上的其他记载事项，原记载人可以更改，更改时应当由原记载人在更改处签章证明。

（二）支付结算凭证填写的要求

票据和结算凭证是办理支付结算和现金收付的重要依据，是银行、单位和个人凭以记载账务的会计凭证，是记载经济业务和明确经济责任的一种书面证明。因此，填写票据和结算凭证，必须做到标准化、规范化，做到要素齐全、数字准确、字迹清晰、不错漏、防止涂改。根据《正确填写票据和结算凭证的基本规定》的规定，具体应符合以下要求：

（1）中文大写金额数字应用正楷或行书填写，不得自造简化字。如果在金额数字书写中使用繁体字，也应受理。

（2）中文大写金额数字到"元"为止的，在"元"之后应写"整"（或"正"）字；到"角"为止的，在"角"之后可以不写"整"（或"正"）字。大写金额数字有"分"的，"分"后面不写"整"（或"正"）字。

（3）中文大写金额数字前应标明"人民币"字样，大写金额数字应紧接"人民币"字样填写，不得留有空白。大写金额数字前未印"人民币"字样的，应加填"人民币"三字。

（4）阿拉伯小写金额数字中有"0"的，中文大写应按照汉语语言规律、金额数字构成和防止涂改的要求进行书写。举例如下：

① 阿拉伯数字中间有"0"时，中文大写金额要写"零"字。例如，￥1409.50，应写成人民币壹仟肆佰零玖元伍角。

② 阿拉伯数字中间连续有几个"0"时，中文大写金额中间可以只写一个"零"字。

例如，￥6007.14，应写成人民币陆仟零柒元壹角肆分。

③ 阿拉伯数字万位或元位是"0"，或者数字中间连续有几个"0"，万位、元位也是"0"，但千位、角位不是"0"时，中文大写金额中可以只写一个"零"字，也可以不写零字。例如，￥1680.32，应写成人民币壹仟陆佰捌拾元零叁角贰分，或者写成人民币壹仟陆佰捌拾元叁角贰分；又例如，￥107000.53，应写成人民币壹拾万柒仟元零伍角叁分，或者写成人民币壹拾万零柒仟元伍角叁分。

④ 阿拉伯金额数字角位是"0"，而分位不是"0"时，中文大写金额"元"后面应写"零"字。例如，￥16409.02，应写成人民币壹万陆仟肆佰零玖元零贰分；又例如，￥325.04，应写成人民币叁佰贰拾伍元零肆分。

（5）阿拉伯小写金额数字前面，均应填写人民币符号"￥"。阿拉伯小写金额数字要认真填写，不得连写分辨不清。

（6）票据的出票日期必须使用中文大写。在填写月、日时，月为壹、贰和壹拾的，日为壹至玖和壹拾、贰拾和叁拾的，应在其前加"零"；日为拾壹至拾玖的，应在其前面加"壹"。例如，2月12日，应写成零贰月壹拾贰日；10月20日，应写成零壹拾月零贰拾日。票据出票日期使用小写填写的，银行不予受理。大写日期未按要求规范填写的，银行可予受理；但由此造成损失的，由出票人自行承担。

【例 2-6】下列各项中，不符合票据和结算凭证填写要求的是（　　　）。

A. 中文大写金额数字到"角"为止，在"角"之后没有写"整"字

B. 票据的出票日期使用阿拉伯数字填写

C. 阿拉伯小写金额数字前填写了人民币符号

D. "1月15日"出票的票据，票据的出票日期为"零壹月壹拾伍日"

【答案】B

第三节　银行结算账户

为了规范人民币银行结算账户的开立和使用，加强银行结算账户管理，维护经济金融秩序稳定，国家制定了一系列的法规制度，其中最重要的是由中国人民银行2003年4月10日发布的《人民币银行结算账户管理办法》（以下简称《账户管理办法》）及2005年1月19日发布的《人民币银行结算账户管理办法实施细则》（以下简称《账户管理办法实施细则》），对人民币银行结算账户的开立、使用和管理作出了具体规定。

一、银行结算账户的概念

人民银行结算账户（以下简称银行结算账户）是指存款人在经办银行开立的办理资金收付结算的人民币活期存款账户。它是存款人办理存款、贷款和资金收付活动的基础。这里的银行是指在我国境内经中国人民银行批准设立的可经营人民币支付结算业务的银行业金融机构，如政策性银行、商业银行（含外资独资银行、中外合资银行、外国银行分行）、城市商业银行、城市信用社、农村信用合作社。中国人民银行是银行结算账户的监督管理部门；存款人是指在中国境内开立银行结算账户的机关、团队、部队、企业、事业单位、其他组织（以下统称单位）、个体工商户和自然人。

二、银行结算账户的种类

银行结算账户的类别不同，其开立、使用和管理也不尽相同。银行结算账户可根据不同的标准作如下不同的分类：

银行结算账户按其存款人不同分为单位银行结算账户和个人银行结算账户。

存款人以单位名称开立的银行结算账户为单位银行结算账户。单位银行结算账户按用途不同分为基本存款账户、一般存款账户、专用存款账户、临时存款账户。个体工商户凭营业执照以字号或经营者姓名开立的银行结算账户纳入单位银行结算账户管理。

存款人凭个人身份证件以自然人名称开立的银行结算账户为个人银行结算账户。邮政储蓄机构办理银行卡业务开立的账户纳入个人银行结算账户管理。

（一）银行结算账户按照用途不同，分为基本存款账户、一般存款账户、专用存款账户、临时存款账户

根据《账户管理办法》及其实施细则的规定，存款开立基本存款账户、临时存款账户（因注册验资和增资开立的除外），预算单位开立专用存款账户实行核准制（上述银行结算账户可统称为核准类银行结算账户），经中国人民银行核准后颁布开户许可证。开户许可证是中国人民银行依法准予申请人在银行开立核准银行结算账户的行政许可证，是核准类银行结算账户合法性的有效证明。其他账户一般无须人民银行核准，只需在人民银行办理备案。

（二）银行结算账户按存款人不同，分为单位银行结算账户和个人银行结算账户

单位银行结算账户是指存款人以单位名称开立的银行结算账户。这里的"单位"包括：机关、团队、部队、企业事业单位和其他组织等。根据《账户管理办法》的有关规定，个人工商户凭营业执照以字号或经营者姓名开立的银行结算账户纳入单位银行结算账户管理。

个人银行结算账户是指存款人凭个人身份证件以自然人名称开立的银行结算账户。这里的"个人"包括：中国公民（含中国香港、中国澳门、中国台湾地区居民）和外国公民。个人因投资、消费使用各种支付工具，包括使用借记卡、信用卡在银行或邮政储蓄机构开立的银行结算账户，纳入个人银行结算账户管理。根据《账户管理办法》的有关规定，邮政储蓄机构办理银行卡业务开立的账户纳入个人银行结算账户管理。

（三）银行结算账户还可以根据开户地的不同分为本地银行结算账户和异地银行结算账户

本地银行结算账户是指存款人在注册地或住所地开立的银行结算账户；异地银行结算账户是指存款人根据规定的条件在异地开立的银行结算账户。根据《账户管理法办实施细则》的有关解释，这里所有的"注册地"，是指存款人的营业执照等开户证明文件上记载的住所地。

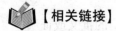**【相关链接】**

银行结算账户的类别不同，其开立、使用和管理也不尽相同。财政部门为实行财政国库集中支付的预算单位在商业银行开设的零余额账户（简称预算单位零余额账户）按专用存款账户管理。

三、银行结算账户的概述

(一) 基本存款账户

基本存款账户是存款人因办理日常转账结算和现金收付需要开立的银行结算账户。下列存款人，可以申请开立基本存款账户：企业法人、非法人企业、机关、事业单位、团级(含) 以上军队、武警部队及分散执勤的支 (分) 队、社会团体、民办非企业组织、异地常设机构、外国驻华机构、个体工商户、居民委员会、村民委员会、社区委员会、单位设立的独立核算的附属机构、其他组织。

1. 基本存款账户的使用范围

根据规定，下列存款人可以申请开立基本存款账户：企业法人、机关、事业单位、社会团体、军队、武警部队、居民社区委员会、民办非企业组织 (如不以盈利为目的的民办学校、福利院、医院) 等。同时，有些单位虽然不是法人组织，但具有独立核算资格，有自主办理资金结算的需要，也允许其开立基本存款账户，主要包括非法人企业 (如具有营业执照的企业集团下属的分公司)、外国驻华机构、单位设立的独立核算的附属机构 (如单位附属独立核算的食堂、招待所、幼儿园) 等。

2. 基本存款账户的开户要求

开立基本存款账户应按照规定的程序办理并提交有关证明文件。单位银行结算账户的存款人只能在银行开立一个基本存款账户。存款人申请开立基本存款账户，应向银行出具下列证明文件：

(1) 企业法人，应出具企业法人营业执照正本；

(2) 非法人企业，应出具企业营业执照正本；

(3) 机关和实行预算管理的事业单位，应出具政府人事部门或编制委员会的批文或登记证书和财政部门同意其开户的证明；

非预算管理的事业单位，应出具政府人事部门或编制委员会的批文或登记证书。

(4) 军队、武警团级 (含) 以上单位以及分散执勤的支 (分) 队，应出具军队军级以上单位财务部门、武警总队财务部门的开户证明；

(5) 社会团体，应出具社会团体登记证书，宗教组织还应出具宗教事务管理部门的批文或证明；

(6) 民办非企业组织，应出具民办非企业登记证书；

(7) 外地常设机构，应出具其驻地政府主管部门的批文；

(8) 外国驻华机构，应出具国家有关主管部门的批文或证明；外资企业驻华代表处、办事处应出具国家登记机关颁发的登记证；

(9) 个体工商户，应出具个体工商户营业执照正本；

(10) 居民委员会、村民委员会、社区委员会，应出具其主管部门的批文或证明；

(11) 独立核算的附属机构，应出具其主管部门的基本存款账户开户登记证和批文；

(12) 其他组织，应出具政府主管部门的批文或证明。

存款人如为从事生产、经营活动纳税人的，还应出具税务部门颁发的税务登记证。如果存款人为从事生产、经营活动的纳税人，根据国家有关规定无法取得税务登记证的，在申请开立基本存款账户时可不出具税务登记证。

📖 **【相关链接】**

> 法人是相对于自然人而言的。自然人是以生命为存在特征的个人，我们每个人都是自然人。法人不是人，是一种社会组织，是一种集合体，是由法律赋予法律人格的组织集合体，具有民事权利能力和民事行为能力，依法独立享有民事权利和承担民事义务的组织，是社会组织在法律上的人格化。因此，自然人不能开立基本存款账户。

3. 开立基本存款账户的程序

根据《账户管理办法》的有关规定，存款人申请开立基本存款账户时，应填制开户申请书，提供规定的证明文件。开户申请书按照中国人民银行的规定记载有关事项。开户申请书填写的事项齐全，符合开立基本存款账户条件的，中国人民银行核准后发放开户许可证。存款人只能选择一家金融机构（银行）开立一个基本存款账户，是存款人的主办账户。严禁单位和个体工商户将款项转入个人储蓄账户。

【例2-7】 下列各项中，不具备开立基本存款账户资格的存款人为（   ）。

A. 企业法人   B. 民办非企业法人

C. 社区委员会   D. 单位设立的非独立核算的附属机构

【答案】 D

（二）一般存款账户

1. 一般存款账户的概念

一般存款账户是指存款人因借款或其他结算需要，在基本存款账户开户银行以外的银行营业机构开立的银行结算账户。

2. 一般存款账户的使用范围

一般存款账户主要用于办理存款人借款转存、借款归还和其他结算的资金收付。该账户可以办理现金缴存，但不得办理现金支取。存款人开立一般存款账户没有数量限制，存款人可自主选择不同经营理念的银行，既能充分享受多家银行的特色服务，又能适应不同的经济往来对象，更为方便地使用不同银行提供的支付结算工具和手段。

3. 一般存款账户的开户要求

开立一般存款账户应按照规定的程序办理并提交有关证明文件。存款人申请开立一般存款账户，应向银行出具其开立基本存款账户规定的证明文件、基本存款账户开户登记证和下列证明文件：

（1）存款人因向银行借款需要，应出具借款合同。

（2）存款人因其他结算需要，应出具有关证明。

4. 开立一般存款账户的程序

根据《账户管理办法》的有关规定，存款人申请开立一般存款账户时，应填制开户申请书，提供规定的证明文件；银行应对存款人的开户申请书填写的事项和证明文件的真实性、完整性、合规性进行认真审核。符合条件的，银行应办理开户手续，于开户之日起5个工作日内向中国人民银行当地分支行备案，自开户之日起3个工作日内书面通知基本存款账户开户银行。由此可见，开立一般存款账户，实行备案制，无须中国人民银行核准。

【例2-8】下列关于一般存款账户的表述中，不正确的是（　　）。

A. 一般存款账户是存款人在基本存款账户开户银行以外的银行营业机构开立的银行结算账户

B. 一般存款账户是与基本存款账户的存款人不在同一地点的附属非独立核算机构开立的账户

C. 存款人可以通过本账户办理转账结算和现金缴存，但不能办理现金支取

D. 一般存款账户是存款人的主要存款账户

【答案】D

（三）专用存款账户

1. 专用存款账户的概念

专用存款账户是指存款人按照法律、行政法规和规章制度，对有特定用途的资金进行专项管理和使用而开立的银行结算账户。

2. 专用存款账户的使用范围

专用存款账户用于办理各项专用资金的收付。适用于基本建设资金，更新改造资金，财政预算外资金，粮、棉、油收购资金，证券交易结算资金，期货交易保证金，信托基金，金融机构存放同业资金，政策性房地产开发资金，单位银行卡备用金，住房基金，社会保障基金，收入汇缴资金，业务支出资金，党、团、工会设在单位的组织机构经费等专项管理和使用的资金。

【相关链接】

全国社会保障基金于2000年8月设立，是国家社会保障储备基金，由中央财政预算拨款、国有资本划转、基金投资收益和国务院批准的其他方式筹集的资金构成，专门用于人口老龄化高峰时期的养老保险等社会保障支出的补充、调剂，由全国社会保障基金理事会（简称社保基金会）负责管理运营。全国社会保障基金与地方政府管理的基本养老、基本医疗等社会保险基金是不同的基金，资金来源和运营管理不同，用途也存在区别。

3. 专用存款账户的开户要求

开立专用存款账户应按照规定的程序办理并提交有关证明文件。存款人申请开立专用存款账户，应向银行出具其开立基本存款账户规定的证明文件、基本存款账户开户登记证和下列证明文件：

（1）基本建设资金、更新改造资金、政策性房地产开发资金、住房基金、社会保障基金，应出具主管部门批文。

（2）财政预算外资金，应出具财政部门的证明。

（3）粮、棉、油收购资金，应出具主管部门批文。

（4）单位银行卡备用金，应按照中国人民银行批准的银行卡章程的规定出具有关证明和资料。

（5）证券交易结算资金，应出具证券公司或证券管理部门的证明。

（6）期货交易保证金，应出具期货公司或期货管理部门的证明。

（7）金融机构存放同业资金，应出具其证明。

（8）收入汇缴资金和业务支出资金，应出具基本存款账户存款人有关的证明。

（9）党、团、工会设在单位的组织机构经费，应出具有关部门的批文或证明。

（10）其他按规定需要专项管理和使用的资金，应出具政府部门的有关文件。

4. 开立专用存款账户的程序

根据《账户管理办法》的有关规定，存款人申请开立专用存款账户时，应填制开户申请书，提供规定的证明文件；银行应对存款人的开户申请书填写的事项和证明文件的真实性、完整性、合规性进行认真审核并报送中国人民银行当地分支行。中国人民银行当地分支行应对银行报送的开户资料的合规性进行审核，符合开户条件的，予以核准，颁发专用存款账户开户许可证，办理开户手续；如果申请开立除预算单位专用存款账户之外的其他专用存款账户的，银行应办理开户手续，并于开户之日起 5 个工作日内向中国人民银行当地分支行备案。

【例 2 - 9】（多选题）存款人有下列资金，可以申请开立专用存款账户的是（   ）。

A. 财政预算外资金   B. 住房基金

C. 基本建设资金   D. 社会保障基金

【答案】 ABCD

【例 2 - 10】（多选题）企业因（   ）资金管理的需要，可以向银行开设专用存款账户。

A. 更新改造资金   B. 商品收购款

C. 期货交易保证金   D. 财政预算外资金

【答案】 ACD

（四）临时存款账户

1. 临时存款账户的概念

临时存款账户是指存款人因临时需要并在规定期限内使用而开立的银行结算账户。存款人有设立临时机构、异地临时经营活动、注册验资情况的，可以申请开立临时存款账户。

2. 临时存款账户的使用范围

临时存款账户用于办理临时机构以及存款人临时经营活动发生的资金收付。临时存款账户支取现金，应按照国家现金管理的规定办理。注册验资的临时存款账户在验资期间只收不付。临时存款账户的有效期最长不得超过 2 年。

3. 临时存款账户开户要求

开立临时存款账户应按照规定的程序办理并提交有关证明文件。存款人申请开立临时存款账户，应向银行出具下列证明文件：

（1）临时机构，应出具其驻地主管部门同意设立临时机构的批文。

（2）异地建筑施工及安装单位，应出具其营业执照正本或其隶属单位的营业执照正本，以及施工及安装地建设主管部门核发的许可证或建筑施工及安装合同。

（3）异地从事临时经营活动的单位，应出具其营业执照正本以及临时经营地工商行政管理部门的批文。

（4）注册验资资金，应出具工商行政管理部门核发的企业名称预先核准通知书或有关部门的批文。

其中第（2）（3）项还应出具其基本存款账户开户登记证。

从《办法》的具体规定来看，四类银行结算账户既相互独立，又相互联系。存款人只能在银行开立一个基本存款账户，已开立基本存款账户的存款人，开立、变更或撤销其他三类账户，必须凭基本存款账户开户登记证办理相关的手续，并在基本存款账户开户登记证上进行相应登记，便于全面反映和控制存款人的各类银行结算账户开户、销户情况，加强银行结算账户的管理。由此，体现了基本存款账户在四类单位银行结算账户中处于统驭地位，它是单位开立其他银行结算账户的前提，其他三类单位银行结算账户则作为其功能和作用的有益补充。

（五）个人银行结算账户

1. 个人银行结算账户的概念

个人银行结算账户是自然人因投资、消费、结算等而开立的可办理支付结算业务的存款账户。有下列情况的，可以申请开立个人银行结算账户：

（1）使用支票、信用卡等信用支付工具的；

（2）办理汇兑、定期借记、定期贷记、借记卡等结算业务的。

自然人可根据需要申请开立个人银行结算账户，也可以在已开立的储蓄账户中选择并向开户银行申请确认为个人银行结算账户。

2. 个人银行结算账户的使用范围

个人银行结算账户用于办理个人转账收付和现金支取，储蓄账户仅限于办理现金存取业务，不得办理转账结算。

3. 个人银行结算账户的开户要求

存款人申请开立个人银行结算账户，应向银行出具下列证明文件：

（1）中国居民，应出具居民身份证或临时身份证。

（2）中国人民解放军军人，应出具军人身份证件。

（3）中国人民武装警察，应出具武警身份证件。

（4）我国香港、澳门居民，应出具港澳居民往来内地通行证；我国台湾居民，应出具台湾居民来往大陆通行证或者其他有效旅行证件。

（5）外国公民，应出具护照。

（6）法律、法规和国家有关文件规定的其他有效证件。

银行为个人开立银行结算账户时，根据需要还可要求申请人出具户口簿、驾驶执照、护照等有效证件。

4. 开立个人银行结算账户的程序

根据《账户管理办法》的有关规定，存款人申请开立个人存款账户时，应填制开户申请书，提供规定的证明文件。银行应对存款人的开户申请书填写的事项和证明文件的真实性、完整性、合规性进行认真审查。符合开立条件的，银行应办理开户手续，并于开户之日起5个工作日内向中国人民银行当地分支行备案。

（六）异地银行结算账户

1. 异地银行结算账户的概念

异地银行结算账户是指存款人符合法定条件，根据需要在异地开立相应的银行结算账户。

2. 异地银行结算账户的使用范围

存款人有下列情形之一的，可以在异地开立有关银行结算账户：

（1）营业执照注册地与经营地不在同一行政区域（跨省、市、县）需要开立基本存款账户的；

（2）办理异地借款和其他结算需要开立一般存款账户的；

（3）存款人因附属的非独立核算单位或派出机构发生的收入汇缴或业务支出需要开立专用存款账户的；

（4）异地临时经营活动需要开立临时存款账户的；

（5）自然人根据需要在异地开立个人银行结算账户的。

3. 异地银行结算账户的开户要求

开立异地银行结算账户除应按照前述规定的程序办理并提交有关证明文件外，开立异地单位银行结算账户，存款人还应出具下列相应的证明文件：

（1）经营地与注册地不在同一行政区域的存款人，在异地开立基本存款账户的，应出具注册地中国人民银行分支行的未开立基本存款账户的证明。

（2）异地借款的存款人，在异地开立一般存款账户的，应出具在异地取得贷款的借款合同。

（3）因经营需要在异地办理收入汇缴和业务支出的存款人，在异地开立专用存款账户的，应出具隶属单位的证明。

四、银行结算账户管理的基本原则

（一）恪守信用，履约付款

恪守信用，履约付款原则是《中华人民共和国民法通则》中诚实信用原则在支付结算中的具体表现。根据该原则，结算当事人必须依照共同约定的民事法律关系内容享受权利和承担义务，严格遵守信用，依约履行付款义务，特别是应按照约定的付款金额和付款日期进行支付。这一原则对履行付款义务的当事人具有约束力，是维护合同秩序、保障当事人经济利益的重要保证。

（二）谁的钱进谁的账，由谁支配

根据该原则，银行在办理结算时，必须按照存款人的委托，将款项支付给其指定的收款人；对存款人的资金，除国家法律另有规定外，必须由其自由支配。这一原则主要在于维护存款人对存款资金的所有权，保证其对资金支配的自主权。

（三）银行不垫款

银行在办理结算的过程中，只负责将结算款项从付款单位账户划转到收款单位账户，银行不承担垫付任何款项的责任，以划清银行与开户单位的资金界限，保护银行资金的所有权或经营权，促使开户单位直接对自己的债权债务负责。

【例2-11】（多选题）下列关于支付结算基本原则的表述中，正确的有（　　）。

A. 银行垫款原则
B. 银行不垫款原则

C. 恪守信用，履约付款原则
D. 谁的钱进谁的账、由谁支配原则

【答案】BCD

【解析】支付结算的基本原则有：① 恪守信用，履约付款原则；② 谁的钱进谁的账、由谁支配原则；③ 银行不垫款原则，即银行在办理结算的过程中，只负责办理结算当事人之间的款项划拨，不承担垫付任何款项的责任。

五、银行结算账户的开立、变更和撤销

（一）银行结算账户的开立

存款人开立银行结算账户时，应填写开户申请书，并提交有关证明文件。银行应对存款人的开户申请书填写的事项和证明文件的真实性、完整性、合规性进行认真审查。

开户申请书填写的事项齐全，符合开立基本存款账户、临时存款账户和预算单位专用存款账户条件的，银行应将存款人的开户申请书、相关的证明文件和银行审核意见等开户资料报送中国人民银行当地分支行，经其核准后办理开户手续；符合开立一般存款账户、其他专用存款账户和个人银行结算账户条件的，银行应办理开户手续，并于开户之日起 5 个工作日内向中国人民银行当地分支行备案。

银行为存款人开立银行结算账户，应与存款人签订银行结算账户管理协议，明确双方的权利与义务。除中国人民银行另有规定的以外，应建立存款人预留鉴章卡片，并将鉴章式样和有关证明文件的原件或复印件留存归档。

银行为存款人办理基本存款账户开户手续后，应给存款人出具开户登记证。开户登记证是记载单位银行结算账户信息的有效证明，存款人应按规定使用，并妥善保管。

（二）银行结算账户的变更

存款人更改名称，但不改变开户银行及账号的，应于 5 个工作日内向开户银行提出银行结算账户的变更申请，并出具有关部门的证明文件。

单位的法定代表人或主要负责人、住址以及其他开户资料发生变更时，应于 5 个工作日内书面通知开户银行并提供有关证明。

银行接到存款人的变更通知后，应及时办理变更手续，并于 2 个工作日内向中国人民银行报告。

（三）银行结算账户的撤销

存款人有以下情形之一的，应向开户银行提出撤销银行结算账户的申请：

（1）被撤并、解散、宣告破产或关闭的；

（2）注销、被吊销营业执照的；

（3）因迁址需要变更开户银行的；

（4）其他原因需要撤销银行结算账户的。

存款人尚未清偿其开户银行债务的，不得申请撤销银行结算账户。

存款人撤销银行结算账户，必须与开户银行核对银行结算账户存款余额，交回各种重要空白票据及结算凭证和开户登记证，银行核对无误后，方可办理销户手续。

开户银行对已开户一年，但未发生任何业务的账户，应通知存款人自发出通知 30 日内到开户银行办理销户手续，逾期视同自愿销户。

六、违反银行账户管理的法律责任

（1）存款人在开立、撤销银行结算账户时有法定违法行为时，非经营性的存款人，给

予警告并处以 1000 元的罚款；经营性的存款人，给予警告并处以 1 万元以上 3 万元以下的罚款；构成犯罪的，移交司法机关依法追究刑事责任。

（2）存款人使用银行结算账户时，有违反规定将单位款项转入个人银行结算账户、支取现金、利用开立银行结算账户逃避银行债务、出租、出借银行结算账户、从基本存款账户之外的银行结算账户转账存入、将销货收入存入或现金存入单位信用卡账户等行为时，非经营性的存款人，给予警告并处以 1000 元罚款；经营性的存款人，给予警告并处以 5000 元以上 3 万元以下的罚款。存款人未在法定期限内将变更事项通知银行的，给予警告并处以 1000 元的罚款。

（3）伪造、变造、私自印制开户登记证的存款人，属非经营性的，处以 1000 元罚款；属经营性的，处以 1 万元以上 3 万元以下的罚款；构成犯罪的，移交司法机关依法追究刑事责任。

（4）银行在银行结算账户的开立中有法定违法行为时，给予警告，并处以 5 万元以上 30 万元以下的罚款；对该银行直接负责的高级管理人员、其他直接负责的主管人员、直接责任人员按规定给予纪律处分；情节严重的，中国人民银行有权停止对其开立基本存款账户的核准，责令该银行停业整顿或者吊销经营金融业务许可证；构成犯罪的，移交司法机关依法追究刑事责任。

（5）银行在银行结算账户的使用中有法定违法行为时，给予警告，并处以 5000 元以上 3 万元以下的罚款；对该银行直接负责的高级管理人员、其他直接负责的主管人员、直接责任人员按规定给予纪律处分；情节严重的，中国人民银行有权停止对其开立基本存款账户的核准，构成犯罪的，移交司法机关依法追究刑事责任。

第四节　票据结算方式

一、票据结算概述

（一）票据的概念和种类

票据是指《中华人民共和国票据法》所规定的由出票人依法签发的，约定自己或者委托付款人在见票时或指定的日期向收款人或持票人无条件支付一定金额并可转让的有价证券。一般来讲，票据具有信用、支付、汇总和结算等职能。票据结算是支付结算的重要内容。

在我国，票据包括银行汇票、商业汇票、银行本票和支票。

 【相关链接】

> 有价证券，是指设定并证明持券人有权取得一定财产权利的书面证明。

（二）票据的种类

1. 按照范围分类，票据有广义和狭义之分

广义的票据是指各种商业活动中与权利结合在一起的有价证券和凭证，如提货单、运货单、股票、国库券、债券、汇票、本票和支票等。狭义的票据仅指货币证券。在我国，票据仅包括银行汇票、商业汇票、银行本票和支票。

2. 按照付款时间分类，票据可分为即期票据和远期票据

即期票据是指付款人见票后必须立即付款给持票人的票据，如支票、见票即付的汇票、本票。远期票据是指付款人见票后在一定期限或特定日期付款的票据。

3. 按照出票人与付款人是否为同一人，可将票据分为自付票据和委付票据

自付票据是指票据的出票人即付款人，如本票。委付票据是指出票人委托其他付款人支付票据金额的票据，如商业汇票（不包括见票即付汇票）、支票等。

（二）票据的特征与功能

1. 票据的特征

一般来说，票据作为一种有价证券，与其他有价证券相比，有以下法律特征：

（1）票据以支付一定金额为目的；

（2）票据是出票人依法签发的有价证券；

（3）票据所表示的权利与票据不可分离；

（4）票据所记载的金额由出票人自行支付或委托他人支付；

（5）票据的持票人只要向付款人提示付款，付款人即应无条件地向收款人或持票人支付票据金额；

（6）票据是一种可转让证券。

2. 票据的功能

票据具有以下功能：

（1）支付功能。即票据可以充当支付工具。对于当事人而言，用票据支付可以消除携带现金的不便，省去点钞的麻烦，节省计算现金的时间。

（2）汇总功能。即一国货币所具有的购买外国货币的能力。

（3）信用功能。即票据当事人可以凭借自己的信誉，将未来才能获得的金钱作为现在的金钱来使用。

（4）结算功能。即债务抵消能力。简单的结算是互有债务的双方当事人各签发一张本票，待两张本票都到到期日，相互抵销债务。若有差额，由一方以现金支付。

（5）融资功能。即融通资金或调度资金。票据的融资功能是通过票据的贴现、转贴现和再贴现实现的。

（三）票据行为

票据行为是指能够产生票据权利与义务关系的法律行为。《中华人民共和国票据法》规定的票据行为，则是指票据当事人以发生票据债务为目的的、以在票据上签名或盖章为权利义务成立要件的法律行为，包括出票、背书、承兑和保证四种。

1. 出票

出票是指出票人签发票据并将其交付给收款人的行为。出票包括两个行为：一是出票人依照《票据法》的规定做成票据，即在原始票据上记载法定事项并签章；二是交付票据，即将做成的票据交付给他人占有。两者缺一不可。

2. 背书

背书是指持票人为将票据权利转让给他人或者将一定的票据权利授予他人行使，而在票据背面或者粘单上记载有关事项并签章的行为。背书按照目的不同可分为转让背书和非转让背书。

转让背书是以持票人将票据权利转让给他人为目的；非转让背书是将一定的票据权利授予他人行使，包括委托收款背书和质押背书。无论何种目的，都应当记载背书事项并交付票据。

以背书转让的汇票，背书应当连续。背书连续是指在票据转让中，转让汇票的背书人与受让汇票的被背书人在汇票上的签章依次前后衔接，即第一次背书的背书人为票据的收款人；第二次背书的背书人为第一次背书的被背书人，以此类推。

3. 承兑

承兑是指汇票付款人承诺在汇票到期日支付汇票金额并签章的行为。

4. 保证

保证是指票据债务人以外的人，为担保特定债务人履行票据债务而在票据上记载有关事项并签章的行为。保证人对合法取得票据的持票人所享有的票据权利承担保证责任。被保证的票据，保证人应当与被保证人对持票人承担连带责任。

（四）票据当事人

票据当事人是指票据法律关系中享有票据权利、承担票据义务的当事人，也称票据法律关系主体。票据当事人可分为基本当事人和非基本当事人。

1. 基本当事人

票据基本当事人是指在票据做成和交付时就已存在的当事人，是构成票据法律关系的必要主体。包括出票人、付款人和收款人。

出票人是指依法定方式签发票据并将票据交付给收款人的人；收款人是指票据到期后有权收取票据所载金额的人，又称票据权利人；付款人是指由出票人委托付款或自行承担借款责任的人。付款人付款后，票据上的一切债务责任解除。

2. 非基本当事人

票据非基本当事人是指在票据做成并交付后，通过一定的票据行为加入票据关系而享有一定权利、义务的当事人，包括承兑人、背书人、被背书人、保证人等。票据上的非基本当事人在各种票据行为中都有自己特定的名称，所以同一当事人可以有两个名称，即双重身份，如汇票中的付款人在承兑汇票后成为承兑人，第一次背书中的被背书人就是第二次背书中的背书人。

承兑人是指接受汇票出票人的付款委托，同意承担支付票款义务的人；背书人是指在转让票据时，在票据背面签字或盖章并将该票据交付给受让人的票据收款人或持有人（称为前手）；被背书人是指被记名受让票据或接受票据转让的人（称为后手）；保证人是指为票据债务提供担保的人，由票据债务人以外的他人担当。除基本当事人外，非基本当事人是否存在，取决于相应票据行为是否发生。

（五）票据权利与义务

票据权利与义务是指票据法律关系主体所享有的权利和应承担的义务，是票据法律关系的重要内容。

1. 票据权利

这是指票据持票人向票据债务人请求支付票据金额的权利，包括付款请求权和追索权。

（1）付款请求权是指持票人向汇票的承兑人、本票的出票人、支票的付款人出示票据要求付款的权利。行使付款请求权的持票人可以是票载收款人或最后的被背书人。持票人对票据的出票人和承兑人的权利，自票据到期日起2年；见票即付的汇票、本票，自出票日起2年。持票人对支票出票人的权利，自出票日起6个月。

（2）票据追索权是指票据当事人行使付款请求权遭到拒绝或其他法定原因存在时，向其前手请求偿还票据金额及其他法定费用的权利。行使追索权的当事人除票载收款人和最后被背书人外，还可能是代为清偿票据债务的保证人、背书人。

2. 票据义务

这是指票据债务人向持票人支付票据金额的责任。它是基于债务人特定的票据行为（如出票、背书、承兑等）而应承担的义务，不具有制裁性质，主要包括付款义务和偿还义务。实际中，票据债务人承担票据义务一般有以下四种情况：

（1）汇票承兑人因承兑而应承担付款义务。

（2）本票出票人因出票而承担自己付款的义务。

（3）支票付款人在与出票人有资金关系时承担付款义务。

（4）汇票、本票、支票的背书人，汇票、支票的出票人、保证人，在票据不获承兑或不获付款时有付款清偿义务。

（五）票据签章

票据签章是指票据有关当事人在票据上签名、盖章或签名加盖章的行为。票据签章是票据行为生效的重要条件，也是票据行为表现形式中不可缺少的应载事项。如果票据缺少当事人的签章，该票据无效。

（六）票据记载事项

票据记载事项是指依法在票据上记载票据相关内容的行为。票据记载事项可分为绝对记载事项、相对记载事项和任意记载事项等。

1. 绝对记载事项

这是指《中华人民共和国票据法》明文规定必须记载的，如不记载票据即为无效的事项。如表明票据种类的事项，必须记明"汇票"、"本票"、"支票"，否则票据无效。

2. 相对记载事项

这是指《中华人民共和国票据法》规定应该记载而未记载，但适用法律的有关规定而不使票据失效的事项，如汇票上未记载付款日期的，为见票即付；汇票上未记载付款地的，付款人的营业场所、住所或经常居住地为付款地。

3. 任意记载事项

这是指《中华人民共和国票据法》不强制当事人必须记载而允许当事人自行选择，不记载时不影响票据效力，记载时则产生票据效力的事项，如出票人在汇票上记载"不得转让"字样的，汇票不得转让。

（七）票据丧失

票据丧失是指票据因灭失、遗失、被盗等原因而使票据权利人脱离其对票据的占有。票据丧失后可以采取挂失止付、公示催告、普通诉讼三种形式进行补救。

1. 挂失止付

这是指失票人将丧失票据的情况通知付款人，由接受通知的付款人审查后暂停支付的一种方式。

2. 公示催告

这是指在票据丧失后由失票人向人民法院提出申请，请求人民法院以公告方式通知不确定的利害关系人限期申报权利，逾期未申报者，则权利失效，而由法院通过除权判决宣告所丧失的票据无效的一种制度或程序。

3. 普通诉讼

这是指丧失票据的失票人直接向人民法院提起民事诉讼，要求法院判令付款人向其支付票据金额的活动。

二、银行汇票

（一）银行汇票的概念和适用范围

银行汇票是出票银行签发的，由其在见票时按照实际结算金额无条件支付给收款人或者持票人的票据。单位和个人在异地、同城或统一票据交换区域的各种款项结算，均可使用银行汇票。银行汇票可以用于转账，填明"现金"字样的银行汇票，也可以用于支取现金。

（二）银行汇票的格式

银行汇票的格式如图 2－2～图 2－5 所示。

图 2－2　银行汇票第一联

银行汇票(第二联)

中国建设银行 2

付款期限 壹个月		

银 行 汇 票 汇票号码

第 号

此联代理付款行付款后作出票行往来借方凭证附件

出票日期
(大写) 年 月 日 代理付款行: 行号:

收款人:

出票金额 人民币
(大写)

实际结算金额 人民币
(大写)

		千	百	十	万	千	百	十	元	角	分

账号或住址:

申请人: _____

出票行: _____ 行号: ____

备注: _____

凭票付款: _____

多余金额	科目(借)
百 十 万 千 百 十 元 角 分	对方科目(贷) ....
	兑付日期 年 月 日

出票行签章

复核 记账

10公分×17.5公分(专用水印纸蓝油墨,出票金额栏加红水纹)注: 汇票号码前加印省别代号

图2-3 银行汇票第二联

银行汇票(第三联)

中国建设银行 3
(解讫)
通知

付款期限 壹个月		

银 行 汇 票 汇票号码

第 号

此联代理付款行作多余款贷方凭证

由出票行作多余款付款后随报单寄出票行

出票日期
(大写) 年 月 日 代理付款行: 行号:

收款人: 账号地址:

出票金额 人民币
(大写)

实际结算金额 人民币
(大写)

		千	百	十	万	千	百	十	元	角	分

账号或住址:

申请人: _____

出票行: _____ 行号: ____

备注: _____

复核 经办

多余金额	科目(借) ....
百 十 万 千 百 十 元 角 分	对方科目(贷) ....
	转账日期 年 月 日
	复核 记账

10公分×17.5公分(白纸红油墨,实际结算金额栏加红水纹)注: 汇票号码前加印省别代号

图2-4 银行汇票第三联

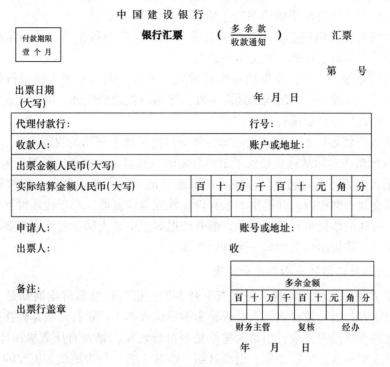

中 国 建 设 银 行

银行汇票 （ 多余款 / 收款通知 ） 汇票

第 号

出票日期
（大写）　　　　　　　　　　年 月 日

付款期限 壹 个 月		

代理付款行：	行号：	
收款人：	账户或地址：	
出票金额人民币（大写）		

实际结算金额人民币（大写）	百	十	万	千	百	十	元	角	分

申请人：　　　　　　　　　　账号或地址：

出票人：　　　　　　　　　　收

备注：

出票行盖章

多余金额								
百	十	万	千	百	十	元	角	分

财务主管　　　复核　　　经办

年　　　月　　　日

图 2 - 5 银行汇票第四联

（二）银行汇票的基本规定

（1）银行汇票可以用于转账，标明现金字样的"银行汇票"也可以提取现金。

（2）银行汇票的出票银行为银行汇票的付款人，银行汇票的付款地为代理付款人或出票人所在地。

（3）银行汇票的出票人在票据上的签章，应为经中国人民银行批准使用的该银行汇票专用章加其法定代表人或其授权经办人的签名或者盖章。

（4）签发银行汇票必须记载下列事项：表明"银行汇票"的字样、无条件支付的承诺、出票金额、付款人名称、收款人名称、出票日期、出票人签章等。欠缺记载以上事项之一的，银行汇票无效。

（5）银行汇票的提示付款期限自出票日起一个月。持票人超过付款期限提示付款的，代理付款人（银行）不予受理。

（6）银行汇票可以背书转让，但填明"现金"字样的银行汇票不得背书转让。银行汇票的背书转让以不超过出票金额的实际结算金额为准。未填写实际结算金额或实际结算金额超过出票金额的银行汇票不得背书转让。

（7）填明"现金"字样和代理付款人的银行汇票丧失，可以由失票人通知付款人或者代理付款人挂失止付。未填明"现金"字样和代理付款人的银行汇票丧失，不得挂失止付。

（8）银行汇票丧失，失票人可以凭人民法院出具的其享有票据权利的证明，向出票银行请求付款或退款。

（三）申办银行汇票的基本程序和规定

（1）申请人使用银行汇票，应向出票银行填写"银行汇票申请书"，填明收款人名称、汇票金额、申请人名称、申请日期等事项并鉴章，其鉴章为预留银行印鉴。申请人或收款人为单位的，不得在"银行汇票申请书"上填明"现金"字样。

（2）出票银行受理银行汇票申请书，收妥款项后签发银行汇票，并用压数机压印出票金额，将银行汇票和解讫通知一并交给申请人。

（3）签发转账银行汇票，不得填写代理付款人名称，但由中国人民银行代理兑付银行汇票的商业银行，向设有分支机构的地区签发转账银行汇票的除外；申请人或收款人为单位的，银行不得为其签发现金银行汇票。

（4）申请人应将银行汇票和解讫通知一并交付给汇票上记明的收款人。

（5）银行汇票的实际结算金额低于出票金额的，其多余金额由出票银行退交申请人。

（6）申请人因银行汇票超过付款提示期限或其他原因要求退款时，应将银行汇票和解讫通知同时提交到出票银行，并提供本人身份证件或单位证明。对于代理付款银行查询的该张银行汇票，应在汇票提示付款期满后方能办理退款。申请人缺少解讫通知要求退款的，出票银行应于银行汇票提示付款期满一个月后办理。

（四）兑付银行汇票的基本程序和规定

（1）收款人受理银行汇票时，应审查下列事项：银行汇票和解讫通知是否齐全；汇票号码和记载的内容是否一致；收款人是否确为本单位或本人；银行汇票是否在提示付款期限内；必须记载的事项是否齐全；出票人签章是否符合规定，是否有压数机压印的出票金额，并与大写出票金额一致；出票金额、出票日期、收款人名称是否更改，更改的其他记载事项是否由原记载人签章证明。

被背书人受理银行汇票时，除审查上述收款人应审查的事项外，还应审查银行汇票是否记载实际结算金额，有无更改，其金额是否超过出票金额；背书是否连续，背书人签章是否符合规定，背书使用粘单的，是否按规定签章；背书人为个人的，应验证其个人身份证件。

（2）收款人对申请人交付的银行汇票审查无误后，应在出票金额以内，根据实际需要的款项办理结算，并将实际结算金额和多余金额准确、清晰地填入银行汇票和解讫通知的有关栏内。未填明实际结算金额和多余金额或实际结算金额超过出票金额的，银行不予受理。银行汇票的实际结算金额不得更改，更改实际结算金额的银行汇票无效。

（3）持票人向银行提示付款时，必须同时提交银行汇票和解讫通知，缺少任何一联，银行不予受理。在银行开立存款账户的持票人向开户银行提示付款时，应在汇票背面持票人向银行提示付款签章处签章，签章须与预留银行签章相同，并将银行汇票和解讫通知、进账单送交开户银行。银行审查无误后办理转账。

（4）持票人超过期限向代理付款银行提示付款不获付款的，必须在票据权利时效内向出票银行作出说明，并提供本人身份证件或单位证明，持银行汇票和解讫通知向出票银行请求付款。

（五）操作流程

办理银行汇票操作流程如图2-6所示。

① 申请；

② 开户银行受理；

③ 签发；

④ 交付汇票；

⑤ 背书转让；

⑥ 被背书受理；

⑦ 提示付款；

⑧ 收妥付款。

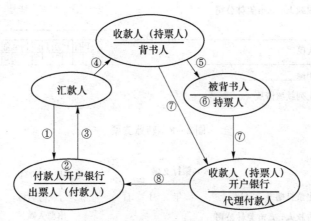

图 2-6 办理银行汇票操作流程

三、支票

（一）支票的概念及适用范围

支票是出票人签发的、委托办理支票存款业务的银行在见票时无条件支付确定的金额给收款人或者持票人的票据。同一票据交换区域需要支付各种款项的单位和个人均可以使用支票。2007 年 7 月 8 日，中国人民银行宣布，支票可以实现全国范围内互通使用。

（二）支票的基本规定

（1）支票分为现金支票、转账支票和普通支票。现金支票只能用于支取现金；转账支票只能用于转账；普通支票可以用于支取现金，也可用于转账。在普通支票左上角画两条平行线的，为划线支票，划线支票只能用于转账，不能支取现金。如图 2-7 ~ 图 2-9所示。

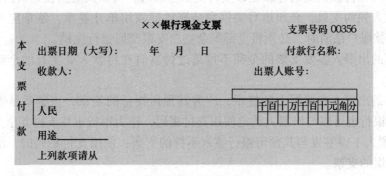

图 2-7 现金支票

（2）支票的出票人是经中国人民银行当地分支行批准办理支票业务的银行机构开立可以使用支票的存款账户的单位和个人。支票的付款人为支票上记载的出票人开户银行。支票的付款地为付款人所在地。

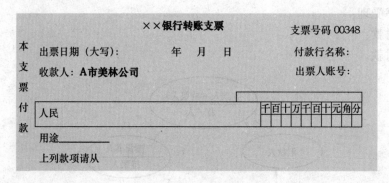

图 2-8　转账支票

图 2-9　普通支票

（3）签发支票必须记载下列事项：表明"支票"的字样、无条件支付的委托、确定的金额、付款人名称、出票日期、出票人签章。欠缺记载任何一项的，支票都为无效。支票的金额、收款人名称，可以由出票人授权补记，未补记前不得背书转让。

（4）支票在其票据交换区域内可以背书转让，但用于支取现金的支票不能背书转让。

（5）支票的提示付款期限自出票日起 10 日，超过提示付款期限提示付款的，持票人开户银行不予受理，付款人不予付款。

（6）出票人在付款人处的存款足以支付支票金额时，付款人应当在见票当日足额付款。

（7）存款人领购支票，必须填写票据和结算凭证领用单并签章，签章应与预留银行的签章相符。存款账户结清时，必须将全部剩余空白支票交回银行注销。

（8）支票的出票人签发支票的金额不得超过付款时在付款人处实有的金额。禁止签发空头支票。

（9）支票的出票人在票据上的签章，应为其预留银行的签章，该签章是银行审核支票付款的依据。银行也可以与出票人约定使用支付密码，作为银行审核支付支票金额的条件。

（10）出票人不得签发与其预留银行签章不符的支票；使用支付密码的，出票人不得签发支付密码错误的支票。

（11）出票人签发空头支票、签章与预留银行签章不符的支票，使用支付密码地区、支付密码错误的支票，银行应予以退票，并按票面金额处以 5% 但不低于 1000 元的罚款；持票人有权要求出票人赔偿支票金额 2% 的赔偿金。对屡次签发空头支票的，银行应停止其签发支票。

【相关链接】

　　为了发挥支票灵活便利的特点，支票的记载事项可以授权补记的是支票的金额和收款人名称。根据我国《票据法》的规定，两项绝对记载事项可以通过授权补记的方式记载：支票的金额、收款人名称。这两项可以由出票人授权补记，未补记前，不得背书转让和提示付款。

（三）兑付支票的要求

　　持票人可以委托开户银行收款或直接向付款人提示付款，如图 2－10 和图 2－11 所示。用于支取现金的支票仅限于收款人向付款人提示付款。

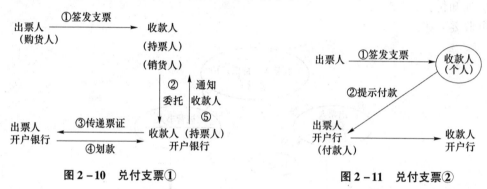

图 2－10　兑付支票① 　　　　　　　图 2－11　兑付支票②

【例 2－12】（多选题）根据《票据法》的规定，支票的记载事项可以由出票人授权补记的有（　　）。

A. 付款人名称　　　　　　　　　　　B. 收款人名称

C. 出票日期　　　　　　　　　　　　D. 出票金额

【答案】 BD

四、商业承兑汇票

（一）商业承兑汇票的概念

　　商业承兑汇票是由收款人签发，经付款人承兑，或由付款人签发并承兑的汇票。

（二）商业承兑汇票的特点及适用范围

　　商业承兑汇票与银行承兑汇票均属商业汇票，它除具有商业汇票的一般特征外，与银行承兑汇票相比，商业承兑汇票的承兑人为企业，以承兑人的企业信誉作为付款保证；而银行承兑汇票的承兑人为银行，以承兑银行的信誉作为付款保证。因此，商业承兑汇票的付款保证性一般来讲低于银行承兑汇票，它取得贴现贷款的难度也较银行承兑汇票大。

　　在银行开立存款账户的法人以及其他组织之间，必须具有真实的交易关系或债权债务关系，才能使用商业承兑汇票，同城异地均可使用。

【例 2－13】（多选题）甲签发一张银行承兑汇票给乙。下列有关票据关系当事人的表述中，正确的是（　　）。

A. 甲是出票人　　　　　　　　　　　B. 乙是收款人

C. 甲是承兑申请人　　　　　　　　　D. 承兑银行是付款人

【答案】 ABCD

(三) 操作流程

办理商业承兑汇票的操作流程如图2-12所示。

① 出票;

② 承兑;

③ 保证;

④ 背书转让;

⑤ 委托收款;

⑥ 发出委托收款;

⑦ 发出付款通知;

⑧ 通知付款;

⑨ 收妥入账。

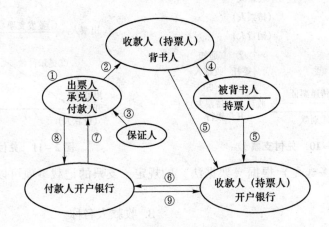

图2-12 办理商业承兑汇票的操作流程

五、银行承兑汇票

(一) 银行承兑汇票的概念

银行承兑汇票是指由出票人签发,银行承兑的商业汇票。银行一旦承兑,即承担到期无条件付款的责任。

(二) 银行承兑汇票的特点和适用范围

在目前我国票据结算工具中,商业汇票除了同时具有票据共有的流通功能、支付功能和结算功能外,还具有信用功能、融资功能。在银行汇票、商业承兑汇票、银行承兑汇票中,银行承兑汇票在当前商业信用相对脆弱的情况下最具有信用功能。这不仅表现在银行承兑环节,也表现在持票人以其所持的票据融通资金包括质押贷款和贴现贷款。其结果是企业之间的商业信用转换为银行向企业提供资金的银行信用。

在银行开立存款账户的法人以及其他组织之间,必须具有真实的交易关系或债权债务关系,才能使用银行承兑汇票。同城和异地均可使用。

(三) 操作流程

办理银行承兑汇票的操作流程,如图2-13所示。

① 出票；

② 申请承兑；

③ 承兑；

④ 保证；

⑤ 交付汇票；

⑥ 背书转让；

⑦ 委托收款；

⑧ 发出委托收款；

⑨ 出票人交存票款；

⑩ 审查支付票款；

⑪ 收妥入账；

⑫ 申请贴现；

⑬ 审查并作出贴现与否的决定；

⑭ 办理贴现手续；

⑮ 转贴现再贴现；

⑯ 提示付款；

⑰ 贴现、转贴现、再贴现到期收回票款。

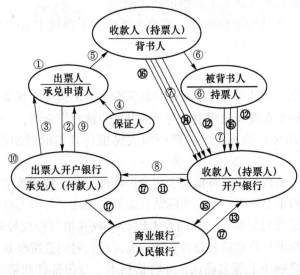

图 2 - 13 办理银行承兑汇票的操作流程

六、本票

（一）本票的概念

本票是出票人签发的，承诺自己在见票时无条件支付确定的金额给收款人或者持票人的票据。本票分定额本票和不定额本票两种。

（二）本票的特点及适用范围

1. 本票的特点

本票见票即付，信誉很高。银行本票由银行付款，信誉高。填明"现金"字样的本票，可随时到银行兑付现金。通用性强，灵活方便。销货方可见票发货，并可背书转让。

2. 本票的适用范围

单位和个人在同一票据交换区域需要支付各种款项，均可使用银行本票。

第五节 信用卡及其他结算

一、信用卡

单位、个人在社会经济活动中除使用上述现金、票据结算外，还可使用信用卡和结算凭证进行货币给付及其资金清算。使用结算凭证进行结算的方式有汇兑、托收承付和委托收款。

（一）信用卡的定义与使用范围

信用卡是指商业银行向个人和单位发行的，凭以向特约单位购物、消费和向银行存取现金，且具有消费信用的特制载体卡片。

信用卡按使用对象分为单位卡和个人卡；按信誉等级分为金卡和普通卡。凡在中国境内金融机构开立基本存款账户的单位可申领单位卡。单位卡可申领若干张，持卡人资格由申领单位法定代表人或其委托的代理人书面指定和注销。

持卡人可持信用卡在特约单位购物、消费。单位卡不得用于 10 万元以上的商品交易、劳务供应款项的结算。

（二）资金结算

单位卡账户的资金一律从其基本存款账户转账存入，不得交存现金，不得将销货收入的款项存入其账户。单位卡在使用过程中，需要向其账户续存资金的，一律从其基本存款账户转账存入。信用卡备用金存款利息，按照中国人民银行规定的活期存款利率及计息办法计算。

持卡人凭卡购物、消费时，需将信用卡和身份证件一并交特约单位。特约单位受理信用卡审查无误的，在签购单上压卡，填写实际结算金额、用途、持卡人身份证件号码、特约单位名称和编号。如超过支付限额的，应向发卡银行索取并填写授权号码，交持卡人签名确认，同时核对其签名与卡片背面签名是否一致。无误后，对同意按经办人填写的金额和用途付款的，由持卡人在签购单上签名确认，并将信用卡、身份证件和第一联签购单交还给持卡人。

特约单位在每日营业终了，应将当日受理的信用卡签购单汇总，计算手续费和净计金额，并填写汇（总）计单和进账单，连同签购单一并送交收单银行办理进账。收单银行接到特约单位送交的各种单据，经审查无误后，为特约单位办理进账。

信用卡透支额，金卡最高不得超过 1 万元，普通卡最高不得超过 5000 元。信用卡透支期限最长为 60 天。信用卡透支利息，自签单日或银行记账日起 15 日内按日息万分之五计算，超过 15 日，按日息万分之十计算，超过 30 日或透支金额超过规定限额的，按日息万分之十五计算。透支计息不分段，按最后期限或者最高透支额的最高利率档次计息。持卡人使用信用卡不得恶意透支。

（三）销户与挂失

不需要继续使用信用卡的，应持信用卡主动到发卡银行办理销户。销户时，单位卡账户余额转入其基本存款账户，不得提取现金。

信用卡丧失，持卡人应立即持本人身份证件或其他有效证明，并按规定提供有关情况，向发卡银行或代办银行申请挂失。发卡银行或代办银行审核后办理挂失手续。

二、汇兑

（一）汇兑的定义与使用范围

汇兑是汇款人委托银行将其款项支付给收款人的结算方式。

单位和个人各种款项的结算，均可使用汇兑结算方式。汇兑分为信汇、电汇两种，由汇款人选择使用。

（二）结算凭证

签发汇兑凭证必须记载下列事项：

（1）表明"信汇"或"电汇"的字样；

（2）无条件支付的委托；

（3）确定的金额；

（4）收款人名称、账号；

（5）汇款人名称、账号；

（6）汇入地点、汇入行名称；

（7）汇出地点、汇出行名称；

（8）委托日期；

（9）汇款人签章。

汇兑凭证上记载收款人为个人的，收款人需要到汇入银行领取汇款，汇款人应在汇兑凭证上注明"留行待取"字样；留行待取的汇款，需要指定单位的收款人领取汇款的，应注明收款人的单位名称；信汇凭收款人签章支取的，应在信汇凭证上预留其签章。汇款人确定不得转汇的，应在汇兑凭证备注栏注明"不得转汇"字样。

（三）资金结算

汇出银行受理汇款人签发的汇兑凭证，经审查无误后，向汇入银行办理汇款，并向汇款人签发汇款回单。汇款回单只能作为汇出银行受理汇款的依据。

汇入银行对开立存款账户的收款人，应将汇给其款项直接转入收款人账户，并向其发出收账通知。收账通知是银行将款项确已收入收款人账户的凭据。转账支付的，应由原收款人向银行填制支款凭证，并由本人交验其身份证件办理支付款项。该账户的款项只能转入单位或个体工商户的存款账户，严禁转入储蓄和信用卡账户。转汇的，应由原收款人向银行填制信汇、电汇凭证，并由本人交验其身份证件。转汇的收款人必须是原收款人。原汇入银行必须在信汇、电汇凭证上加盖"转汇"戳记。

（四）撤销与退汇

汇款人对汇出银行尚未汇出的款项可以申请撤销。申请撤销时，应出具正式函件或本人身份证件及原信汇、电汇回单。汇出银行查明确未汇出款项的，收回原信汇、电汇回单，方可办理撤销。

汇款人对汇出银行已经汇出的款项可以申请退汇。对在汇入银行开立存款账户的收款人，由汇款人与收款人自行联系退汇；对未在汇入银行开立存款账户的收款人，汇款人应出具正式函件或本人身份证件以及原信汇、电汇回单，由汇出银行通知汇入银行，经汇入银行核实汇款确未支付，并将款项汇回汇出银行，方可办理退汇。

转汇银行不得受理汇款人或汇出银行对汇款的撤销或退汇。

汇入银行对于收款人拒绝接受的汇款，应立即办理退汇。汇入银行对于向收款人发出取款通知，经过两个月无法交付的汇款，应主动办理退汇。

三、托收承付

（一）托收承付的定义与使用范围

托收承付是根据购销合同由收款人发货后委托银行向异地付款人收取款项，由付款人向银行承认付款的结算方式。

使用托收承付结算方式的收款单位和付款单位，必须是国有企业、供销合作社以及经营管理较好，并经开户银行审查同意的城乡集体所有制工业企业。

办理托收承付结算的款项，必须是商品交易以及因商品交易而产生的劳务供应的款项。代销、寄销、赊销商品的款项，不得办理托收承付结算。收付双方使用托收承付结算，必须签符合《合同法》的购销合同，并在合同上注明使用托收承付结算方式。

托收承付结算每笔的金额起点为1万元。新华书店系统每笔的金额起点为1000元。托收承付结算款项的划回方法，分邮寄和电报两种，由收款人选用。

收付双方办理托收承付结算，必须重合同、守信用。收款人对同一付款人发货托收累计三次收不回货款的，收款人开户银行应暂停收款人向该付款人办理托收；付款人累计三次提出无理拒付的，付款人开户银行应暂停其向外办理托收。

（二）结算凭证

收款人办理托收，必须具有商品确已发运的证件（包括铁路、航运、公路等运输部门签发运单、运单副本和邮局包裹回执）。没有发运证件的，可凭其他有关符合规定的证件办理托收。

签发托收承付凭证必须记载下列事项：

（1）表明"托收承付"的字样；

（2）确定的金额；

（3）付款人名称及账号；

（4）收款人名称及账号；

（5）付款人开户银行名称；

（6）收款人开户银行名称；

（7）托收附寄单证张数或册数；

（8）合同名称、号码；

（9）委托日期；

（10）收款人签章。

（三）资金结算

1. 托收

收款人按照签订的购销（买卖）合同发货后，委托银行办理托收。

收款人应将托收凭证并附发运证件或其他符合托收承付结算的有关证明和交易单证送交银行。收款人如需取回发运证件，银行应在托收凭证上加盖"已验发运证件"戳记。

收款人开户银行接到托收凭证及其附件后，应当按照托收的范围、条件和托收凭证记载的要求认真进行审查，必要时，还应查验收、付款人签订的购销（买卖）合同。凡不符合要求或违反购销（买卖）合同发货的，不能办理。

2. 承付

付款人开户银行收到托收凭证及其附件后，应当及时通知付款人。付款人应在承付期内审查核对，安排资金。承付货款分为验单付款和验货付款两种，由收付双方商量选用，并在合同中明确规定。

（1）验单付款的承付期为 3 天，从付款人开户银行发出承付通知的次日算起。付款人在承付期内，未向银行表示拒绝付款，银行即视作承付，并在承付期满的次日上午银行开始营业时，将款项主动从付款人的账户内付出，按照收款人指定的划款方式，划给收款人。

（2）验货付款的承付期为 10 天，从运输部门向付款人发出提货通知的次日算起。采用验货付款的，收款人必须在托收凭证上加盖明显的"验货付款"字样戳记。托收凭证未注明验货付款，经付款人提出合同证明是验货付款的，银行可按验货付款处理。

不论验单付款还是验货付款，付款人都可以在承付期内提前向银行表示承付，并通知银行提前付款，银行应立即办理划款；因商品的价格、数量或金额变动，付款人应多承付款项的，须在承付期内向银行提出书面通知，银行据以随同当次托收款项划给收款人。付款人不得在承付货款中，扣抵其他款项或以前托收的货款。

3. 逾期付款

付款人在承付期满日银行营业终了时，如无足够资金支付，其不足部分，即为逾期未付款项，按逾期付款处理。

对下列情况，付款人在承付期内，可向银行提出全部或部分拒绝付款：

（1）没有签订购销（买卖）合同或购销（买卖）合同未注明托收承付结算方式的款项。

（2）未经双方事先达成协议，收款人提前交货或因逾期交货，付款人不再需要该项货物的款项。

（3）未按合同规定的到货地址发货的款项。

（4）代销、寄销、赊销商品的款项。

（5）验单付款，发现所列货物的品种、规格、数量、价格与合同规定不符，或货物已到，经查验货物与合同规定或发货清单不符的款项。

（6）验货付款，经查验货物与合同规定或与发货清单不符的款项。

（7）货款已经支付或计算有错误的款项。

付款人对以上情况提出拒绝付款时，必须填写"拒绝付款理由书"并签章，注明拒绝付款理由，涉及合同的，应引证合同上的有关条款。

收款人对被无理拒绝付款的托收款项，在收到退回的结算凭证及其所附单证后，需要委托银行重办托收，应当填写四联"重办托收理由书"，将其中三联连同购销（买卖）合同、有关证据和退回的原托收凭证及交易单证，一并送交银行。经开户银行审查，确属无理拒绝付款，可以重办托收。

付款人提出的拒绝付款，银行审查无法判明是非的，应由收付双方自行协商处理，或向仲裁机关、人民法院申请调解或裁决。

四、委托收款

（一）委托收款的定义与使用范围

委托收款是收款人委托银行向付款人收取款项的结算方式。

单位和个人凭已承兑商业汇票、债券、存单等付款人债务证明办理款项的结算，均可以使用委托收款结算方式。委托收款在同城、异地均可以使用。委托收款结算款项的划回方式，分邮寄和电报两种，由收款人选用。

（二）结算凭证

签发委托收款凭证必须记载下列事项：

（1）表明"委托收款"的字样；

（2）确定的金额；

（3）付款人名称；

（4）收款人名称；

（5）委托收款凭据名称及附寄单证张数；

（6）委托日期；

（7）收款人签章。

委托收款以银行以外的单位为付款人的，委托收款凭证必须记载付款人开户银行名称；以银行以外的单位或在银行开立存款账户的个人为收款人的，委托收款凭证必须记载收款人开户银行名称；未在银行开立存款账户的个人为收款人的，委托收款凭证必须记载被委托银行名称。

（三）资金结算

1. 委托

收款人办理委托收款应向银行提交委托收款凭证和有关的债务证明。

2. 付款

银行接到寄来的委托收款凭证及债务证明，审查无误后办理付款。

以银行为付款人的，银行应在当日将款项主动支付给收款人。

以单位为付款人的，银行应及时通知付款人，按照有关规定，需要将有关债务证明交给付款人的，应交给付款人并签收。

付款人应于接到通知的当日书面通知银行付款。按照有关规定，付款人未在接到通知日的次日起3日内通知银行付款的，视同付款人同意付款，银行应于付款人接到通知日的次日起第4日上午开始营业时，将款项划给收款人。付款人提前收到由其付款的债务证明，应通知银行于债务证明的到期日付款。付款人未于接到通知日的次日起3日内通知银行付款，付款人接到通知日的次日起第4日在债务证明到期日之前的，银行应于债务证明到期日将款项划给收款人。银行在办理划款时，付款人存款账户不足支付的，应通过被委托银行向收款人发出未付款项通知书。按照有关办法规定，债务证明留存付款人开户银行的，应将其债务证明连同未付款项通知书邮寄被委托银行转交收款人。

付款人审查有关债务证明后，对收款人委托收取的款项需要拒绝付款的，可以办理拒绝付款。

在同城范围内，收款人收取公用事业费或根据国务院的规定，可以使用同城特约委托收款。收取公用事业费，必须具有收付双方事先签订的合同，由付款人向开户银行授权，并经开户银行同意，报经中国人民银行当地分支行批准。

第六节　结算纪律与责任

一、票据结算的纪律与责任

单位和个人办理支付结算，不准签发没有资金保证的票据或远期支票，套取银行信用；不准签发、取得和转让没有真实交易和债权债务的票据，套取银行和他人资金；不准无理拒绝付款，任意占用他人资金；不准违反规定开立和使用账户。

单位、个人按照法定条件在票据上签章的，必须按照所记载的事项承担票据责任。

单位签发商业汇票后，必须承担保证该汇票承兑和付款的责任。单位和个人签发支票后，必须承担保证该支票付款的责任。

商业汇票的背书人背书转让票据后，即承担保证其后手所持票据承兑和付款责任。银行汇票、银行本票或支票的背书人背书转让票据后，即承担保证其后手所持票据付款的责任。单位或银行承兑商业汇票后，必须承担该票据付款的责任。票据的保证人应当与被保证人对持票人承担连带责任。

变造票据除签章以外的记载事项的，在变造之前签章的人，对原记载事项负责；在变造之后签章的人，对变造之后的记载事项负责；不能辨别在票据被变造之前或者之后签章的，视同在变造之前签章。

持票人超过规定期限提示付款的，银行汇票、银行本票的出票人、商业汇票的承兑人，在持票人作出说明后，仍应当继续对持票人承担付款责任；支票的出票人对持票人的追索，仍应当承担清偿责任。

付款人及其代理付款人以恶意或者重大过失付款的，应当自行承担责任。

商业汇票的付款人在到期前付款的，由付款人自行承担所产生的责任。

承兑人或者付款人拒绝承兑或拒绝付款，未按规定出具拒绝证明或者出具退票理由书的，应当承担由此产生的民事责任。

持票人不能出示拒绝证明、退票理由书或者未按规定期限提供其他合法证明丧失对其前手追索权的，承兑人或者付款人应对持票人承担责任。

持票人因不获承兑或不获付款，对其前手行使追索权时，票据的出票人、背书人和保证人对持票人承担连带责任。

持票人行使追索权时，持票人及其前手未按《票据法》规定期限将被拒绝事由书面通知其前手的，因延期通知给其前手或者出票人造成损失的，由没有按照规定期限通知的票据当事人，在票据金额内承担对该损失的赔偿责任。

票据债务人在持票人不获付款或不获承兑时，应向持票人清偿《票据法》规定的金额和费用。

单位和个人签发空头支票、签章与预留银行签章不符或者支付密码错误的支票，应按照《票据管理实施办法》和《支付结算办法》的规定承担行政责任。

单位为票据的付款人，对见票即付或者到期的票据，故意压票、拖延支付的，应按照《票据管理实施办法》的规定承担行政责任。

二、信用卡结算的纪律与责任

持卡人必须妥善保管和正确使用其信用卡，否则，应按规定承担因此造成的资金损失。

持卡人使用单位卡发生透支的，由其单位承担透支金额的偿还和支付透支利息的责任。

持卡人办理挂失后，被冒用造成的损失，有关责任人按照信用卡章程的规定承担责任。

持卡人违反规定使用信用卡进行商品交易、套取现金以及出租或转借信用卡的，应按规定承担行政责任。

单位卡持卡人违反《支付结算办法》规定，将基本存款账户以外的存款和销货款收入的款项转入其信用卡账户的；个人卡持卡人违反《支付结算办法》规定，将单位的款项转入其信用卡账户的，应按规定承担行政责任。

特约单位受理信用卡时，应当按照规定的操作程序办理，否则，由其承担因此造成的资金损失。

三、银行结算方式的纪律与责任

付款单位对收款单位托收的款项逾期付款，应按照规定承担赔偿责任；付款单位变更开户银行、账户名称和账号，未能及时通知收款单位，影响收取款项的，应由付款单位承担逾期付款赔偿责任；付款单位提出的无理拒绝付款，对收款单位重办的托收，应承担自第一次托收承付期满日起逾期付款赔偿责任。

单位和个人办理支付结算，未按照《支付结算办法》的规定填写票据或结算凭证或者填写有误，影响资金使用或造成资金损失；票据或印章丢失，造成资金损失的，由其自行负责。

单位和个人违反《支付结算办法》的规定，银行停止其使用有关支付结算工具，因此造成的后果，由单位和个人自行负责。

付款单位到期无款支付，逾期不退回托收承付有关单证的，应按规定承担行政责任。

城乡集体所有制工业企业未经银行批准，擅自办理托收承付结算的，应按规定承担行政责任。

单位和个人违反《人民币银行结算账户管理办法》开立和使用账户的，应按规定承担行政责任。

对单位和个人承担行政责任的处罚，由中国人民银行委托商业银行执行。

收款人或持票人委托的收款银行的责任，限于收到付款人支付的款项后按照票据和结算凭证上记载的事项将票据或结算凭证记载的金额转入收款人或持票人账户。付款人委托的付款银行的责任，限于按照票据和结算凭证上记载事项从付款人账户支付金额。但托收承付结算中的付款人开户银行，应按照托收承付结算方式有关规定承担责任。

四、其他

违反国家法律、法规和未经中国人民银行批准，作为中介机构经营结算业务的；未经中国人民银行批准，开办银行汇票、银行本票、支票、信用卡业务的，应按规定承担行政责任。

违反《支付结算办法》规定擅自印制票据的，应按照《票据管理实施办法》的规定承担行政责任。

邮电部门在传递票据、结算凭证和拍发电报中，因工作差错而发生积压、丢失、错投、错拍、漏拍、重拍等差错，造成结算延误，影响单位、个人和银行资金使用或造成资金损失的，由邮电部门负责。

伪造、变造票据和结算凭证上的签章或其他记载事项的，应当承担民事责任或刑事责任。有利用票据、信用卡、结算凭证欺诈的行为，构成犯罪的，应依法承担刑事责任。情节轻微、不构成犯罪的，应按照规定承担行政责任。

第三章

税收法律制度

学习目标

（一）知识目标

1. 了解税收的概念及其分类。

2. 了解税法及其构成要素。

3. 熟悉税收征管的具体规定，包括税务登记管理、发票的要求、纳税申报及方式、税款征收方式等规定。

4. 掌握增值税、营业税、消费税、企业所得税和个人所得税的相关原理及应纳税额的计算。

5. 掌握营业税改征增值税试点方案的具体政策。

（二）能力目标

1. 掌握税收概述、主要税种、税收征管的主要内容；

2. 掌握发票管理、税务登记、纳税申报的相关规定；

3. 区分不同的税收征收措施与方式；

4. 识别违反税法的行为与责任。

第一节　税 收 概 述

一、税收的概念与分类

（一）税收概念与作用

1. 税收的概念

税收是国家为了满足一般的社会共同需要，凭借政治权力，按照法定标准，强制、无偿取得财政收入的一种分配形式。它体现了国家与纳税人在征税、纳税的利益分配上的一种特殊关系，是一定社会制度下的一种特定分配关系。

2. 税收的作用

（1）税收是国家组织财政收入的主要形式。

税收组织财政收入的作用体现在三个方面：

① 由于税收具有强制性、无偿性和固定性，因此能保证其收入的稳定。

② 税收是按年、按季、按月征收，可进行财力调度，满足日常财政支出。

③ 税收的源泉十分广泛，能从多方面筹集财政收入。

（2）税收是国家调控经济运行的重要手段。

经济决定税收，税收反作用于经济。国家通过税种设置，以及加成征收或减免等手段来影响社会成员的经济利益，改变社会财富的分配状况，对资源配置和社会经济发展产生影响，调节生产、交换、分配和消费，从而达到调控经济运行的目的，促进社会经济健康地发展。

（3）税收具有维护国家政权的作用。

国家政权是税收产生和存在的必要条件，而国家政权的存在又依赖于税收的存在。没有税收，国家机器就不可能有效运转，同时，税收分配不是按照等价原则和所有权原则分配的，而是凭借政治权力对物质利益进行调节，体现国家政权的政治目的。

（4）税收是国际经济交往中维护国家利益的可靠保证。

在国际经济交往中，任何国家对本国境内从事生产经营的外国企业或个人都拥有税收管辖权，这是国家权益的具体体现。随着改革开放、经济全球化进程的进一步深入，国际交流与合作越来越频繁，建立和完善涉外税法，既维护了国家的权益，又为鼓励外商投资，保护国外企业和个人在华合法经营，发展国家间平等互利的经济技术合作提供了可靠的法律保障。

（二）税收的特征

税收特征是税收分配形式区别于其他财政分配形式的质的规定性。税收与其他财政收入形式相比，具有强制性、无偿性和固定性三个特征。这就是所谓的税收"三性"，它是税收本身所固有的。

1. 强制性

国家税务机关依照法律规定直接向纳税人征税，法律的强制力是导致税收的强制性特征的最直接原因。即税收的征收以国家强制力为后盾，纳税与否不以纳税人的意志为征税的条件，纳税人必须依法纳税，否则国家通过法律强制力迫使纳税人履行纳税义务，并追究其相应的法律责任。

2. 无偿性

国家的征税过程就是把纳税人所有的这部分财产（按征税比例）转移给国家所有，形成国家财政收入，不再返还给原纳税人，也不向纳税人支付任何报酬。无偿性是税收的关键特征。无偿性决定了税收是筹集财政收入的主要手段，并成为调节经济和矫正社会分配不公的有力工具。

3. 固定性

税收的固定性指税收是国家通过法律形式预先规定了对什么征税以及征收比例等税制要素，并保持相对的连续性和稳定性。不仅纳税人必须严格依法按时足额申报纳税，而且国家也只能依法定程序和标准征税。税收的固定性特征，是税收区别于罚没、摊派等财政收入形式的重要特征。

税收"三性"是一个完整的统一体，它们相辅相成、缺一不可。其中，无偿性是核心，强制性是保障，固定性是对强制性和无偿性的一种规范和约束。

（三）税收的分类

1. 按征税对象分类，可将全部税收划分为流转税类、所得税类、财产税类、资源税类和行为税类五种类型

（1）流转税。

流转税是以货物或劳务的流转额为征税对象的一类税收。我国现行的增值税、消费税、关税等都属于流转税。

（2）所得税。

所得税也称收益税，是以纳税人的各种所得额为课税对象的一类税收。现阶段，我国所得税主要包括企业所得税、个人所得税等。

（3）财产税。

财产税是以纳税人所拥有或支配的特定财产为征税对象的一类税收。我国现行的房产税、契税、车船税等属于财产税类。

（4）资源税。

资源税是以自然资源和某些社会资源作为征税对象的一类税收。我国现行的资源税、土地增值税和城镇土地使用税等属于此类。

（5）行为税。

行为税也称特定目的税，是指国家为了实现特定目的，以纳税人的某些特定行为作为征税对象的一类税收。车辆购置税、城市维护建设税等属于此类税种。

2. 按征收管理的分工体系分类，可分为工商税类、关税类

（1）工商税类。

工商税类由税务机关负责征收管理，是以工业品、商业零售、交通运输、服务性业务的流转额为征税对象的各种税收的总称，是我国现行税制的主体部分。工商税收的征收范围较广，既涉及社会再生产的各个环节，也涉及生产、流通、分配、消费的各个领域，是筹集国家财政收入、调节宏观经济最主要的税收工具。

（2）关税类。

关税类的税收由海关负责征收管理。关税是对进出境的货物、物品征收的税收的总称，主要是指进出口关税，也包括由海关代征的进口环节增值税、消费税和船舶吨税，以及对入境旅客行李物品和个人邮递物品征收的进口税。

3. 按照税收征收权限和收入支配权限分类，可分为中央税、地方税和中央地方共享税

（1）中央税。

中央税属于中央政府的财政收入，由国家税务总局征收管理，如消费税、关税等为中央税。

（2）地方税。

地方税属于各级地方政府的财政收入，由地方税务局征收管理，如城市维护建设税、城镇土地使用税、土地增值税等为地方税。

（3）中央与地方共享税。

中央与地方共享税属于中央政府和地方政府的共同收入，目前主要由国家税务总局征收管理，如增值税、资源税、证券交易税。增值税中央分享75%，地方分享25%。资源税按不同的资源品种划分，一部分资源税作为地方收入，海洋石油资源税作为中央收入。证券交易税，中央与地方各分享50%。

4. 按计税标准不同，可分为从量税、从价税和复合税

（1）从量税。

从量税是以课税对象的数量（重量、面积、件数）为依据，按固定税额计征的一类税。从量税实行定额税率，有计算简便等优点，如我国现行的资源税、车船税和土地使用税等。

（2）从价税。

从价税是指以课税对象的价格为依据，按一定比例计征的一类税。从价税实行比例税率和累进税率，税收负担比较合理，如我国现行的增值税、关税和各种所得税等。

（3）复合税。

复合税是对某一货物或物品既征收从价税，又征收从量税，即采用从价税和从量税同时征收的一种方法，如我国现行的消费税中对卷烟、白酒等征收的消费税。

二、税法及其构成要素

（一）税法的概念

税法是调整税收关系的法律规范，是国家最高权力机关或其授权的行政机关制定的有关调整国家在筹集财政资金方面形成的税收关系的法律规范的总称。它是国家依法征税、纳税人依法纳税的行为准则，其目的是保障国家利益和纳税人的合法权益，维护正常的税收秩序，保证国家财政收入，是实现依法治税的前提和保证。

税收与税法存在着密切的联系，税法是税收的法律表现形式，税收则是税法所确定的具体内容。税收是国家为了行使其职能而取得财政收入的一种方式，简洁地说，就是国家凭借其权力，利用税收工具的强制性、无偿性、固定性特征，参与社会产品和国民收入分配的法律规范的总称。因此，税收属于经济学概念，税法属于法学概念。国家和社会对税收收入与税收活动的客观需要，决定了与税收相对应的税法的存在；而税法则对税收的有序进行和税收目的的有效实现起着重要的法律保障作用。

（二）税法的分类

按税法的立法目的、征税对象、权限划分、适用范围、功能作用的不同，可对税法作出不同的分类。

1. 按照税法的功能作用的不同，将税法分为税收实体法和税收程序法

（1）税收实体法是规定税收法律关系主体的实体权利、义务的法律规范的总称。税收实体法具体规定了各种税种的征收对象、征收范围、税目、税率等。如《中华人民共和国企业所得税法》（以下简称《企业所得税法》）、《中华人民共和国个人所得税法》（以下简称《个人所得税法》）就属于实体法。

（2）税收程序法是税务管理方面的法律规范，主要包括税收管理法、纳税程序法、发票管理法、税务机关组织法、税务争议处理法等。如《中华人民共和国税收征收管理法》（以下简称《税收征收管理法》）、《中华人民共和国海关法》、《中华人民共和国进出口关税条例》就属于税收程序法。

2. 按照主权国家行使税收管辖权不同，将税法分为国内税法、国际税法、外国税法

（1）国内税法是指一国在其税收管辖权范围内，调整国家与纳税人之间权利义务关系的法律规范的总称，是由国家立法机关和经由授权或依法律规定的国家行政机关制定的法律、法规和规范性文件。

（2）国际税法是指两个或两个以上的课税主体对纳税人的跨国所得或财产征税形成的分配关系，并由此形成国与国之间的税收分配形式，主要包括双边或多边国家间的税收协定、条约和国际惯例。

（3）外国税法是指外国各个国家制定的税收法律制度。

3. 按照税法法律级次不同，将税法分为税收法律、税收行政法规、税收规章和税收规范性文件

（1）税收法律（狭义的说法），由全国人民代表大会及其常务委员会制定，如《企业所得税法》、《个人所得税法》、《税收征收管理法》等。

（2）税收行政法规，由国务院制定的有关税收方面的行政法规和规范性文件，税收行政法规的法律地位和法律效力低于宪法和税收法律。目前我国的税收行政法规主要有《个人所得税法实施细则》、《税收征收管理法实施细则》、《增值税暂行条例》等。

（3）税收规章和税收规范性文件，是指由国务院财税主管部门（财政部、国家税务总局、海关总署和国务院关税税则委员会）根据法律和国务院行政法规或者规范性文件的要求，在本部门权限范围内发布的有关税收事项的规章和规范性文件，包括命令、通知、公告、通告、批复、意见、函等文件形式。如财政部颁布的《增值税暂行条例实施细则》、国家税务总局颁布的《税务代理试行办法》等。

（三）税法的构成要素

税法的构成要素，是指各种单行税法具有的共同的基本要素的总称。一般包括征税人、纳税义务人、征税对象、税目、税率、计税依据、纳税环节、纳税期限、纳税地点、减免税和法律责任等项目。其中，纳税义务人、征税对象、税率是构成税法的三个最基本的要素。仅为某一税法所单独具有而非普遍性的内容，不构成税法要素，如扣缴义务人。

1. 征税人

征税人是代表国家行使征税权的各级税务机关和其他征税机关。包括各级税务机关、财政机关和海关。征税人可能因税种的不同而有所不同。判断和认定某一主体是否为征税人，主要应看其行使的权利和实施的行为的性质。

2. 纳税义务人

纳税义务人简称纳税人，是指税法规定的直接负有纳税义务的自然人、法人或其他组织，也称纳税主体。税法中规定的纳税人有自然人和法人两种最基本的形式，按照不同的目的和标准，还可以对自然人和法人进行多种详细的分类。

在实际纳税过程中，与纳税义务人相关的概念有负税人、代扣代缴义务人。纳税人与负税人是两个既有联系又有区别的概念。负税人是经济学中的概念，即税收的实际负担者；而纳税人是法律用语，即依法缴纳税收的人。纳税人如果能够通过一定途径把税款转嫁或转移出去，纳税人就不再是负税人，否则纳税人同时也是负税人。代扣代缴义务人是指有义务从持有的纳税人收入中扣除其应纳税款并代为缴纳的企业、单位和个人。

3. 征税对象

征税对象，又称征税客体、课税对象，是税法规定的征税针对的目的物，即对什么征税。征税对象包括物或行为。征税对象是税法的最基本要素，是各个税种之间相互区别的根本标志，不同的征税对象构成不同的税种。征税对象按其性质不同，通常可以划分为流转额、所得额、财产、资源、特定行为五大类，也因此将税收分为相应的五大类，即流转税、所得税、财产税、资源税和特定行为税。

4. 税目

税目是征税对象的具体化，是各个税种所规定的具体征税项目。规定税目的主要目的是明确征税的范围和对不同的征税项目加以区分，从而制定高低不同的税率。并非所有税种都需要规定税目，有些税种不分课税对象的具体项目，一律按照课税对象的应税数额采用同一税率计征税款，如企业所得税；有些税种具体课税对象比较复杂，需要规定税目，如消费税。

5. 税率

税率是指应纳税额与对征税对象的比例或征收额度。税率是计算税额的尺度，反映了征税的深度。在征税对象既定的情况下，税率的高低直接影响到国家财政收入的多少和纳税人税收负担的轻重，反映了国家与纳税人之间的利益分配关系。因此，税率是税法的核心要素，也是衡量税负轻重与否的重要标志。

我国现行税率有三种基本形式，即比例税率、定额税率和累进税率，如表 3-1 所示。

表 3-1 税率的三种形式

项目	比例税率	定额税率	累进税率
含义	比例税率是指对同一征税对象，不论数额大小，都按同一比例税率征税。比例税率又包括单一比例税率、差别比例税率、幅度比例税率 单一比例税率，即对同一征税对象的所有纳税人都适用同一比例税率，如城市维护建设税；差别比例税率，即对同一征税对象的不同纳税人适用不同的比例征税，如增值税；幅度比例税率，即税法只规定一个具有下限的幅度税率，具体税率授权地方根据本地实际情况在该幅度内予以确定，如契税	又称固定税率。定额税率是按征税对象的计量单位，直接规定一个固定的税额，所以又称固定税额。它是当征税对象为实物时使用的税率，是适用于从量计征的税种。通常对那些价格稳定，质量和规格标准比较统一的商品征税	累进税率是随税基的增加而按其级距提高的税率，就是按征税对象数额的大小划分若干等级，每个等级由低到高规定相应的税率，征税对象数额越大，税率越高；数额越小，税率越低；一般适用于对所得和财产征税。有全额累进税率、超额累进税率、超率累进税率和超倍累进税率四种形式

续表

项目	比例税率	定额税率	累进税率
适用税种举例	我国的增值税、城市维护建设税、企业所得税等采用的是比例税率	目前采用定额税率的有资源税、城镇土地使用税、车船税等	我国现行税法体系采用的累进税率形式只有超额累进税率和超率累进税率；对个人所得税实行超额累进税率。对土地增值税实行超率累进税率
税率举例	增值税基本税率为17%，企业所得税基本税率为25%	我国城市城镇土地使用税税率为每平方米年税额1.5～30元	现行的工资、薪金所得个人所得适用七级超额累进税率，税率为3%～45%

6. 计税依据

计税依据又称计税标准、课税依据、课税基数、征税基数或税基，是计算应纳税额所依据的标准。计税依据的数额与应纳税额成正比，计税依据的数额越多，应纳税额也越多。它所解决的是在确定了征税对象之后如何计量的问题，分为以下三种类型：从价计征、从量计征和复合计征。

（1）从价计征，以征税对象的价值量（如销售额）作为计税依据，其价值量为自然实物量与单位价格的乘积。

$$应纳税额 = 销售额 \times 比例税率$$

（2）从量计征，以征税对象的自然实物量作为计税依据，该项实物量以税法规定的计量标准（重量、体积、面积等）计算。

计算公式为：

$$应纳税额 = 计税数量 \times 定额税率$$

【例3-1】 某公司在大城市，占地面积为4万平方米，该公司就其占地面积要缴纳城镇土地使用税，计税依据为4万平方米，当地政府规定的城镇土地使用税税率为每平方米年税额20元，则该公司每年应纳城镇土地使用税税额 = 4 × 20 = 80（万元）。

（3）复合计征，指既根据征税对象的实物量又根据其价值量征税，消费税中的卷烟、白酒实行复合计税办法，其计税依据为销售额和销售数量。

计算公式为：

$$应纳税额 = 销售额 \times 比例税率 + 销售数量 \times 定额税率$$

【例3-2】 某酒厂生产白酒，2016年7月销售白酒40吨，取得销售收入200万元，白酒属于消费税的征税范围，白酒消费税的税率规定是"比例税率为20%，定额税率为0.5元/500g"，因此，该酒厂7月应缴纳消费税税额 = 200 × 20% + 40 × 2000 × 0.5/10000 = 44（万元）。

除了一些特殊性质的税种外，绝大多数的税种都采取从价计征。

7. 纳税环节

纳税环节是指税法规定的征税对象在从生产到消费的流转过程中应当缴纳税款的环节。纳税环节一般是根据有利于生产、有利于商品流通、便于征收管理和保证财政收入等原则确定的。按照纳税环节的多少，可将税收课征制度划分为两类，即一次课征制和多次课征制。

8. 纳税期限

纳税期限是指税法规定的纳税主体向税务机关缴纳税款的时间期限。纳税期限基本上分为两种：按期纳税和按次纳税。纳税期限是税法的强制性在时间上的体现，合理确定和严格执行纳税期限，对于财政收入的稳定增长和及时入库起着重要的作用。不同性质的税种以及不同情况的纳税人，其纳税期限也不相同。

9. 纳税地点

纳税地点是指纳税人按照税法的规定向税务机关申报缴纳税款的具体地点。主要是指根据各个税种纳税对象的纳税环节和有利于对税款的源泉控制而规定的纳税人（包括代征、代收、代缴义务人）的具体纳税地点。

10. 减免税

减免税是国家对某些纳税人或征税对象给予鼓励和照顾的一种特别规定。它把税收的统一性和必要的灵活性结合起来，体现因地制宜和因事制宜的原则，能更好地贯彻税收政策。

（1）减税和免税。主要是对某些纳税人或征税对象采取减少征税或者免予征税的特殊规定。减税是对应征税款减征一部分；免税是对应征税款全部予以免征。

（2）起征点。又称"征税起点"或"起税点"，是指对征税对象开始征税的起点数额。起征点是税法规定的征税对象达到开始征税数额的界限，征税对象的数额未达到起征点的，不征税；达到或超过起征点的，则就其全部数额征税。

（3）免征额。免征额是税法规定的征税对象全部数额中免予征税的数额，免征额的部分不征税，只就其超过免征额的部分征税，是对所有纳税人的照顾。

起征点与免征额的比较：当征税对象的数额小于起征点和免征额时，都不予征税；当征税对象的数额大于起征点时，要对征税对象的全部数额征税；当征税对象的数额大于免征额时，仅对征税对象超过免征额的部分征税。

11. 法律责任

法律责任主要是指对纳税人违反税法的行为采取的处罚措施。因违反税法而承担的法律责任包括行政责任和刑事责任。纳税人和税务人员违反税法规定，都将依法承担法律责任。

第二节　主要税种

一、增值税

（一）增值税的概念与分类

1. 增值税的概念

增值税是以商品（含应税劳务）在流转过程中产生的增值额作为计税依据而征收的一种流转税。按照《增值税暂行条例》的规定，增值税是对在我国境内销售货物或者提供加工、修理修配劳务以及进口货物的企业和个人，就其货物销售或提供劳务的增值额和货物进口金额为计税依据而课征的一种流转税。

2. 增值税的分类

按照外购固定资产处理方式的不同，可以将增值税分为生产型增值税、收入型增值税和消费型增值税三种类型。

（1）生产型增值税，是指在计算增值税应纳税额时，只允许从当期销项税额中扣除原材料等劳动对象的已纳税款，而不允许扣除任何外购的固定资产所含税款。（我国自1994年1月1日至2008年12月31日采用的是生产型增值税）

（2）收入型增值税，是指在计算增值税应纳税额时，对于纳税人购置的用于生产、经营的固定资产，只允许扣除计入当期产品价值的折旧费部分所含税款。

（3）消费型增值税，是指在计算增值税应纳税额时，允许纳税人将当期购置的固定资产价值中所含的税款，在购置当期全部一次扣除。（我国从2009年1月1日起执行）

【例3-3】（单选题）按照对外购固定资产价值的处理方式，可以将增值税划分为不同类型，自2009年1月1日起，我国的增值税实行的是（　　）。

A. 消费型增值税　　　　　　　　B. 生产型增值税
C. 收入型增值税　　　　　　　　D. 费用型增值税

（二）增值税的征税范围

1. 征税范围的基本规定

（1）销售或者进口货物。

销售货物是指通常情况下，在中国境内有偿转让货物的所有权。货物是指除土地、房屋和其他建筑物等不动产之外的有形动产，包括电力、热力、气体在内；有偿，是指从购买方取得货币、货物或者其他经济利益。进口货物，是指进入中国境内的货物。对于进口货物，除依法征收关税外，还应在进口环节征收增值税。

（2）提供加工和修理修配劳务。

加工是指受托加工货物，即委托方提供原料及主要材料，受托方按照委托方的要求制造货物并收取加工费的业务。修理修配是指受托方对损伤和丧失功能的货物进行修复，使其恢复原状和功能的业务。

提供加工、修理修配劳务是指有偿提供加工、修理修配劳务，但单位或个体工商户聘用的员工为本单位或雇主提供加工、修理修配劳务不包括在内。

（3）提供应税服务。

应税服务是指陆路运输服务、水路运输服务、航空运输服务、管道运输服务、研发和技术服务、信息技术服务、文化创意服务、物流辅助服务、有形动产租赁服务、鉴证咨询服务、广播影视服务。

在中华人民共和国境内提供应税服务是指应税服务提供方或接受方在境内。下列情形不属于在境内提供应税服务：

① 境外单位或个人向境内单位或者个人提供完全在境外消费的应税服务；

② 境外单位或个人向境内单位或者个人出租完全在境外使用的有形动产；

③ 财政部的国家税务总局规定的其他情形。

2. 应税服务的具体内容

（1）交通运输业。

交通运输业是指使用运输工具将货物或者旅客送达目的地，使其空间位置得到转移的业务活动，包括陆路运输服务、水路运输服务、航空运输服务和管道运输服务。

① 陆路运输服务，是指通过陆路（地上或地下）运送货物或旅客的运输业务活动，包括铁路、公路、缆车、索道、地铁、城市轨道、出租车等运输服务。出租车公司向使用本公司自有出租车的出租车司机收取的管理费用，按陆路运输服务征收增值税。

② 水路运输服务，是指通过江、河、湖、川等天然、人工水道或者海洋航道运送货物

或旅客的运输业务活动。远洋运输的程租、期租业务,属于水路运输服务。

程租业务是指远洋运输企业为租船人完成某一特定航次运输任务并收取租赁费的业务。

期租业务是指远洋运输企业将配备有操作人员的船舶承租给他人使用一定期限,承租期内听候承租方调遣,不论是否经营,均按天向承租方收取租赁费,发生的固定费用均由船东负担的业务。

③ 航空运输服务,是指通过空中航线运送货物或旅客的运输业务活动。航空运输的湿租业务、航天运输属于航空运输服务。

湿租业务是指航空运输企业将配备有机组人员的飞机承租给他人使用一定的期限,承租期内听候承租方调遣,不论是否经营,均按一定标准向承租方收取租赁费,发生的固定费用均由承租方承担的业务。

④ 管道运输服务,是指通过管道设施输送气体、液体、固体物质的运输业务活动。

(2)邮政业。

邮政业是指中国邮政集团公司及其所属邮政行业提供邮件寄递、邮政汇兑、机要通信和邮政代理等邮政基本服务的业务活动。包括:

① 邮政普遍服务函件、包裹等邮件寄递,以及邮票发行、报刊发行和邮政汇兑等业务活动;

② 邮政特殊服务,如义务兵平常信函、机要通信、盲人读物和革命烈士遗物的寄递等业务活动;

③ 其他邮政邮册等邮品销售、邮政代理等活动。

(3)电信业。

电信业是指基础电信服务利用固网、移动网、互联网提供语音通话服务及出租出售宽带、波长等网络元素增值电信服务,提供短信、电子数据和信息传输及应用服务、互联网接入服务等。

(4)建筑业,具体包括:

① 工程服务。新建、改建各种建筑物、构筑物的工程作业。

② 安装服务。包括固话、有线电视、宽带、水 、电、燃气、暖气等经营者向用户收取的安装费、初装费、开户费、扩容费以及类似收费。

③ 修缮服务。对建筑物进行修补、加固、养护、改善。

④ 装饰服务。修饰装修,使之美观或具有特定用途的工程。

⑤ 其他建筑服务。如钻井(打井)、拆除建筑物、平整土地、园林绿化等。

(5)金融服务,具体包括:

① 贷款服务。各种占用、拆借资金取得的收入,以及融资性售后回租、罚息、票据贴现、转贷等业务取得的利息。

② 直接收费金融服务。包括提供信用卡、基金管理、金融交易场所管理、资金结算、资金清算等。

③ 保险服务。包括人身保险服务和财产保险服务。

④ 金融商品转让。包括转让外汇、有价证券、非货物期货和其他金融商品所有权的业务活动。

(6)现代服务业。

现代服务业是指围绕制造业、文化产业、现代物流产业等提供技术性、知识性服务的业务活动。具体包括:

　　① 研发和技术服务。包括研发服务、合同能源管理服务、工程勘察勘探服务、专业技术服务（如气象服务、地震服务、海洋服务、测绘服务、城市规划、环境与生态监测服务等专项技术服务）。

　　② 信息技术服务。包括软件服务、电路设计及测试服务、信息系统服务、业务流程管理服务。

　　③ 文化创意服务。包括设计服务、知识产权服务、广告服务和会议展览服务。

　　④ 物流辅助服务。包括航空服务、港口码头服务、货运客运场站服务、打捞救助服务、装卸搬运服务、仓储服务、收派服务。

　　⑤ 租赁服务。包括有形动产和不动产的融资租赁和经营性租赁，其中，经营性租赁包括以下几种：

　　a. 远洋运输的光租业务、航空运输的干租业务；

　　b. 将不动产或飞机、车辆等动产的广告位出租给其他单位或个人用于发布广告；

　　c. 车辆停放服务、道路通行服务（包括过路费、过桥费、过闸费等）。

　　⑥ 鉴证咨询服务。包括认证服务、鉴证服务和咨询服务。

　　如会计税务法律鉴证、工程监理、资产评估、环境评估、房地产土地评估、建筑图纸审核、医疗事故鉴定等。

　　⑦ 广播影视服务。包括广播影视节目（作品）的制作服务、发行服务、播映（含放映）服务。

　　⑧ 商务辅助服务。包括企业管理服务、经纪代理服务、人力资源服务、安全保护服务。如金融代理、知识产权代理、货物运输代理、代理报关、法律代理、房地产中介、婚姻中介、代理记账、拍卖等。

　　⑨ 其他。

　　（7）生活服务业。具体包括：

　　① 文化体育服务。包括文艺表演、比赛、档案馆的档案管理、文物及非物质遗产保护、提供游览场所等。

　　② 教育医疗服务。教育服务是指提供学历教育服务、非学历教育服务、教育辅助服务的业务活动。

　　③ 旅游娱乐服务。

　　④ 餐饮住宿服务。

　　⑤ 居民日常服务。包括市容市政管理、家政、婚庆、养老、殡葬、护理、美容美发、按摩、桑拿、沐浴、洗染、摄影扩印等服务。

　　⑥ 其他。

3. 销售无形资产

　　销售无形资产是指转让无形资产所有权或者使用权的业务活动。主要包括：

　　（1）技术、商标、著作权、商誉、自然资源使用权和其他权益性无形资产。

　　（2）其他权益性无形资产，包括基础设施资产经营权、公共事业特许权、配额、经营权（包括特许经营权、连锁经营权、其他经营权）、经销权、分销权、代理权、网络游戏虚拟道具、域名、肖像权、冠名权、转会费等。

4. 销售不动产

　　销售不动产是指转让不动产所有权的业务活动。另外，在转让建筑物或者构筑物时一并转让其所占土地的使用权的，按照销售不动产缴纳增值税。

5. 进口货物

进口货物是指申报进入我国海关境内的货物。

6. 征收范围的特殊规定

（1）视同销售货物。

单位或个体经营者的下列行为，视同销售货物：

① 将货物交付其他单位或者个人代销；

② 销售代销货物；

③ 设有两个以上机构并实行统一核算的纳税人，将货物从一个机构移送其他机构用于销售，但相关机构设在同一县（市）的除外；

④ 将自产或者委托加工的货物用于非增值税应税项目；

⑤ 将自产、委托加工的货物用于集体福利或者个人消费；

⑥ 将自产、委托加工或者购进的货物作为投资，提供给其他单位或者个体工商户；

⑦ 将自产、委托加工或者购进的货物分配给股东或者投资者；

⑧ 将自产、委托加工或者购进的货物无偿赠送其他单位或者个人。

（2）视同提供应税服务。

单位或个体工商户的下列情形，视同提供应税服务：

① 向其他单位或个人无偿提供交通运输业和现代服务业服务，但以公益活动为目的或者以社会公众为对象的除外；

② 财政部和国家税务总局规定的其他情形。

（3）混合销售。

混合销售是指一项销售行为既涉及货物销售又涉及提供非增值税应税劳务的行为。

除销售自产货物并同时提供建筑业劳务的行为或财政部、国家税务总局规定的其他情形外，从事货物的生产、批发或者零售的单位和个体工商户的混合销售行为，按照销售货物缴纳增值税；其他单位和个体工商户的混合销售行为，按照销售服务缴纳增值税。

（4）兼营非应税劳务。

兼营非应税劳务指纳税人的经营范围既包括销售货物和加工修理修配劳务，又包括销售服务、无形资产或者不动产。但是，销售货物、加工修理修配劳务、服务、无形资产或者不动产不同时发生在同一购买者身上，也不发生在同一项销售行为中。

纳税人兼营非增值税应税项目，应分别核算货物或应税劳务适用不同税率或者征收率的销售额；分别核算销售额的，从高税率或征收率征税。

【小结】

比较混合、兼营行为的税务处理

行为区别：税务处理混合销售，强调在同一项销售行为中存在着两类经营项目的混合，有从属关系，按"经营主业"缴纳增值税。兼营强调在同一纳税人存在两类经营项目，但不是发生在同一销售行为中，无从属关系，按"核算水平"分别核算，按增值税适用税率；否则从高征税。

（5）混业经营。

纳税人兼有不同税率或者征收率的销售货物，提供加工、修理修配劳务或者应税服务的，应当分别核算适用不同税率或征收率的销售额，未分别核算销售额的，从高适用税率或征收率。

（三）增值税的纳税人

增值税的纳税人是指税法规定负有缴纳增值税义务的单位和个人。在我国境内销售、进口货物或者提供加工、修理修配劳务以及应税服务的单位和个人，为增值税的纳税人。按照经营规模的大小和会计信息健全与否等标准，增值税纳税人可分为一般纳税人和小规模纳税人。

单位是指企业、行政单位、事业单位、军事单位、社会团体及其他单位。个人是指个体工商户和其他个人。

单位以承包、承租挂靠方式经营的，承包人、承租人、挂靠人（以下简称承包人）发生应税行为。承包人以发包人、出租人、被挂靠人名义对外经营并由发包人承担相关法律责任的，以发包人为纳税人；否则以承包人为纳税人。

（一）一般纳税人

1. 定义

一般纳税人是指年应征增值税销售额（以下简称"年应税销售额"）超过《增值税暂行条例实施细则》规定的小规模纳税人标准的企业和企业性单位。一般纳税人的特点是增值税进项税额可以抵扣销项税额。

2. 下列纳税人不属于一般纳税人

（1）年应税销售额未超过小规模纳税人标准的企业。

（2）除个体经营者以外的其他个人。

（3）选择按照小规模纳税人纳税的非企业性单位。

（4）不经常发生增值税应税行为的企业。

（5）应税服务年销售额超过规定标准的其他个人。

经税务机关审核认定的一般纳税人，可按《增值税暂行条例实施细则》第四条的规定计算应纳税额，并使用增值税专用发票。纳税人符合一般纳税人条件但并没有向其机构所在地主管税务机关申请一般纳税人资格认定，纳税人销售额超过小规模纳税人标准，未申请办理一般纳税人认定手续的，应按销售额依照增值税税率计算应纳税额，不得抵扣进项税额，不得使用增值税发票。

（二）小规模纳税人

1. 定义

小规模纳税人是指年销售额在规定标准下，并且会计核算不健全，不能按规定报关有关税务资料的增值税纳税人。

2. 小规模纳税人的认定标准

（1）从事货物生产或者提供应税劳务的纳税人，以及以从事货物生产或者提供应税劳务为主，并兼营货物批发或者零售的纳税人，年应征增值税销售额在 50 万元以下（含本数，下同）的；"以从事货物生产或者提供应税劳务为主"是指纳税人的年货物生产或提供应税劳务的销售额占全年应税销售额的比重在 50% 以上。

（2）除（1）规定以外的纳税人，年应税销售额在 80 万元以下的。

（3）对提供应税服务的，年销售额未超过 500 万元的。

（4）年应税销售额超过小规模纳税人标准的其他个人（自然人）按小规模纳税人纳税。

（5）非企业性单位、不经常发生应税行为的企业可以自行选择是否按小规模纳税人纳税。

小规模纳税人会计核算健全，能够提供准确税务资料的，可以向主管税务机关申请一般纳税人资格认定，成为一般纳税人。

除国家税务总局另有规定外，一经认定为一般纳税人后，不得转为小规模纳税人。

（四）增值税的扣缴义务人

中华人民共和国境外（以下简称境外）的单位或个人在境内提供应税服务，在境内未设有经营机构的，以其代理人为增值税扣缴义务人，在境内没有代理人的，以接受方为增值税扣缴义务人。

境外单位或个人在境内提供应税服务，在境内未设有经营机构的，扣缴义务人按照下列公式计算应扣缴税额：

$$应扣缴税额 = 接受方支付的价款 \div (1 + 税率) \times 税率$$

（五）增值税税率

目前我国增值税税率包括：

1. 基本税率

增值税的基本税率为 17%。

2. 低税率

除基本税率以外，下列货物（服务）按低税率计征增值税：

（1）下列货物按照 11% 的低税率征收增值税①：

① 粮食、食用植物油；

② 自来水、暖气、冷水、热水；煤气、石油液化气、天然气、沼气、居民用煤炭制品；

③ 图书、报纸、杂志；

④ 饲料、化肥、农药、农机、农膜；

⑤ 国务院规定的其他货物；

（2）下列应税服务按照低税率征收增值税：

① 提供交通运输服务、邮政服务、基础电信服务、建筑服务、不动产租赁服务，销售不动产，转让土地使用权，税率为 11%；

② 提供现代服务（有形动产租赁服务除外）、增值电信服务、金融服务、生活服务、销售无形资产（转让土地使用权除外），税率为 6%。

3. 零税率

（1）纳税人出口货物，税率为零，国务院另有规定的除外。

（2）单位和个人提供的国际运输服务，向境外单位提供的研发服务和设计服务以及财政部和国家税务总局规定的其他应税服务，税率为零。

4. 征收率

（1）自 2009 年 1 月 1 日起，对小规模纳税人不划分行业和类别，采用简易征收办法，征收率为 3%；小规模纳税人销售自己使用过的固定资产减按 2% 征收率；销售自己使用过的其他物品征收率为 3%。

---

① http://www.chinatax.gov.cn//n810341/n810755/c2590976/content.html.

（2）一般纳税人采用简易办法征收增值税。

① 一般纳税人采用简易办法征收率为 3%；

② 销售自己使用过的、未抵扣进项税额的固定资产，减按 2% 征收率；

③ 自 2016 年 5 月 1 日起，销售、出租其 2016 年 4 月 30 日前取得的不动产、房企销售的老项目，可以选择适用简易计税方法，依 5% 征收率计算应纳税额。

纳税人提供不同税率或者征收率的应税服务，应当分别核算适用不同税率或者征收率的销售额；未分别核算的，从高适用税率。

（六）增值税一般纳税人应纳税额的计算

我国增值税实行扣税法。一般纳税人凭增值税专用发票及其他合法扣税凭证注明税款进行抵扣，增值税纳税人的应纳税额，等于当期的销项税额抵扣当期进项税额后的余额。其计算公式为：

应纳税额 = 当期销项税额 − 当期进项税额 = 当期销售额 × 适用税率 − 当期进项税额

1. 销售额

销售额是指纳税人销售货物、提供应税劳务或服务，从购买方或承受应税劳务方或服务方收取的全部价款和一切价外费用，但是不包括向购买方收取的销项税额以及代为收取的政府性基金或者行政事业性收费。如果销售货物是消费税应税产品或者进口产品，则全部价款中包括消费税或关税。

为了符合增值税作为价外税的要求，一般纳税人销售货物或应税劳务取得的含税销售额，在计算销项税额时，必须将其换算为不含税的销售额。对于一般纳税人销售货物或应税劳务，采用销售额和销项税合并定价的，采用下列公式计算销售额：

不含税销售额 = 含税销售额 ÷（1 + 增值税税率）

销售额以人民币计算，纳税人按照人民币以外的货币结算销售额的，应当折合成人民币计算，折合率可以选择销售额发生的当天或者当月 1 日的人民币汇率中间价。纳税人应当在事先确定采用何种折合率，确定后 12 个月内不得变更。

2. 销项税额

销项税额是纳税人销售货物或者提供应税劳务，按销售额或提供应税劳务收入和规定的税率计算并向购买方收取的增值税税额。销项税额的计算公式为：

销项税额 = 销售额 × 适用税率

纳税人提供应税服务的价格明显偏低或者偏高，且不具有合理商业目的的，或者发生视同销售货物以及提供应税服务行为而无销售额的，主管税务机关有权按照下列顺序确定销售额：

（1）按纳税人最近时期提供同类货物或服务的平均销售价格确定。

（2）按其他纳税人最近时期同类货物或服务的平均销售价格确定。

（3）按组成计税价格确定。组成计税价格的公式为：

组成计税价格 = 成本 ×（1 + 成本利润率）

成本利润率由国家税务总局规定。

3. 进项税额

进项税额是指纳税人购进货物或接受应税劳务或服务所支付或负担的增值税额。增值税的核心就是纳税人收取的销项税额抵扣其支付的进项税额，其余额为纳税人实际缴纳的增值税额。

（1）准予从销项税额中抵扣的进项税额。

① 从销售方或者提供方取得的增值税专用发票上（含货物运输业增值税专用发票、税控机动车销售统一发票，下同）注明的增值税额；

② 从海关取得的完税凭证上注明的增值税额；

③ 接受境外单位或者个人提供的应税服务，从税务机关或者境内代理人处取得的解缴税款的中华人民共和国税收缴款凭证（以下称税收缴款凭证）上注明的增值税额；

④ 购进的（免税）农产品，除取得增值税专用发票或者海关进口增值税专用缴款书外，按照农产品收购发票或者销售发票上注明的农产品买价（含烟叶税）和11%的扣除率计算的进项税额；

$$进项税额 = 买价 \times 扣除率$$

⑤ 增值税一般纳税人接受运输服务，按照运输费用结算单据上注明的税费准予扣除。

运输费用金额是指运输费用结算单据上注明的运输费用、建设基金，不包括随同运费支付的装卸费、保险费等其他杂费。

（2）不得从销项税额中抵扣的进项税额。

① 非正常损失的购进货物及相关的加工修理修配劳务和交通运输业服务。

② 非正常损失的在产品、产成品所耗用的购进货物（不包括固定资产）、加工修理修配劳务或者交通运输业服务。

非正常损失，是指因管理不善造成被盗、丢失、霉烂变质的损失，以及被执法部门依法没收或者强令自行销毁的货物。

③ 用于适用简易计税方法计税项目、非增值税应税项目、免征增值税项目、集体福利或者个人消费的购进货物、接受加工修理修配劳务或者应税服务；其中涉及的固定资产、专利技术、非专利技术、商誉、商标、著作权、有形动产租赁，仅指专用于上述项目的固定资产、专利技术、非专利技术、商誉、商标、著作权、有形动产租赁。

非增值税应税项目，是指非增值税应税劳务、转让无形资产（专利技术、非专利技术、商誉、商标、著作权除外）、销售不动产以及不动产在建工程。

非增值税应税劳务是指《应税服务范围注释》所列项目以外的营业税应税劳务。

不动产是指不能移动或者移动后会引起性质、形状改变的财产，包括建筑物、构筑物和其他土地附着物。纳税人新建、改建、扩建、修缮、装饰不动产，均属于不动产在建工程。以建筑物或者构筑物为载体的附属设备和配套设施，无论在会计处理上是否单独记账与核算，均应作为建筑物或者构筑物的组成部分，其进项税额不得在销项税额中抵扣。附属设备和配套设施是指：给排水、采暖、卫生、通风、照明、通信、煤气、消防、中央空调、电梯、电器、智能化楼宇设备和配套设施。

个人消费，包括纳税人的交际应酬消费。

④ 接受的旅客运输服务；

⑤ 纳税人取得的增值税扣税凭证不符合法律、行政法规或者国务院税务主管部门有关规定的进项税额不得从销项税额中抵扣。

增值税扣税凭证是指增值税专用发票、海关进口增值税专用缴款书、农产品收购发票、农产品销售发票、运输费用结算单据和税收缴款凭证。

（七）增值税小规模纳税人应纳税额的计算

小规模纳税人销售货物、提供应税劳务或服务，实行按照销售额和征收率计算应纳税额的简易办法，并不得抵扣进项税额。其应纳税额计算公式为：

$$应纳税额 = 销售额 × 征收率$$

简易计税方法的销售额不包括其应纳税额，纳税人采用销售额和应纳税额合并定价方法的，按照下列公式计算销售额：

$$销售额 = 含税销售额 ÷ (1 + 征收率)$$

一般纳税人提供财政部和国家税务总局规定的特定应税服务，可以选择使用简易计税方法计税，但一经选定，36 个月内不得变更。

（八）增值税的征收管理

1. 纳税义务的发生时间

（1）采取直接收款方式销售货物，不论货物是否发出，均为收到销售额或取得索取销售额的凭据的当天。先开具发票的，为开具发票的当天。纳税人提供应税服务的，为收讫销售款或者取得销售款项凭据的当天；先开具发票的，为开具发票的当天。

收讫销售款项是指纳税人提供应税服务过程中或者完成后收到款项。

取得销售款项凭据的当天，是指书面合同确定的付款日期；未签订书面合同或者书面合同未确定付款日期的，为应税服务完成的当天。

（2）采取托收承付和委托银行收款方式销售货物，为发出货物并办妥托收手续的当天。

（3）采取赊销和分期收款方式销售货物，为书面合同约定的收款日期的当天。无书面合同或合同没有收款日期，为发出货物当天。

（4）采取预收货款方式销售货物，为货物发出的当天。但生产销售、生产工期超过 12 个月的大型机械设备、船舶、飞机等货物，为收到预收款或者书面合同约定的收款日期的当天。

（5）委托其他纳税人代销货物，为收到代销单位销售的代销清单或收到全部或部分货款的当天；未收到代销清单及货款的，其纳税义务发生时间为发出代销商品满 180 天的当天。

（6）销售应税劳务，为提供劳务同时收讫销售款或者取得索取销售款的凭据的当天。

（7）纳税人发生视同销售货物行为，为货物移送的当天。纳税人发生视同提供应税服务的行为的，其纳税义务发生时间为应税服务完成的当天。

（8）纳税人提供建筑服务、租赁服务采取预收款方式的，其纳税义务发生时间为收到预收款的当天。

（9）纳税人发生视同销售服务、无形资产或者不动产情形的，其纳税义务发生时间为服务、无形资产转让完成的当天或者不动产权属变更的当天。

2. 纳税期限

增值税的纳税期限分别为 1 日、3 日、5 日、10 日、15 日、1 个月或者 1 个季度。具体纳税期限，由主管税务机关根据纳税人应纳税额的大小分别核定。纳税人以 1 个月或 1 个季度为 1 个纳税期的，自纳税期满之日起 15 日内申报纳税；以 1 日、3 日、5 日、10 日或者 15 日为 1 个纳税期的，自期满之日起 5 日内预缴税款，于次月 1 日起 15 日内申报纳税并结清上月应纳税款。

增值税纳税人提供应税劳务的纳税期限分别为 1 日、3 日、5 日、10 日、15 日、1 个月或者 1 个季度。具体纳税期限，由主管税务机关根据纳税人应纳税额的大小分别核定。以 1 个季度为纳税期限的规定用于小规模纳税人以及财政部和国家税务总局规定的其他纳税人。不能按照固定期限纳税的，可以按次纳税。纳税人以 1 个月或 1 个季度为 1 个纳税期的，自期满之日起 15 日内申报纳税；以 1 日、3 日、5 日、10 日或者 15 日为 1 个纳税期的，自期满之日起 5 日内预缴税款，于次月 1 日起 15 日内申报纳税并结清上月应纳税款。扣缴义务人解缴税款的期限，按照以上规定执行。

纳税人进口货物：应当自海关填发缴款书之日起 15 日内缴纳税款。

3. 纳税地点

（1）固定业户一般为机构所在地；总、分机构不在同一县（市）的，应当分别向各自所在地主管税务机关申报纳税；经批准可由总机构汇总纳税的，向总机构所在地主管税务机关申报纳税；固定业户到外县（市）销售货物或者提供应税劳务，向机构所在地的主管税务机关申请开具"外管证"（"外出经营活动税收管理证明"），并向其机构所在地的主管税务机关申报纳税。

（2）非固定业户增值税纳税地点为销售地或应税行为发生地。

（3）其他个人提供建筑服务，销售或者租赁不动产，转让自然资源使用权，应向建筑服务发生地、不动产所在地、自然资源所在地主管税务机关申报纳税。

（4）纳税人跨县（市）提供建筑服务，在建筑服务发生地预缴税款后，向机构所在地主管税务机关进行纳税申报。

（5）纳税人销售不动产，在不动产所在地预缴税款后，向机构所在地主管税务机关进行纳税申报。

（6）纳税人租赁不动产，在不动产所在地预缴税款后，向机构所在地主管税务机关进行纳税申报。

（7）扣缴义务人应当向其机构所在地或者居住地的主管税务机关申报缴纳其扣缴的税款。

二、消费税

（一）消费税的概念

消费税是指对消费品和特定的消费行为按消费流转额征收的一种商品税，我国现行消费税是指对在我国境内从事生产、委托加工和进口应税消费品的单位和个人就其应税消费品征收的一种税，是对特定的消费品和消费行为在特定的环节征收的一种流转税。根据国家产业政策和消费政策的要求，对消费品有选择地征收消费税，可以合理地调节消费行为，正确引导消费需求，间接地调节收入分配和引导投资流向。

（二）消费税的征税范围

根据《消费税暂行条例》及其实施细则的规定，消费税的征收范围包括：

1. 生产应税消费品

生产应税消费品在生产销售环节征税。纳税人将生产的应税消费品换取生产资料、消费资料、投资入股、偿还债务，以及用于继续生产应税消费品以外的其他方面都应缴纳消费税。

2. 委托加工应税消费品

委托加工应税消费品是指委托方提供原料和主要材料，受托方只收取加工费和代垫部分辅助材料加工的应税消费品。由受托方提供原材料或其他情形的，一律不能视同加工应税消费品。委托加工的应税消费品收回后，再继续用于生产消费品销售的，其加工环节缴纳的消费税款可以扣除。

3. 进口应税消费品

单位和个人进口应税消费品，于报关进口时由海关代征消费税。进口环节缴纳的消费税由海关代征。

4. 批发、零售应税消费品

经国务院批准，自 1995 年 1 月 1 日起，金银首饰的消费税由生产销售环节征收改为零售环节征收。改在零售环节征收消费税的金银首饰仅限于金基、银基合金首饰，以及金、银和金基、银基合金的镶嵌首饰。零售环节适用税率为 5%，在纳税人销售金银首饰、钻石及钻石饰品时征收。其计税依据是不含增值税的销售额。

对既销售金银首饰又销售非金银首饰的生产、经营单位，应将两类商品划分清楚，分别核算销售额。凡划分不清楚或不能分别核算的，在生产环节销售的，一律从高适用税率征收消费税；在零售环节销售的，一律按金银首饰征收消费税。金银首饰与其他产品组成成套消费品销售的，应按销售额全额征收消费税。金银首饰连同包装物一起销售的，无论包装物是否单独计价，也无论会计上如何核算，均应并入金银首饰的销售额计征消费税。

带料加工的金银首饰，应按受托方销售的同类金银首饰的销售价格确定计税依据征收消费税，没有同类金银首饰销售价格的，按照组成计税价格计算纳税。

纳税人采用以旧换新（含翻新改制）方式销售的金银首饰，应按实际收取的不含增值税的全部价款确定计税依据征收消费税。

自 2009 年 5 月 1 日起，卷烟在批发环节加征 5% 的从价税。

消费税计税方法主要有从量定额征收、从价定率征收、从价定率和从量定额复合征收三种方式。

消费税与增值税异同比较如表 3 – 2 所示。

表 3 – 2   消费税与增值税异同比较

不同	相同
（1）征税的范围不同。消费税有 15 种列举货物，而增值税包括所有的有形动产	特定环节同时缴纳增值税和消费税的，两个税的计税销售额一般是相同的
（2）征税环节不同。消费税在指定环节一次性征税；增值税在各流转环节征税	
（3）计税方法不同。消费税是根据应税消费品选择计税方法；增值税是根据纳税人选择计税方法	

（三）消费税纳税人

在中国境内（起运地或者所在地在境内）从事生产、委托加工和进口条例规定的消费品的单位和个人，以及国务院确定的销售《消费品暂行条例》规定的消费品的其他单位和个人，为消费税的纳税义务人。

（四）消费税的税目与税率

1. 消费税的税目

根据《消费税暂行条例》的规定，我国消费税科目共有 15 个，即烟、酒及酒精、化妆品、贵重首饰及珠宝玉石、鞭炮焰火、成品油、小汽车、摩托车、高尔夫球及球具、高档手表、游艇、木制一次性筷子、实木地板、电池、涂料。有的税目还进一步划分若干子目。

2. 消费税的税率

消费税采用比例税率和定额税率两种形式，以适应不同应税消费品的实际情况。消费税根据不同的税目或子目确定相应的税率或单位税额。

现行消费税的税目和税率如表 3-3 所示。

表 3-3　现行消费税的税目和税率

税目	税率
一、烟	
1. 卷烟 甲类（生产或进口） 乙类（生产或进口） 批发环节	56% 加 0.003 元/支 36% 加 0.003 元/支 11% 加 0.005 元/支
2. 雪茄烟	36%
3. 烟丝	30%
二、酒	
1. 白酒	20% 加 0.5 元/500 克
2. 黄酒	240 元/吨
3. 啤酒 甲类 乙类	250 元/吨 220 元/吨
4. 其他酒	10%
三、化妆品	30%
四、贵重首饰及珠宝玉石	
1. 金、银、铂金、钻石	5%
2. 其他	10%
五、鞭炮、焰火	15%
六、成品油	
1. 汽油	1.52 元/升
2. 柴油	1.2 元/升
3. 航空煤油	1.2 元/升
4. 溶剂油	1.52 元/升
5. 石脑油/化工轻油	1.52 元/升
6. 润滑油	1.52 元/升

续表

税目	税率
7. 燃料油	1.2 元/升
七、摩托车	
1. 气缸容量 250 毫升	3%
2. 气缸容量 250 毫升以上	10%
八、小汽车	
1. 乘用车（排气量） 气缸容量（0～1.0 毫升） 气缸容量（1.0～1.5 毫升） 气缸容量（1.5～2.0 毫升） 气缸容量（2.0～2.5 毫升） 气缸容量（2.5～3.0 毫升） 气缸容量（3.0～4.0 毫升） 气缸容量（4.0 毫升以上）	1% 3% 5% 9% 12% 25% 40%
2. 中轻型商用客车	5%
九、高尔夫球及球具	10%
十、高档手表	20%
十一、游艇	10%
十二、木制一次性筷子	5%
十三、实木地板	5%
十四、电池	4%
十五、涂料	4%

注：酒精、汽车轮胎取消；成品油再次上调；摩托车气缸容量 250 毫升以下不再征收；新增：电池、涂料 4%。

（五）消费税应纳税额

1. 实行从价定率征税的应税消费品，其计税依据是含消费税而不含增值税的销售额（即消费税的销售额与增值税的销售额一致）

销售额，即应税销售额，是纳税人销售应税消费品向购买方收取的全部价款和价外费用，实行从价定率计税的计算公式为：

$$应纳税额 = 应税消费品的销售额 \times 比例税率$$

【例 3 – 4】 某企业销售应税消费品一批取得价款 50000 元，增值税专用发票上注明的增值税税额为 8500 元，其适用的消费税税率为 10%，则其应缴纳的消费税税额是多少？

$$应缴纳的消费税税额 = 50000 \times 10\% = 5000（元）$$

2. 实行从量定额征税的应税消费品，其计税依据是销售应税消费品的实际销售数量

实行从量定额计税的计算公式为：

$$应纳税额 = 应税消费品的销售数量 \times 定额税率$$

【例 3 – 5】 某企业销售黄酒 4 吨，每吨适用的消费税额为 240 元，则其应缴纳的消费税税额是多少？

$$应缴纳的消费税税额 = 4 \times 240 = 960(元)$$

3. 从价从量复合计征

现行消费税的征税范围中,只有白酒、卷烟采用复合计征方法。实行从价定率和从量定额相结合的复合计税的计算公式是:

$$应纳税额 = 应税消费品的销售额(或组成计税价格) \times$$
$$比例税率 + 应税消费品的销售数量 \times 定额税率$$

4. 应税消费品已纳税款扣除

根据税法规定,应税消费品若是用外购(或委托加工收回)已缴纳消费税的应税消费品连续生产出来的,在对这些连续生产出来的应税消费品征税时,按当期生产领用数量计算,准予扣除外购(或委托加工收回)应税消费品已缴纳的消费税税款。

5. 自产自用应税消费品应纳税额

纳税人自产自用应税消费品用于连续生产应税消费品的,不纳税;凡用于其他方面的,应按照纳税人生产的同类消费品的销售价格计算纳税,没有同类消费品销售价格的,按照组成计税价格计算纳税。

实行从价定率计税办法计算纳税的组成计税价格计算公式:

$$组成计税价格 = [成本 \times (1 + 成本利润率)] \div (1 - 消费税税率)$$
$$应纳消费税 = 组成计税价格 \times 消费税税率$$

实行复合计税办法计算纳税的组成计税价格计算公式:

$$组成计税价格 = (成本 + 利润 + 自产自用数量 \times 定额税率) \div (1 - 比例税率)$$
$$应纳消费税 = 从价税 + 从量税$$
$$= 组成计税价格 \times 适用比例税率 + 自产自用数量 \times 定额税率$$

6. 委托加工应税消费品应纳税额

委托加工的应税消费品,按照受托方的同类消费品的销售价格计算纳税;没有同类消费品销售价格的,按照组成计税价格计算纳税。

实行从价定率计税办法计算纳税的组成计税价格计算公式:

$$组成计税价格 = (材料成本 + 加工费) \div (1 - 消费税税率)$$

实行复合计税办法计算纳税的组成计税价格计算公式:

$$组成计税价格 = (材料成本 + 加工费 + 委托加工数量 \times 定额税率) \div (1 - 比例税率)$$

(六)消费税征收管理

1. 纳税义务发生时间(货款结算方式或行为发生时间)

(1)纳税人销售应税消费品的,按不同的销售结算方式分别为:

① 采取赊销和分期收款结算方式销售货物,为书面合同约定的收款日期的当天。无书面合同或合同没有收款日期,为发出应税消费品的当天。

采取直接收款方式销售货物,不论货物是否发出,均为收到销售额或取得索取销售额的凭据的当天。先开具发票的,为开具发票的当天。纳税人提供应税服务的,为收讫销售款或者取得销售款项凭据的当天;先开具发票的,为开具发票的当天。

收讫销售款项是指纳税人提供应税服务过程中或者完成后收到款项。

取得销售款项凭据的当天,是指书面合同确定的付款日期;未签订书面合同或者书面合同未确定付款日期的,为应税服务完成的当天。

②采取预收货款结算方式的，为发出应税消费品的当天；

③采取托收承付和委托银行收款方式的，为发出应税消费品并办妥托收手续的当天；

④采取其他结算方式的，为收讫销售款或者取得索取销售款的凭据的当天。

（2）纳税人自产自用应税消费品的，为移送使用货物的当天。

（3）纳税人委托加工应税消费品的，为纳税人提货的当天。

（4）纳税人进口应税消费品的，为报关进口的当天。

2. 消费税纳税期限

消费税的纳税期限分别为 1 日、3 日、5 日、10 日、15 日、1 个月或者 1 个季度。具体纳税期限，由主管税务机关根据纳税人应纳税额的大小分别核定。不能按照固定期限纳税的，可以按次纳税。

纳税人以 1 个月或 1 个季度为 1 个纳税期的，自期满之日起 15 日内申报纳税；以 1 日、3 日、5 日、10 日或者 15 日为 1 个纳税期的，自期满之日起 5 日内预缴税款，于次月 1 日起 15 日内申报纳税并结清上月应纳税款。进口货物自海关填发税收专用缴款书之日起 15 日内缴纳税款。

3. 消费税纳税地点

（1）纳税人销售的应税消费品以及自产自用的应税消费品，除国家另有规定的外，应当向纳税人机构所在地或居住地主管税务机关申报纳税。

（2）委托加工的应税消费品，除受托方是个人外，由受托方向机构所在地或居住地主管税务机关解缴消费税税款；受托方为个人的，由委托方向机构所在地的主管税务机关申报缴纳。

（3）进口的应税消费品，由进口人或者其代理人向报关地海关申报纳税。

（4）纳税人到外县（市）销售或委托外县（市）代销自产应税消费品的，于应税消费品销售后，向纳税人机构所在地或居住地主管税务机关申报纳税。

纳税人的总机构与分支机构不在同一县（市）的，应当分别向各自机构所在地的税务机关申报纳税。对纳税人的总机构与分支机构在同一省（自治区、直辖市）内，而不在同一县（市）的，经省（自治区、直辖市）财政厅（局）国家税务局审批同意，可以由总机构汇总向总机构所在地的主管税务机关申报纳税。

（5）纳税人销售的应税消费品，如因质量等原因由购买方退回时，经由机构所在地或者居住地主管税务机关审核批准后，可退还已交纳的消费税税款。但不能自行直接抵减应纳税款。

三、企业所得税

（一）企业所得税的概念

企业所得税是对我国境内的企业和其他取得收入的组织的生产经营所得和其他所得征收的所得税。2007 年 3 月 16 日第十届全国人民代表大会第五次会议通过的《企业所得税法》，实现了内、外资企业企业所得税"两法合并"，统一了内、外资企业税制，统一了税率，统一了税前扣除办法和标准，统一了税收优惠政策，为各类企业创造了公平的市场竞争环境。

根据《企业所得税法》的规定，企业分为居民企业和非居民企业。居民企业是指依法在中国境内成立，或者依照外国（地区）法律成立但实际管理机构在中国境内的企业，包括国有企业、集体企业、私营企业、联营企业、股份制企业、外商投资企业、外国企业，以及有生产、经营所得和其他所得的其他组织；非居民企业，是指依照外国（地区）法律成立且实际管理机构不在中国境内，但在中国境内设立机构、场所的，或在中国境内未设立机构、场所，但有来源于中国境内所得的企业。

（二）企业所得税的征税对象

中华人民共和国境内的企业和其他取得收入的组织，均为企业所得税的纳税义务人。企业所得税的征税对象是企业的生产经营所得、其他所得和清算所得。

居民企业应当就其来源于中国境内、境外的所得作为征税对象。所得，包括销售货物所得、提供劳务所得、转让财产所得、股息红利等权益性投资所得、利息所得、租金所得、特许权使用费所得、接受捐赠所得和其他所得，这里的所得是企业所得税的主要纳税来源。非居民企业在中国境内设立机构、场所的，应当就其所设机构、场所取得的来源于中国境内的所得，以及发生在中国境外但与其所设机构、场所有实际联系的所得缴纳企业所得税。非居民企业在中国境内未设立机构、场所的，或者虽设立机构、场所，但取得的所得与其所设机构、场所没有实际联系的，应当就其来源于中国境内的所得缴纳企业所得税。这里的"实际联系"是指非居民企业在中国境内设立的机构、场所拥有据以取得所得的股权、债权，以及拥有、管理、控制据以取得所得的财产等。

（三）企业所得税的税率

企业所得税实行比例税率。比例税率简便易行，透明度高，不会因征税而改变企业间的收入分配比例，有利于促进效率的提高。

1. 基本税率

基本税率为25%，适用于居民企业和在中国境内设有机构、场所且所得与机构、场所有关联的非居民企业。

2. 优惠税率

对符合条件的小型微利企业，减按20%的税率征收企业所得税；对国家需要重点扶持的高新技术企业，减按15%的税率征收企业所得税。

在中国境内未设立机构、场所的非居民企业，或者虽设立机构、场所，但取得的所得与其所设机构、场所无实际联系的非居民企业，就其来源于中国境内的所得，按10%的税率征收。

（四）企业所得税应纳税所得额

应纳税所得额是企业所得税的计税依据，按照《企业所得税法》的规定，应纳税所得额为企业每一个纳税年度的收入总额，减除不征税收入、免税收入、各项扣除，以及允许弥补的以前年度亏损后的余额。其基本计算公式为：

应纳税所得额 = 收入总额 − 不征税收入 − 免税收入 − 各项扣除 − 以前年度亏损

或：

应纳税所得额 = 利润总额 + 纳税调整项目金额

企业应纳税所得额的计算，应当以权责发生制为原则。

1. 收入总额

收入总额，是指企业以货币形式和非货币形式从各种来源取得的收入。具体包括销售货物收入、提供劳务收入、转让财产收入、股息红利等权益性投资收益、利息收入、租金收入、特许权使用费收入、接受捐赠收入以及其他收入。

2. 不征税收入

不征税收入，是指从性质和根源上不属于企业营利性活动带来的经济利益，不负有纳税义务，不作为应纳税所得额组成部分的收入。例如，财政拨款、依法收取并纳入财政管理的行政事业性收费、政府性基金以及其他不征税收入等。一般是国家为了扶持和鼓励某些特殊的纳税人和特定的项目，或者避免因征税影响企业的正常经营，对企业取得的某些收入予以不征税或免税的特殊政策，以减轻企业的负担。

3. 免税收入

免税收入是指属于企业的应纳税所得但按照税法规定免予征收所得税的收入。免税收入包括国债利息收入、符合条件的居民企业之间的股息、红利等权益性收益（指居民企业直接投资于其他居民企业取得的投资收益），以及在中国境内设立机构、场所的非居民企业从居民企业取得与该机构、场所有实际联系的股息、红利等权益性投资收益、符合条件的非营利性组织收入等。

4. 准予扣除项目

根据《企业所得税法》的规定，企业实际发生的与取得收入有关的合理的支出，包括成本、费用、税金、损失和其他支出，准予在计算应纳税额所得额时扣除。

成本，是指企业在生产经营活动中发生的销售成本、销货成本、业务支出以及其他耗费，即企业销售商品、提供劳务、转让固定资产及无形资产的成本。

费用，是指企业每一个纳税年度为生产、经营商品和提供劳务等所发生的销售（经营）费用、管理费用和财务费用。

税金，是指企业发生的除企业所得税和允许抵扣的增值税以外的企业缴纳的各项税金及其附加。例如，消费税、印花税。

损失，是指企业在生产经营活动中发生的固定资产和存货的盘亏、毁损、报废损失、转让财产损失、呆账损失、坏账损失、自然灾害等不可抗力因素造成的损失以及其他损失。

5. 不得扣除的项目

（1）向投资者支付的股息、红利等权益性投资收益款项。

（2）企业所得税税款。

（3）税收滞纳金。

（4）罚金、罚款和被没收财物的损失。

（5）超过规定标准的公益性捐赠支出及其他捐赠支出，公益性捐赠在年利润总额的12%以内的部分可以扣除，超过部分及其他对外捐赠不能扣除。

（6）赞助支出，是指企业发生的与生产经营活动无关的各种非广告性支出。

（7）未经核定的准备金支出，是指不符合国务院财政、税务主管部门规定的各项资产减值准备、风险准备等准备金支出。

（8）企业之间支付的管理费、企业内营业机构之间支付的租金和特许权使用费，以及非银行企业内营业机构之间支付的利息。

（9）与取得收入无关的其他支出。

6. 职工福利费、工会经费和职工教育经费支出的税前扣除

（1）企业发生的职工福利费支出，不超过工资薪金总额14%的部分，准予扣除。

（2）企业拨缴的工会经费，不超过工资薪金总额2%的部分，准予扣除。

（3）除国务院财政、税务主管部门另有规定外，企业发生的职工教育经费不超过工资薪金总额2.5%的部分准予扣除；超过的部分准予结转以后年度扣除。

7. 业务招待费、广告费和业务宣传费支出的税前扣除

（1）企业发生的与生产经营活动有关的业务招待费支出，按实际发生额的60%扣除，但最高不得超过当年销售（营业）收入的5‰。

（2）企业发生的符合条件的广告费和业务宣传费支出，除国务院财政、税务主管部门另有规定外，不超过当年销售（营业）收入15%的部分，准予扣除，超过部分，准予结转以后年度扣除。

8. 亏损弥补

根据税法的规定，企业某一纳税年度发生的亏损可以用下一年度的所得弥补，下一年度的所得不足以弥补的，逐年延续弥补，但最长不得超过5年。5年内不管是盈利还是亏损，都作为实际弥补期限。税法所指亏损的概念，不是企业财务报表中反映的亏损额，而是企业财务报表中的亏损额经税务机关按税法规定核实调整后的金额。

（五）企业所得税征收管理

1. 纳税地点

居民企业以企业登记注册地为纳税地点；登记注册地在境外的，以实际管理机构所在地为纳税地点。居民企业在中国境内设立不具有法人资格的营业机构的，应当汇总计算并缴纳企业所得税。

非居民企业在中国境内设立机构、场所的，应当就其所设机构、场所取得的来源于中国境内所得，以及发生在中国境外的但与其所设机构、场所有实际联系的所得，以机构、场所所在地为纳税地点；非居民企业在中国境内未设立机构、场所的，或虽设立机构、场所，但取得的所得与其所设机构、场所没有实际联系的，由扣缴义务人代扣代缴企业所得税，以扣缴义务人所在地为纳税地点。

2. 纳税期限

企业按年计征，分月或者分季预缴，年终汇算清缴，多退少补。企业所得税的纳税年度，自公历1月1日起至12月31日止。企业在一个纳税年度的中间开业，或者由于合并、关闭等原因终止经营活动，使该纳税年度的实际经营期不足12个月的，应当以其实际经营期为一个纳税年度。

3. 纳税申报

企业按月或按季预缴的，应当自月份或者季度终了之日起15日内，向税务机关报送预缴企业所得税纳税申报表，预缴税款。

企业应当自年度终了之日起5个月内，向税务机关报送年度企业所得税纳税申报表，并汇算清缴，结清应缴应退税款。

企业在报送企业所得税纳税申报表时，应当按照规定附送财务会计报告和其他相关资料。

企业在年度中间终止经营活动的，应当自实际经营终止之日起60日内，向税务机关办理当期企业所得税汇算清缴。

企业所得税以人民币计算，所得以人民币以外的货币计算的，应当折合成人民币计算并缴纳税款。

四、个人所得税

（一）个人所得税的概念

个人所得税是以个人（自然人）取得的各项应税所得为征税对象所征收的一种税，是政府利用税收对个人收入进行调节的一种手段。个人所得税的征税对象不仅包括个人，还包括具有自然人性质的企业。

（二）个人所得税的纳税义务人

根据《个人所得税法》和《个人所得税法实施条例》等规定，个人所得税的纳税义务人，是指在中国境内有住所，或者无住所而在境内居住满 1 年的个人，以及在中国境内无住所又不居住或者无住所而在境内居住不满 1 年，但从中国境内取得所得的个人，包括中国公民，个人工商户，外籍个人，香港、澳门、台湾同胞等。对个人独资企业和合伙企业投资者也征收个人所得税。

以住所和居住时间为标准可以分为居民纳税人和非居民纳税人。

1. 居民纳税人

居民纳税人是指在中国境内有住所，或者无住所而在境内居住满 1 年，从中国境内和境外取得所得的个人。居民纳税人负有无限纳税义务，其所取得的应纳税所得，无论是来源于中国境内还是境外，都要在中国缴纳个人所得税。

2. 非居民纳税人

非居民纳税人是在中国境内无住所又不居住或者无住所而在境内居住不满 1 年，从中国境内取得所得的个人。非居民纳税人承担有限纳税义务，仅就其来源于中国境内的所得，向中国缴纳个人所得税。

在中国境内有住所的个人，是指在一个纳税年度内在中国境内居住满 365 日，临时离境的，不扣减日数。

临时离境，是指在一个纳税年度中一次不超过 30 日或者多次累计不超过 90 日的离境。

（三）个人所得税的应税项目和税率

1. 个人所得税的应税项目

现行个人所得税共有 11 个应税项目：

（1）工资、薪金所得；

（2）个体工商户的生产、经营所得（个人独资企业、合伙企业缴纳个人所得税）；

（3）对企事业单位的承包经营、承租经营所得；

（4）劳务报酬所得；

（5）稿酬所得；

（6）特许权使用费所得；

（7）利息、股息、红利所得；

（8）财产租赁所得；

（9）财产转让所得（财产转让所得是指个人转让有价证券、股票、建筑物、土地使用权、机器设备、车船以及其他财产取得的所得）；

（10）偶然所得（偶然所得是指个人得奖、中奖、中彩以及其他偶然性质的所得）；

（11）经国务院财政部门确定征税的其他所得。

2. 个人所得税税率

个人所得税实行超额累进税率与比例税率相结合的税率体系。

（1）工资、薪金所得，适用5%~45%的九级超额累进税率，如表3-4所示。

表3-4 工资、薪金所得适用个人所得税累进税率表

级数	全月应纳税所得额 含税级距	税率/%	速算扣除数/元
1	不超过1500元的	3	0
2	超过1500元至4500元的部分	10	105
3	超过4500元至9000元的部分	20	555
4	超过9000元至35000元的部分	25	1005
5	超过35000元至55000元的部分	30	2755
6	超过55000元至80000元的部分	35	5505
7	超过80000元的部分	45	13505

注：本表所称全月应纳税所得额是指依照税法规定，以每月收入额减除费用3500元以及附加减除费用后的余额。

（2）个体工商户、个人独资企业和合伙企业的生产、经营所得及对企事业单位的承包经营、承租经营所得，适用5%~35%的超额累进税率，如表3-5所示。

表3-5 个体工商户生产、经营所得和对企事业单位的承包经营、承租经营所得适用税率表

级数	全年应纳税所得额 含税级距	税率/%	速算扣除数/元
1	不超过15000元的	5	0
2	超过15000元至30000元的部分	10	750
3	超过30000元至60000元的部分	20	3750
4	超过60000元至100000元的部分	30	9750
5	超过100000元的部分	35	14750

注：本表所称全年应纳税所得额，对个体工商户的生产、经营所得，是以每一纳税年度的收入总额，减除成本、费用以及损失后的余额；对企事业单位的承包经营、承租经营所得，是指以每一纳税年度的收入总额，减除必要费用后的余额。

（3）稿酬所得，适用20%的比例税率，并按应纳税额减征30%，故实际税率为14%。

（4）劳务报酬所得，适用20%的比例税率，对劳务报酬所得一次收入畸高的，可以实行加成征收。即个人取得劳务收入的应纳税所得额一次超过2万元至5万元的部分，按照税法规定计算应纳税额后，再按照应纳税额加征五成，超过5万元的部分，加征十成。因此劳务报酬所得实际上适用20%、30%、40%的三级超额累进税率，如表3-6所示。

表 3 - 6 劳务报酬所得个人所得税税率表

级数	每次应纳税所得额	税率/%	速算扣除数/元
1	不超过 20000 元的	20	0
2	超过 20000 元至 50000 元的部分	30	2000
3	超过 50000 元的部分	40	7000

注：本表所称每次应纳税所得额，是指按照税法规定减除有关费用后的余额，劳务报酬所得按次计算纳税，每次收入额不超过 4000 元的，减除费用 800 元；收入额超过 4000 元的，减除 20% 的费用，余额为应纳税所得额。

（5）特许权使用费所得，利息、股息、红利所得，财产转让所得，偶然所得和其他所得，适用比例税率，税率一般为 20%。

（四）个人所得税应纳税额的计算

1. 工资、薪金所得应纳税额的计算

工资、薪金所得，个体工商户的生产、经营所得，其计算公式为：

$$应纳税额 = 应纳税所得额 × 适用税率 - 速算扣除数$$
$$= （每月收入额 - 3500）× 适用税率 - 速算扣除数$$

注意，速算扣除数是指在采用超额累进方法计算出税额，再减去用超额累进税率表中划分的应纳税所得额级距和税率，先采用全额累进的方法计算出税额，再减去用超额累进方法计算的应征税额以后的差额。

2. 个体工商户的生产、经营所得应纳税额的计算

个体工商户的生产、经营所得以每一纳税年度的收入总额，减除成本、费用以及损失后的余额，为应纳税所得额。个体工商户业主的费用扣除标准为 42000 元/年（3500 元/月），个体户向其从业人员实际支付的合理的工资、薪金支出，允许在税前据实扣除，其计算公式为：

$$应纳税额 = 应纳税所得额 × 适用税率 - 速算扣除数$$
$$= （全年收入总额 - 成本、费用及损失）× 适用税率 - 速算扣除数$$

3. 对企事业单位的承包经营、承租经营所得应纳税额的计算

对企事业单位的承包经营、承租经营所得，以每一纳税年度的收入总额，减除必要费用后的余额，为应纳税所得额。减除必要费用，是指按月减除 3500 元，其计算公式为：

$$应纳税额 = 应纳税所得额 × 适用税率 - 速算扣除数$$
$$= （纳税年度收入总额 - 必要费用）× 适用税率 - 速算扣除数$$

4. 劳务报酬所得、稿酬所得、特许权使用费所得、财产租赁所得应纳税额的计算

劳务报酬所得、稿酬所得、特许权使用费所得、财产租赁所得，每次收入不到 4000 元的，减除费用 800 元；超过 4000 元的，减除 20% 的费用，其余额为应纳税所得额。

（1）劳务报酬所得，其个人所得税应纳税额的计算公式为：

① 每次收入不到 4000 元的：

$$应纳税额 = 应纳税所得额 × 适用税率 = （每次收入额 - 800 元）× 20\%$$

② 每次收入在 4000 元以上，但不超过 20000 元的：

$$应纳税额 = 应纳税所得额 × 适用税率 = 每次收入额 × （1 - 20\%）× 20\%$$

③ 每次收入的应纳税所得额超过 20000 元的：

$$应纳税额 = 应纳税所得额 \times 适用税率 - 速算扣除数$$
$$= 每次收入额 \times (1 - 20\%) \times 适用税率 - 速算扣除数$$

（2）稿酬所得，其个人所得税应纳税额的计算公式为：

① 每次收入不足 4000 元的：

$$应纳税额 = 应纳税所得额 \times 适用税率 \times (1 - 30\%)$$
$$= (每次收入额 - 800) \times 20\% \times (1 - 30\%)$$

② 每次收入在 4 000 元以上的：

$$应纳税额 = 应纳税所得额 \times 适用税率 \times (1 - 30\%)$$
$$= 每次收入额 \times (1 - 20\%) \times 20\% \times (1 - 30\%)$$

5. 财产转让所得应纳税额的计算

财产转让所得应纳税额的计算公式为：

$$应纳税额 = 应纳税所得额 \times 适用税率 = (收入总额 - 财产原值 - 合理费用) \times 20\%$$

6. 利息、股息、红利所得及其他所得

利息、股息、红利所得、偶然所得及其他所得，以每次收入额为应纳税所得额，其计算公式为：

$$应纳税额 = 应纳税所得额 \times 适用税率 = 每次收入额 \times 适用税率$$

（五）个人所得税征收管理

个人所得税的纳税办法，有自行申报纳税和代扣代缴两种。

1. 自行申报

自行申报是由纳税人自行在税法规定的纳税期限内，向税务机关申报取得的应税所得项目和数额，如实填写个人所得税纳税申报表，并按照税法规定计算应纳税额，据此缴纳个人所得税的一种方法。自行申报纳税的纳税义务人包括：

（1）年所得 12 万元以上的纳税人；

（2）从两处或两处以上取得工资、薪金所得的；

（3）从中国境外取得所得的；

（4）取得应税所得，没有扣缴义务人的；

（5）国务院规定的其他情形。

2. 代扣代缴

代扣代缴是指按照税法规定，负有扣缴税款义务的单位或个人，在向个人支付应纳税所得时，应计算应纳税额，从其所得中扣除并缴入国库，同时向税务机关报送扣缴个人所得税报告表。

个人所得税，以所得人为纳税义务人，以支付所得的单位或者个人为扣缴义务人。

凡支付个人应纳税所得的企事业单位、机关、社会团体、军队、驻华机构（不含依法享有外交特权和豁免的驻华使馆、联合国及国际组织驻华机构）、个体户等单位或者个人，为个人所得税的扣缴义务人。

代扣代缴的范围包括：工资、薪金所得，对企事业单位的承包经营、承租经营所得，劳务报酬所得，特许权使用费所得，利息、股息、红利所得，财产租赁所得，财产转让所得，偶然所得等。

第三节 税收征收管理

税收征收管理，是指国家征税机关依据国家税收法律、行政法规的规定，按照统一的标准，通过一定的程序，对纳税人应纳税额组织入库的一种行政活动，是国家将税收政策贯彻实施到每个纳税人，有效地组织税收收入及时、足额入库的一系列活动。根据《税收征管法》的规定，税收征管包括税务登记、发票管理、纳税申报、税款征收、税务检查和法律责任等环节。

一、税务登记

税务登记又称纳税登记，是税务机关依据税法规定，对纳税人的生产、经营活动进行登记并据此对纳税人实施税务管理的一种法定制度，也是纳税人依法履行纳税义务的法定手续。税务登记是税务机关对纳税人实施税收管理的首要环节和基础工作。

《税务登记管理办法》规定，凡有法律、法规规定的应税收入、应税财产或应税行为的各类纳税人（企业，企业在外地设立的分支机构和从事生产、经营的场所，个体工商户，从事生产、经营的企事业单位），均应当办理税务登记。扣缴义务人（国家机关除外）应当在发生扣缴义务时，到税务机关申报登记，领取扣缴税款凭证。

税务登记种类包括：开业登记，变更登记，停业、复业登记，注销登记，外出经营报验登记等。

（一）开业登记

开业登记也称设立登记，是指从事生产、经营的纳税人，经国家工商行政管理部门批准开业后办理的纳税登记。

1. 开业登记的对象

开业登记的纳税人分为以下两类：

（1）领取营业执照从事生产、经营的纳税人。包括各类企业、企业在外地设立的分支机构和从事生产、经营的场所，个体工商户，从事生产经营的事业单位。

（2）其他纳税人。根据有关规定，不从事生产、经营，但依照法律、法规的规定负有纳税义务的单位和个人，除临时取得应税收入或发生应税行为以及只缴纳个人所得税、车船税的外，都应按规定向税务机关办理税务登记。

2. 开业登记的时间和地点

（1）从事生产、经营的纳税人，应当自领取营业执照（含临时工商营业执照）之日起30日内，向生产、经营地或者纳税义务发生地的主管税务机关申报办理税务登记。如实填写税务登记表并按照税务机关的要求提供有关证件、资料。

（2）其他纳税人。除国家机关、个人和无固定生产、经营场所的流动性农村小商贩以外的纳税人，均应当自纳税义务发生之日起30日内，向纳税义务发生地税务机关申报办理税务登记，税务机关核发税务登记证及副本。

（二）变更登记

变更登记是指纳税人在办理税务登记后，原登记的内容发生变化时向原税务机关申报办理的税务登记。

1. 适用范围

纳税人办理税务登记后，如发生下列情形之一，应当办理变更税务登记：发生改变名称、改变法定代表人、改变经济性质或经济类型、改变住所和经营地点（不涉及主管税务机关变动的）、改变生产经营或经营方式、增减注册资金（资本）、改变隶属关系、改变生产经营期限、改变或增减银行账号、改变生产经营权属以及改变其他税务登记内容的。

2. 时间要求

对需要在工商行政管理机关办理变更登记的从事生产、经营的纳税人，应当自工商行政管理机关变更登记之日起 30 日内，持相关证件向原税务登记机关办理变更税务登记。

3. 变更税务登记的程序、方法

（1）申请。纳税人申请办理变更税务登记时，应向主管税务机关领取税务登记变更表，如实填写变更登记事项、变更登记前后的具体内容。

（2）提供相关证件、资料。

（3）税务登记变更表的内容。主要包括纳税人名称、变更项目、变更前内容、变更后内容、上缴的证件情况。

（4）受理。税务机关对纳税人填报的表格及提交的附列资料、证件要进行认真审阅，在符合要求及资料证件提交齐全的情况下，予以受理。

（5）审核。主管税务机关对纳税人报送的已填写完毕的变更表及相关资料，进行分类审核。

（6）发证。对需变更税务登记证内容的，主管税务机关应收回原税务登记证（正、副本），按变更后的内容，重新制发税务登记证（正、副本）。

税务机关应当自受理之日起 30 日内，审核办理变更税务登记。纳税人税务登记表和税务登记证中的内容都发生变更的，税务机关按变更后的内容重新核发税务登记证；纳税人税务登记表的内容发生变更而税务登记证中的内容未发生变更的，税务机关不重新核发税务登记证。

（三）停业、复业登记

停业、复业登记是纳税人暂停和恢复生产经营活动而办理的纳税登记。

实行定期定额征收方式的纳税人在营业执照核准的经营期限内需要停业的，应当向税务机关提出停业登记，说明停业的理由、时间、停业前的纳税情况和发票的领、用、存情况，并如实填写申请停业登记表。

税务机关经过审核，应当责成申请停业的纳税人结清税款、滞纳金、罚款并收回其税务登记证件及副本、发票领购簿和未使用完发票和其他税务证件，办理停业登记。纳税人的停业期限不超过一年，纳税人应当于恢复生产、经营之前，向税务机关提出复业登记申请，如实填写停、复业报告书，经确认后办理复业登记，领回并启用税务登记证件和发票领购簿及其领购的发票，纳入正常管理。

纳税人停业期满不能及时恢复生产、经营的，应当在停业期满前向税务机关提出延长停业登记。纳税人停业期满未按期复业又不申请延长停业的，税务机关应当视为已恢复营业，实施正常的税收征收管理。纳税人停业期间发生纳税义务，应当及时向主管税务机关申报，依法补缴应纳税款。

（四）注销登记

注销登记是指纳税人在发生解散、破产、撤销以及依法终止履行纳税义务的其他情形时，向原登记税务机关申请办理的登记。

1. 适用范围

纳税人因经营期限届满而自动解散；企业由于改组、分级、合并等原因而被撤销；企业资不抵债而破产；纳税人住所、经营地址迁移而涉及改变原主管税务机关的；纳税人被工商行政管理部门吊销营业执照；以及纳税人依法终止履行纳税义务的其他情形。

2. 时间要求

纳税人发生解散、破产、撤销以及其他情形，依法终止纳税义务的，应当在向工商行政管理机关办理注销登记前，持有关证件向原税务登记管理机关申报办理注销税务登记；按照规定不需要在工商管理机关办理注销登记的，应当自有关机关批准或者宣告终止之日起15日内，持有关证件向原税务登记管理机关申报办理注销税务登记。

纳税人被工商行政管理机关吊销营业执照的，应当自营业执照被吊销之日起15日内，向原税务登记机关申报办理注销税务登记。

（五）外出经营报验登记

纳税人到外县（市）临时从事生产经营活动的，应当在外出生产经营以前，持税务登记证向主管税务机关申请开具外出经营活动税收管理证明（以下简称外管证）。税务机关按照一地一证的原则，核发外管证，外管证的有效期限一般为30日，最长不得超过180天。纳税人应当在外管证注明地①进行生产经营前向当地税务机关报验登记，并提交税务登记证件副本和外管证。

纳税人在外管证注明地销售货物的，除提交以上证件、资料外，应如实填写外出经营货物报验单，申报查验货物。纳税人外出经营活动结束，应当向经营地税务机关填报外出经营活动情况申报表，并结清税款、缴销未使用完的发票。纳税人应当在外管证有效期届满后10日内，持外管证回原税务登记地税务机关办理外管证缴销手续。

（六）证照管理

税务机关应当加强税务登记证件的管理，采取实地调查、上门验证等方法，或者结合税务部门和工商部门之间，以及国家税务局（分局）、地方税务局（分局）之间的信息交换比对进行税务登记证件的管理。

纳税人、扣缴义务人遗失税务登记证件的，应当自遗失税务登记证件之日起15日内，书面报告主管税务机关，如实填写税务登记证件遗失报告表，并将纳税人的名称、税务登记证件名称、税务登记证件号码、税务登记证件有效期、发证机关名称在税务机关认可的报刊上做遗失声明，凭报刊上刊登的遗失声明向主管税务机关申请补办税务登记证件。

二、发票开具与管理

（一）发票的种类

发票是指在购销商品、提供或者接受服务以及从事其他经营活动中，开具、收取的收付

---

① 注明的劳务地点。

款的书面证明。它是确定经营收支行为发生的法定凭证，是会计核算的原始依据，也是税务稽查的重要依据。税务机关是发票的主管机关，负责发票的印刷、领购、开具取得、保管、缴纳的管理和监督。

我国发票按其用途及反映的内容不同，可以分为增值税专用发票、普通发票、专业发票。

1. 增值税专用发票

增值税专用发票是指由国家税务总局监制设计印制的，专门用于结算销售货物和提供加工、修理修配劳务以及应税服务使用的一种发票。增值税专用发票只限于增值税一般纳税人领购使用，增值税小规模纳税人不得领购使用。

一般纳税人有下列情形之一者，不得领购使用增值税专用发票：

（1）会计核算不健全，即不能按会计制度和税务机关的要求准确核算增值税的销项税额、进项税额和应纳税额者。

（2）不能向税务机关准确提供增值税销项税额、进项税额和应纳税额数据及其他有关增值税税务资料者。

（3）有《税收征管法》规定的税收违法行为，拒不接受处理。

（4）虚开增值税专用发票、私自印制专用发票、未按规定开具专用发票等经税务机关责令限期改正而仍未改正的。

（5）销售的货物全部属于免税项目者。

有上列情形的一般纳税人如已领购使用专用发票，税务机关应收缴其结存的专用发票。

目前正在使用的增值税专用发票按使用文字的不同可分为中文版、中英文版、维汉文版、藏汉文版。

2. 普通发票

普通发票主要由营业税纳税人和增值税小规模纳税人使用，增值税一般纳税人在不能开具专用发票的情况下也可使用普通发票。

普通发票由行业发票和专用发票组成。前者适用于某个行业的经营业务，如商业零售统一发票、商业批发统一发票、工业企业产品销售统一发票等；后者仅适用于某一经营项目，如广告费用结算发票、商品房销售发票等。

3. 专业发票

专业发票是指国有金融、保险企业的存贷、汇兑、转账凭证、保险凭证；国有邮政、电信企业的邮票、邮单、话务、电报收据；国有铁路、国有航空企业和交通部门、国有公路、水上运输企业的客票、货票等。

专业发票从版面上可划分为手写发票、电脑发票和定额发票三种。手写发票，是指手工书写形式填开的发票。电脑发票，是指用计算机填开并用其附设的打印机及防伪专用计算机（如防伪税控机）开具的发票。定额发票，是指发票票面印有固定金额的发票。这类发票主要是防止开具发票时大头小尾以及方便一些特殊行业或有特殊需的企业使用。

（二）发票的开具要求

根据《发票管理办法》的规定，在开具发票时需遵守下列要求：

（1）单位和个人应在发生经营业务、确认营业收入时才能开具发票；未发生经营业务，一律不得开具发票。

（2）开具发票时应按顺序号填开，填写项目齐全、内容真实、字迹清楚，全部联次一次性复写或打印，内容完全一致，并在发票联和抵扣联加盖单位财务印章或者发票专用章。

（3）填写发票应当使用中文。民族自治地区可以同时使用当地通用的一种民族文字；外商投资企业和外资企业可以同时使用一种外国文字。

（4）使用电子计算机开具发票，须经主管税务机关批准，并使用税务机关统一监制的机打发票，开具后的存根联应当按照顺序号装订成册，以备税务机关检查。

（5）开具发票时间、地点应符合规定。发票的开票时间和地点是记载购销商品、提供或接受劳务等业务实际发生的时间和地点，必须准确，不能混淆销售商品、提供或接受劳务等业务实际发生的时间和地点，时间不得提前或错后。

（6）任何单位和个人不得转借、转让、代开发票；未经税务机关批准，不得拆开使用发票；不得自行扩大专业发票使用范围。

开具发票的单位和个人应当按照税务机关的规定存放和保管发票，不得擅自损毁。已开具的发票存根联和发票登记簿，应当保存五年。保存期满，报经税务机关查验后销毁。

三、纳税申报

纳税申报是指纳税人、扣缴义务人按照税法规定的期限和内容，向税务机关提交有关纳税事项书面报告的法律行为，是纳税人履行纳税义务、承担法律责任的主要依据，是税务机关税收管理信息的主要来源和税务管理的一项重要内容。

纳税人办理纳税申报主要采取以下几种方式：直接申报、邮寄申报、数据电文申报、简易申报等。

（一）直接申报

即上门申报。纳税人直接到税务机关办理纳税申报。根据申报的地点不同，直接申报又可分为直接到办税服务厅申报、到巡回征收点申报和到代征点申报三种。直接申报是一种传统申报方式。

（二）邮寄申报

即纳税人将纳税申报表及有关纳税资料以邮寄的方式送达税务机关。邮寄申报以寄出地的邮局邮戳日期为实际申报日期。

（三）数据电文申报

数据电文，是指经税务机关批准的纳税人、扣缴义务人经由电子手段、光学手段或类似手段生成、储存或传递信息的方式进行纳税申报。这些手段包括电子数据交换、电子邮件、电报、电传或传真等。例如目前纳税人的网上申报，就是数据电文申报方式的一种形式。

纳税人采用电子方式办理纳税申报的，应当按照税务机关规定的期限和要求保存有关资料，并定期书面报送主管税务机关。纳税人、扣缴义务人采取数据电文方式办理纳税申报的，其申报日期以税务机关计算机网络系统收到该数据电文的时间为准。

（四）简易申报

这是指实行定期定额征收的纳税人经税务机关批准，通过以缴纳税款凭证代替申报或简并征期（将若干个纳税期的税款集中在一个纳税期缴纳）的一种申报方式。这种申报方式是以纳税人便利纳税为原则设置的。目前，系统实行的是以纳税申报为基础，以计算机网络为依托，集中征收、重点稽查的新型税收征管模式，表现为双向的税务管理形式。对于实行定期定额征收的纳税人，由于他们的经营方式灵活、分散、变化快、税源小、经营人员文化水平参差不齐等特点，税务机关要用大量的人力、物力、财力进行征收管理，税收成本很高。因此实行简易方式进行纳税申报不仅方便了纳税人，符合我国当前的实际，而且能够节省很多的人力、物力、财力，减少税收成本。

（五）其他方式

这是指纳税人、扣缴义务人采用直接办理、邮寄办理、数据电文办理以外的方法向税务机关办理纳税申报或报送代扣代缴、代收代缴报告表。如纳税人、扣缴义务人委托他人代理向税务机关办理纳税申报或报送代扣代缴、代收代缴报告表等。

四、税款征收

税款征收是税务机关将税款及时足额地收入国库的一系列活动的总称。它是税收征收管理工作的重要组成部分，税务机关根据保证国家税款及时足额入库、方便纳税人、降低税收成本的原则确定税款征收方式。

税款征收包括：税款征收方式、应纳税额的确定、纳税担保、税收保全措施、接收强制执行措施、离境清境、税款补征及清征、减免退税及延期纳税审批等内容。

（一）税款征收方式

税款征收方式是指税务机关根据各税种的不同特点和纳税人的具体情况而确定的计算、征收税款的形式和方法。我国税款征收方式主要有以下几种：

1. 查账征收

这是指由纳税人依据账簿记载，先自行计算缴纳，事后经税务机关查账核实，如有不符合税法规定的，则多退少补的一种税款征收方式。程序是：由纳税人在规定的期限内，向税务机关报送纳税申报表和财务会计报表，经税务机关查账核实后，填写缴款书，由纳税人到当地开户银行缴纳税款。这种方式适用于经营规模较大、财务会计制度健全、会计记录完整、能够认真履行纳税义务的纳税人。

2. 查定征收

这是指由税务机关根据纳税人的从业人员、生产设备、原材料耗用等因素在正常情况下的生产、销售情况，对其生产的应税产品查定产量和销售额，然后依照税法规定的税率征收的一种税款征收方式。这种方式适用于生产经营规模较小、产品零星、税源分散、会计账册不健全、财务管理和会计核算水平较低的纳税人。

3. 查验征收

这是由税务机关对纳税申报人的应税产品进行查验后征税，并贴上完税证、查验证或盖查验戳，并据以征税的一种税款征收方式。这种方式适用于经营品种比较单一，经营地点、时间和商品来源不固定的纳税人。

4. 定期定额征收

这是指税务机关依照有关法律、法规的规定，按照一定的程序，核定纳税人在一定经营时期内的应纳税经营额及收益额，并以此为计税依据，确定其应纳税额的一种税款征收方式。

税务机关核定定额应依照以下程序办理：业户自报、典型调查、定额核定、下达定额。

这种方式适用于生产经营规模小，又确无建账能力，经主管税务机关审核，县级以上（含县级）税务机关批准可以不设置账簿或暂缓建账的小型纳税人。

5. 核定征收

这是指税务机关对不能完整、准确提供纳税资料的纳税人采用特定方式确定其应纳税收入或应纳税额，纳税人据以缴纳税款的一种方式。核定征收适用于以下情况：

（1）依照法律、行政法规的规定可以不设置账簿的。

（2）依照法律、行政法规的规定应当设置账簿但未设置的。

（3）擅自销毁账簿或者拒不提供纳税资料的。

（4）虽设置账簿，但账目混乱，或者成本资料、收入凭证、费用凭证残缺不全，难以查账的。

（5）发生纳税义务，未按照规定的期限办理纳税申报，经税务机关责令限期申报，逾期仍不申报的。

（6）纳税人申报的计税依据明显偏低，又无正常理由的。

6. 代扣代缴

这是指按照税法规定，负有扣缴税款的法定义务人，在向纳税人支付款项时，从所支付的款项中直接扣收税款并按照规定的期限和缴库方法申报解缴的一种征收方式。其目的是对零星分散、不易控制的税源实行源泉控制。

比较典型的是企业代扣个人所得税。

7. 代收代缴

这是指负有收缴税款的法定义务人，对纳税人应纳的税款进行代收代缴的方式。即由与纳税人有经济业务往来的单位和个人向纳税人收取款项时，依照税收的规定收取税款并按照规定的期限和缴库方法申报解缴税款。这种方式同样适用于对零星分散、不易控制的税源实行源泉控制。如受托加工应税消费品，税法规定，由受托方代收代缴消费税。

8. 委托代征

这是指受托单位按照税务机关核发的代征证书的要求，以税务机关的名义向纳税人征收一些零散税款的一种税款征收方式。这种方式主要适用于零星分散和流动性大的税款征收，如集贸市场税款的征收。

9. 其他方式

除以上方式外，还可以采用网络申报、IC 卡纳税、邮寄纳税等其他方式。

（二）税收保全措施

税收保全，是指税务机关对可能由于纳税人的行为或某种客观原因，致使以后税款征收不能保证或难以保证的案件，采用限制纳税人处理或转移商品、货物或其他财产的措施。

1. 税收保全适用情形

（1）税务机关有根据认为从事生产、经营的纳税人有逃避纳税义务的行为的，可以在规定的纳税期之前，责令限期缴纳税款；在限期内发现纳税人有明显的转移、隐匿其应纳税的商品、货物以及其他财产或者应纳税收入的迹象的，税务机关可以责成纳税人提供纳税担保。如果纳税人不能提供纳税担保，经县以上税务局（分局）局长批准可以采取税收担保措施。

（2）税务机关对从事生产、经营的纳税人以前纳税期的纳税情况依法进行税务检查时，发现纳税人有逃避纳税义务行为，并有明显的转移、隐匿其应纳税的商品、货物以及其他财产或者应纳税收入的迹象的，可以按照《税收征管法》规定的批准权限采取税收保全措施或强制执行措施。

2. 税收保全措施

税务机关责令具有税法规定情形的纳税人提供纳税担保而纳税人拒绝提供纳税担保或无力提供纳税担保的，经县以上税务局（分局）局长批准，税务机关可以采取下列税收保全措施。

（1）书面通知纳税人开户银行或者其他金融机构冻结纳税人的金额相当于应纳税款的存款；

（2）扣押、查封纳税人的价值相当于应纳税款的商品、货物或者其他财产，通知出境管理机关阻止其出境。其他财产是指纳税人的房地产、现金、有价证券等不动产和动产。

3. 税收保全的解除

纳税人在税务机关采取税收保全措施后，按照税务机关规定的期限缴纳税款的，税务机关应当自收到税款或者银行返回的完税凭证之日起 1 日内解除税收保全。

4. 不适用税收保全的财产

个人及其所抚养家属维持生活必需的住房和用品，不在税收保全措施的范围之内；税务机关对单价 5000 元以下的其他生活用品，不采取税收保全措施。

税务机关在采取保全措施时，还应当注意：应经县以上税务局（分局）局长批准；冻结存款数额要以相当于纳税人应纳税款的数额为限，而不是全部存款；如果纳税人在税务机关采取税收保全措施后按照税务机关规定的期限缴纳了税款，税务机关应按规定在收到税款或银行转回的税票后 24 小时内解除税收保全。

（三）税收强制执行

1. 税收强制执行的适用情形

从事生产、经营的纳税人、扣缴义务人未按照规定的期限缴纳或者解缴税款，纳税担保人未按照规定的期限缴纳所担保的税款，由税务机关责令限期缴纳；逾期未缴纳的，经县以上税务局（分局）局长批准，税务机关可以采取强制执行措施。

2. 税收强制执行的形式

（1）书面通知其开户银行或者其他金融机构从其存款中扣缴税款。

（2）扣押、查封、依法拍卖或者变卖其价值相当于应纳税款的商品、货物或者其他财产，以拍卖或者变卖所得抵缴税款。

税务机关采取强制执行措施时，对相应纳税人、扣缴义务人、纳税担保人未缴纳的滞纳金同时强制执行。个人及其所抚养家属维持生活必需的住房和用品，不在税收强制执行的范围之内；税务机关对单价 5000 元以下的其他生活用品，不采取强制执行措施。

（四）税款的退还与追征

针对实际工作中税款的课征多征或少征的情形，为体现税收法定原则，对纳税人多缴的税款要予以退还，对纳税人少缴的税款要予以追征。

1. 税款的退还

（1）纳税人多缴纳的税款，税务机关发现后应当立即退还；纳税人自结算缴纳税款之日起 3 年内发现的，可以向税务机关要求退还多缴的税款并加算银行同期存款利息，税务机关及时查实后应当立即退还；纳税人在结清缴纳税款之日起 3 年后向税务机关提出退还多缴税款要求的，税务机关不予受理。

（2）扣押、查封、依法拍卖或者变卖其价值相当于应纳税款的商品、货物或者其他财产，以拍卖或变卖所得抵缴税款。

2. 税款的追征

税务机关对超过纳税期限未缴或少缴税款的纳税人可以在规定期限内予以追征。

（1）因税务机关的责任，致使纳税人、扣缴义务人未缴或者少缴税款的，税务机关在三年内可以要求纳税人、扣缴义务人补缴税款，但是不得加收滞纳金。

（2）因纳税人、扣缴义务人计算错误等失误，未缴或者少缴税款的，税务机关在三年内可以追征税款、滞纳金；有特殊情况的，追征期可以延长到五年。"特殊情况"是指纳税人或者扣缴义务人因计算错误等失误，未缴或者少缴、未扣或者少扣、未收或者少收税款，累计数额在 10 万元以上的。补缴和追征税款、滞纳金的期限，自纳税人、扣缴义务人应缴款但未缴或者少缴税款之日起计算。

（3）对偷税、抗税、骗税的，税务机关追征其未缴或者少缴的税款、滞纳金或者所骗取的税款，不受前款规定期限的限制，可以无限期追征。

五、税务代理

（一）税务代理的概念

税务代理指代理人接受纳税主体的委托，在法定的代理范围内依法代其办理相关税务事宜的行为。税务代理人在其权限内，以纳税人（含扣缴义务人）的名义代为办理纳税申报，申办、变更、注销税务登记证，申请减免税，设置保管账簿凭证，进行税务行政复议和诉讼等纳税事项的服务活动。

（二）税务代理的特征

税务代理作为民事代理中的一种委托代理，主要有以下几个特征：

1. 公正性

税务代理机构不是税务行政机关，而是征纳双方的中介机构，因而只能站在公正的立场上，客观地评价代理人的经济行为；同时代理人必须在法律范围内为被代理人办理税收事宜，独立、公正地执行业务，既维护国家利益，又保护委托人的合法权益。税务代理必须按照依法代理、自愿有偿、客观公正和严格管理的原则进行。

2. 自愿性

税务代理的选择一般有单向选择和双向选择，无论哪种选择，都是建立在双方自愿的基础上的。也就是说，税务代理人实施税务代理行为，应当以纳税人、扣缴义务人自愿委托和自愿选择为前提。

3. 有偿性

税务代理机构是社会中介机构，它不是国家行政机关的附属机构，因此，同其他企事业单位一样要自负盈亏，提供有偿服务，通过代理取得收入并抵补费用，获得利润。

4. 独立性

税务代理机构与国家行政机关、纳税人或扣缴义务人等没有行政隶属关系，既不受税务行政部门的干预，又不受纳税人、扣缴义务人所左右，独立代办税务事宜。

5. 确定性

税务代理人的税务代理范围，是以法律、行政法规和行政规章的形式确定的。因此，税务代理人不得超越规定的内容从事代理活动。税务机关按照法律、行政法规规定委托其代理外，代理人不得代理应由税务机关行使的行政权力。

（三）税务代理的法定业务范围

税务代理的范围是指按照国家有关法律的规定，允许税务代理人从事的业务内容。尽管世界各国所规定的业务不尽相同，但其基本原则大致是一样的，即税务代理的业务范围主要是纳税人、扣缴义务人所委托的各项涉税事宜。

《税务代理试行办法》规定，税务代理人可以接受纳税人、扣缴义务人的委托，从事以下税务代理：

（1）办理税务登记、变更税务登记和注销税务登记手续；

（2）办理除增值税专用发票外的发票领购手续；

（3）办理纳税申报或扣缴税款报告；

（4）办理缴纳税款和申请退税和减免税申报；

（5）制作涉税文书；

（6）审查纳税情况；

（7）建账建制，办理账务；

（8）开展税务咨询（顾问）、税收筹划、涉税培训等涉税服务业务；

（9）申请税务行政复议或税务行政诉讼；

（10）办理增值税一般纳税人资格认定手续；

（11）利用主机共享服务系统为增值税一般纳税人代开增值税专用发票；

（12）国家税务总局规定的其他业务。

纳税人、扣缴义务人可根据需要委托税务代理人进行全面代理、单项代理或临时代理、常年代理。税务代理人不能代理应由税务机关行使的行政职权，税务机关按照法律、行政法规规定委托其代理的除外。

六、税务检查

（一）税务检查的概念

税务检查是指税务机关根据税收法律、行政法规的规定，对纳税人、扣缴义务人履行纳税义务、扣缴义务及其他有关业务事项审查、核实、监督活动的总称，是充分发挥税收职能的一种管理活动。是保证国家税收法律法规正确贯彻落实、充分发挥税收职能与作用、保证国家财政收入的重要手段。

税务检查的形式包括重点检查、分类计划检查、集中性检查、临时性检查、专项检查。

（二）税务检查的内容

（1）检查纳税人的账簿、记账凭证、报表和有关资料，检查扣缴义务人代扣代缴、代收代缴税款账簿、记账凭证和有关资料。

（2）税务机关有权到纳税人的生产、经营场所和货物存放地检查纳税人应纳税的商品、货物或者其他财产，检查扣缴义务人与代扣代缴、代收代缴税款相关的经营情况；纳税人、扣缴义务人用其生活场所从事生产经营活动的，经县以上税务局局长批准，可以检查其生活场所。

（3）责成纳税人、扣缴义务人提供与纳税或者代扣代缴、代收代缴税款有关的文件、证明材料和有关资料。

（4）询问纳税人、扣缴义务人与纳税或者代扣代缴、代收代缴税款有关的问题和情况。

（5）到车站、码头、机场、邮政企业及其分支机构检查纳税人托运、邮寄应纳税商品、货物或者其他财产。

（6）经县以上税务局（分局）局长批准，凭全国统一格式的检查存款账户许可证明，查询纳税人、扣缴义务人在银行或者其他金融机构的存款账户；经设区的市、自治州以上税务局（分局）局长批准，可以查询纳税人的储蓄存款。

（7）税务机关对金融机构进行检查时，有权查看金融机构储户的资金往来情况。

（8）实行会计电算化的纳税人，税务机关有权要求财务核算软件提供协助，以检查纳税人的财务核算软件中所有涉税资料，有权调取电子数据。

（9）对互联网域名注册机构，税务机关有权取得电子商务交易双方的网址、机构地址和居住地址等资料对电子商务和网络支付相关数据进行检查；对电子资料提供者，税务机关有权取得交易者在互联网上的真实身份、密钥和数字签名等。

七、税收法律责任

税收法律责任，是指税收法律关系的主体因违反税收法律规范所应承担的法律后果。根据《税收征管法》、《税收征管法实施细则》的有关规定，税务法律关系中的主体由于其行为违法，应当依法承担税收违法责任。

税收违法责任，是指税务法律关系中的主体由于其行为违法，按照法律规定必须承担的消极法律后果。由于违法行为的性质和危害程度不同，违法者所承担的法律责任也不同，根据税收征收管理的性质和特点，税收违法行为承担的法律责任的形式包括行政法律责任和刑事法律责任两大类。

（一）税收违法的行政处罚

税收违法的行政处罚，是行政处罚的一部分，是指依法享有税务行政处罚权的税务机关依法对公民、法人或其他经济组织违反税收法律、法规或规章，尚未构成犯罪的税务违法行为给予的一种税务行政制裁。其法律依据是《行政处罚法》和《税收征管法》，其特点与行政处罚一样，主体是税务机关，即必须是具有执法主体资格的各级税务机关，客体是违反法律、法规的管理相对人。涉及税务领域的具体行政处罚种类主要有以下几种：

1. 责令限期改正

责令限期改正又称警告，纳税人有下列行为之一的，由税务机关责令限期改正，可以处2000元以下的罚款；情节严重的，处2000元以上10000元以下的罚款：

（1）未按照规定的期限申报办理税务登记、变更或者注销登记的；

（2）未按照规定设置、保管账簿或者保管记账凭证和有关资料的；

（3）未按照规定将财务、会计制度或者财务、会计处理办法和会计核算软件报送税务机关备查的；

（4）未按照规定将其全部银行账号向税务机关报告的；

（5）未按照规定安装、使用税控装置，或者损毁、擅自改动税控装置的。

纳税人不办理税务登记的，由税务机关责令限期改正；逾期不改正的，经税务机关提请，由工商行政管理机关吊销其营业执照。

2. 罚款

罚款是对违反税收法律、法规，不履行法定义务的当事人的一种经济上的处罚。由于罚款既不影响被处罚人的人身自由及安全，又能起到对违法行为的惩戒作用，因而是税务行政处罚中应用最广的一种。

纳税人未按照规定使用税务登记证件，或者转借、涂改、损毁、买卖、伪造税务登记证件的，处 2000 元以上 10000 元以下的罚款；情节严重的，处 1 万元以上 5 万元以下的罚款。

3. 没收财产

没收财产适用于有违法所得的税收违法行为，是将犯罪分子个人所有的财产的一部分或全部强制无偿地收归国有的一种处罚方法。具体有没收财物和违法所得两种情况，前者是财物相对一方当事人所有，但因其用于非法活动而被没收；后者是对相对一方当事人非法所得的财物予以没收。

4. 收缴未用发票和暂停供应发票

《税收征管法》规定从事生产、经营的纳税人、扣缴义务人有本法规定的税收违法行为，拒不接受税务机关处理的，税务机关可以收缴其发票或者停止向其发售发票。

5. 停止出口退税权

对骗取国家出口退税税款的，税务机关可以在规定期间内停止为其办理出口退税。

（二）税收违法的刑事处罚

税收违法的刑事处罚是指享有刑事处罚权的国家机关对违反税收刑事法律规范，依法应当给予刑事处罚的公民、法人或其他组织法律制裁的行为。根据我国《刑法》规定，刑罚分为主刑和附加刑。主刑分为：管制、拘役、有期徒刑、无期徒刑和死刑。附加刑分为：罚金、剥夺政治权利、没收财产。对犯罪的外国人，可驱逐出境。

根据《税收征管法》规定，情节严重的下列行为，构成犯罪的，应当追究刑事责任：

（1）纳税人伪造、变造、隐匿、擅自销毁账簿、记账凭证，或者在账簿上多列支出或者不列、少列收入，或者经税务机关通知申报而拒不申报，或者进行虚假的纳税申报，不缴或者少缴应纳税款的。

（2）纳税人欠缴应纳税款，采取转移或者隐匿财产的手段，妨碍税务机关追缴欠缴的税款的。

（3）以假报出口或者其他欺骗手段，骗取国家出口退税款，由税务机关追缴其骗取的退税款。

（4）以暴力、威胁方法拒不缴纳税款的。

（5）违反规定，非法印制发票的。

（6）未经税务机关依法委托征收税款，致使他人合法权益受到严重损失的。

（7）税务人员徇私舞弊，对依法应当移交司法机关追究刑事责任的不移交的。

（8）税务人员与纳税人、扣缴义务人勾结，唆使或者协助纳税人、扣缴义务人偷逃税款行为的。

（9）税务人员徇私舞弊或者玩忽职守，不征或者少征应征税款，致使国家税收遭受重大损失的。

（10）税务人员对控告、检举税收违法违纪行为的纳税人、扣缴义务人以及其他检举人进行打击报复的。

八、税务行政复议

税务行政复议是指当事人（纳税人、扣缴义务人、纳税担保人及其他税务当事人）不服税务机关及其工作人员作出的税务具体行政行为，依法向上一级税务机关（复议机关）提出申请，复议机关经审理对原税务机关具体行政行为依法作出维持、变更、撤销等决定的活动。

实行税务行政复议制度的目的是维护和监督税务机关依法行使税收执法权，防止和纠正违法或者不当的税务具体行政行为，保护纳税人和其他当事人的合法权益。

（一）复议范围

根据《税收征管法》、《行政复议法》和《税务行政复议规则（试行）》的规定，税务行政复议的受案范围仅限于税务机关作出的税务具体行政行为。税务具体行政行为是指税务机关及其工作人员在税务行政管理活动中行使行政职权，针对特定的公民、法人或者其他组织，就特定的具体事项，作出的有关该公民、法人或者其他组织权利、义务的单方行为。申请人对下列具体行政行为不服，可以提出行政复议申请：

（1）税务机关作出的征税行为。包括：确认纳税主体、征税对象、征税范围、减税、免税、退税、抵扣税款、适用税率、计税依据、纳税环节、纳税期限、纳税地点和税款征收方式等具体行政行为，征收税款、加收滞纳金；扣缴义务人、受税务机关委托征收的单位作出的代扣代缴、代收代缴行为及代征行为。

（2）行政许可、行政审批行为。

（3）发票管理行为，包括发售、收缴、代开发票等。

（4）税务机关作出的税收保全措施和强制执行措施。

（5）税务机关作出的税务行政处罚行为，如罚款、没收非法所得、停止出口退税权。

（6）不依法履行下列职责的行为：颁发税务登记证，开具、出具完税凭证、外出经营活动税收管理证明，行政赔偿、行政奖励、资格认定行为、纳税信用等级评定行为以及其他不依法履行职责的行为。

（7）政府信息公开工作中的具体行政行为。

（8）不依法确认纳税担保行为。

（9）税务机关作出的通知出境管理机关阻止出境行为。

（10）税务机关作出的其他税务具体行政行为。

申请人对复议范围中第（1）项规定的行为不服的，应当先向复议机关申请行政复议，对复议决定不服的，可以再向人民法院提起行政诉讼。对第（1）项规定以外的具体行为不服的，可以申请行政复议，也可以直接向人民法院提起行政诉讼。

（二）复议管辖

根据《行政复议法》和《税务行政复议规则（试行）》的规定，我国税务行政复议管辖的基本制度原则上是实行由上一级税务机关管辖的一级复议制度。具体内容如下：

（1）对省级以下各级国家税务局作出的税务具体行政行为不服的，向其上一级机关申请行政复议；对省级国家税务局作出的具体行政行为不服的，向国家税务总局申请行政复议。

（2）对省级以下各级地方税务局作出的税务具体行政行为不服的，向其上一级机关申请复议；对省级地方税务局作出的具体行政行为不服的，向国家税务总局或省级人民政府申请复议。

（3）对国家税务总局作出的具体行政行为不服的，向国家税务总局申请行政复议。对行政复议决定不服的，申请人可以向人民法院提出行政诉讼；也可以向国务院申请裁决，国务院的裁决为终局裁决。

（三）行政复议决定

1. 行政复议决定的作出

复议机关应当自受理申请之日起 60 日内作出行政复议决定。情况复杂，不能在规定期限内作出行政复议决定的，经复议机关负责人批准，可以适当延长并告知申请人和被申请人，但延长期限最多不超过 30 日。

2. 行政复议决定的种类

行政复议机构应当对被申请者的具体行政行为提出审查意见，经行政复议机构负责人批准，按照下列规定作出行政复议决定：

（1）维持决定。具体行政行为认定事实清楚，证据确凿，适用依据正确，程序合法，内部适当的，决定维持。

（2）限期履行决定。被申请人不履行法定职责的，决定其在一定期限内履行。

（3）撤销、变更或确认的决定。具体行政行为有下列情形之一的，决定撤销、变更或确认该具体行政行为违法：主要事实不清、证据不足的；适用依据错误的；违反法定程序的；超越或者滥用职权的；具体行政行为明显不当的。

（4）责令赔偿的决定。申请人在申请行政复议时可以一并提出行政赔偿请求，复议机关对符合国家赔偿法的有关规定的申请人应当给予赔偿的，在决定撤销、变更具体行政行为或者确认具体行政行为违法时，应当同时决定对被申请人依法给予补偿。

3. 行政复议决定的效力

复议机关作出行政复议决定，应当制作行政复议决定书，并加盖印章。税务行政复议决定书一经送达，即产生法律效力。

第四章

财政法律制度

（一）知识目标

1. 了解预算法律制度，包括预算法的概念、构成。

2. 掌握国家预算的概念、作用和级次划分与构成。

3. 掌握预算管理的职权，包括各级权力机关的职权，各级财政部门的职权，各部门、各单位的职权等。

4. 了解预算收入与预算支出的概念及构成。

5. 掌握预算的组织程序、决算和预决算的监督。

6. 掌握政府采购法律制度的概念、功能、原则、采购的执行模式和方式、政府采购的监督检查。

7. 掌握国库集中收付制度的概念，包括国库单一账户的构成、财政收入的收缴方式和程序、财政支付方式和程序。

（二）能力目标

1. 正确了解国家预算法律制度。

2. 正确进行政府采购，掌握财政收入收缴和财政支出支付的操作程序。

2017年3月5日，在第十二届全国人民代表大会第五次会议上，财政部就2016年中央和地方预算执行情况与2017年中央和地方预算草案的报告中关键数据做了如下说明：2017年中央一般公共预算收入78612亿元，比2016年执行数同口径增长3.8%。加上从中央预算稳定调节基金调入1350亿元，从中央政府性基金预算、中央国有资本经营预算调入283亿元，收入总量为80245亿元。中央一般公共预算支出95745亿元，增长6.1%。收支总量相抵，中央财政赤字15500亿元，比2016年增加1500亿元。中央财政国债余额限额141408.35亿元。中央预算稳定调节基金余额1328.06亿元。

全国人民代表大会财政经济委员会在对预算报告和预算草案进行初步审查的基础上，根据各代表团和有关专门委员会的审查意见，又作了进一步审查。财政经济委员会认为，2017年中央和地方预算草案，是在宏观政策要稳、产业政策要准、微观政策要活、改革政策要实、社会政策要托底的政策思路下，统筹推进"五位一体"总体布局和协调推进"四个全面"战略布局，体现了党中央提出的稳中求进工作总基调，深入推进财税体制改革，着力构建现代财政制度，提升依法理财水平，加强地方政府性债务管理，积极防范化解财政风险，促进经济平稳健康发展和社会和谐稳定，预算草案是可行的。

那么什么是预算？在我国开展预算工作有哪些法律制度呢？

第一节　预算法律制度

一、预算法律制度的构成

预算法律制度是指国家经过法定程序制定的，用以调整国家在进行预算资金的筹集、分配使用和管理过程中发生的经济关系的法律规范的总称。我国预算法律制度由《中华人民共和国预算法》（以下简称《预算法》）、《中华人民共和国预算法实施条例》（以下简称《预算法实施条例》）以及有关国家预算管理的其他法规制度构成。

（一）《预算法》

预算法是有关国家预算收支以及进行预算管理的法律规范的总称。预算法是财政法律制度的核心，为了加强国家预算的分配和监督职能，健全国家预算的管理，加强宏观调控，保障经济和社会的健康发展，我国第一部《预算法》于1994年3月22日第八届全国人民代表大会第二次会议通过，自1995年1月1日起施行。

中华人民共和国第十二届全国人大常委会第十次会议于2014年8月31日通过了《全国人民代表大会常务委员会关于修改〈中华人民共和国预算法〉的决定》，并重新颁布修订后的《预算法》，自2015年1月1日起施行。修订后的《预算法》包括：总则、预算管理职权、预算收支范围、预算编制、预算审查和批准、预算执行、预算调整、决算、监督、法律责任和附则共十一章一百零一条。

在我国财政法律体系中，《预算法》是我国第一部财政基本法律，是核心法、骨干法，是我国国家预算管理工作的根本性法律，是制定其他预算法规的基本依据。它的颁布施行，对强化预算的分配和监督职能、健全国家对预算的管理、加强国家宏观调控、保障经济和社会的健康发展，具有十分重要的意义。

（二）《预算法实施条例》

为了贯彻实施《预算法》，使之更具可操作性，为预算及其监督提供更为具体明确的行为准则，国务院于《预算法》施行的同年11月2日在国务院第三十七次常务会议上通过《预算法实施条例》，于1995年11月22日国务院令第186号发布并实施。《预算法实施条例》共分为八章七十九条，包括：总则、预算收支范围、预算编制、预算执行、预算调整、决算、监督和附则。

《预算法实施条例》根据《预算法》制定，对《预算法》的有关法律概念以及预算管理的方法和程序作了进一步的补充和说明，是具体运用《预算法》的指南。

同时，为了进一步将预算活动纳入法制化的轨道，国务院还于1996年发布了《关于加强预算外资金管理的决定》，财政部也发布了《预算外资金管理实施办法》。在市场经济及法治条件下，财政资金的使用也与市场发生直接联系，需要将其纳入法制轨道，与此相关的是2002年颁行的《政府采购法》。

二、国家预算概述

（一）国家预算的概念

国家预算也称政府预算，是政府的基本财政收支计划，即经法定程序批准的国家年度财政收支计划。国家预算是实现财政职能的基本手段，反映国家的财政方针和社会经济政策，规定政府活动的范围和方向。

我国的预算收入主要采取税收形式，是社会主义经济的内部积累。我国的预算支出主要用于经济建设和行政管理、国防、文化、教育、科学、卫生以及社会福利事业等。预算收入反映国家支配的财力规模和来源，预算支出反映国家财力分配使用的方向和构成，预算收支的对比反映国家财力的平衡状况。编制国家预算可以有计划地组织收入和合理地安排支出，贯彻执行国家的方针政策，保证各项任务的实现。

现实中，国家预算的编制必须遵循一定的原则。国家预算的原则是指国家选择预算形式和体系应遵循的指导思想，也就是制定政府财政收支计划的方针，其主要有公开性、可靠性、完整性、统一性和年度性。

1. 公开性原则

国家预算反映政府的活动范围、方向和政策，与全体公民的切身利益息息相关。因此，国家预算及其执行情况必须采取一定的形式公开，为人民所了解并置于人民的监督之下。

2. 可靠性原则

每一收支项目的数字指标必须运用科学的方法，依据充分确实的资料，并总结出规律性，进行计算，不得假定或估算，更不能任意编造。

3. 完整性原则

应列入国家预算的一切财政支出都要列在预算中，不得打埋伏、造假账、预算外另列预算。国家允许的预算外支出，也应在预算中有所反映。

4. 统一性原则

虽然一级政府设立一级预算，但所有地方预算连同中央预算一起共同组成统一的国家预算。因此，要求设立统一的预算科目，每个科目都应按统一的口径、程序计算和填列。

5. 年度性原则

政府必须按照法定预算年度编制国家预算，这一预算要反映全年的财政收支活动，同时不允许将不属于本年度财政收支的内容列入本年度的国家预算之中。

上述预算原则是就一般意义而言的，不是绝对的。一个国家的预算原则一般是依据预算本身的属性，并与本国的经济实践相结合，通过制定预算法来实现的。不同性质的国家，其预算性质也不同。

（二）国家预算的作用

国家预算作为财政分配和宏观调控的主要手段，具有分配、调控和监督职能。国家预算的作用是国家预算职能在经济生活中的具体体现，它主要包括以下3个方面：

1. 财力保证作用

国家预算既是保障国家机器运转的物质条件，又是政府实施各项社会经济政策的有效保证。通过预算的编制，事先进行预测，使我们能掌握1年内筹集到多少收入，并根据财力的多少确定支出，也就是人们常说的要量入为出。

提高财力保证是国家预算最根本的作用。

2. 调节制约作用

国家预算作为国家的基本财政计划，是国家财政实行宏观控制的主要依据和主要手段。国家通过预算管理手段，有计划地筹集和分配由国家集中支配的财政资金，实现财政资源的优化配置。国家预算的收支规模可调节社会总供给总需求的平衡，预算支出的结构可调节国民经济结构，国家可以通过预算收支总量的变动和预算收支结构的调整来维护社会经济的稳定和促进社会经济的协调发展，因而国家预算的编制和执行情况对国民经济和社会发展都有直接的制约作用。

3. 反映监督作用

国家预算是国民经济的综合反映，预算收入反映国民经济的发展规模和经济效益水平，预算支出反映各项建设事业发展的基本情况。因此，通过国家预算的编制和执行，便于掌握国民经济的运行状况、发展趋势以及出现的问题，从而采取对策措施，促进国民经济稳定协调地发展。

（三）国家预算的级次划分

国家预算也就是政府收支预算，一般来说，有一级政府，即有一级财政收支活动主体，也就应有一级预算。依据财政法原理中的"一级政权，一级财政"原则，我国《预算法》规定，国家实行一级政府一级预算。

在现代社会，一般国家都实行多级预算。我国国家预算级次结构是根据国家政权结构、行政区域划分和财政管理体制要求而确定的。我国的国家预算实行一级政府一级预算，共分为五级预算，具体包括：

（1）中央预算。

（2）省级（省、自治区、直辖市）预算。

（3）地市级（设区的市、自治州）预算。

（4）县市级（县、自治县、不设区的市、市辖区）预算。

（5）乡镇级（乡、民族乡、镇）预算。

其中，对于不具备设立预算条件的乡、民族乡、镇，经省、自治区、直辖市政府确定，可以暂不设立预算。

（四）国家预算的构成

我国的国家预算根据政府级次不同可以分为中央预算和地方预算；按照收支管理范围可分为总预算和部门单位预算；按照预算收支的内容可分为一般公共预算、政府性基金预算、国有资本经营预算、社会保险基金预算。

国家预算是国家组织分配财政资金的重要工具和实现宏观经济调控的重要手段。它是政府的基本收支计划，必须经过国家最高权力机关审批后方能生效，因此是国家的一项法律文件，体现着人民的意志。

1. 中央预算

中央预算即中央政府预算，由中央各部门（含直属单位，下同）的预算组成。中央预算包括地方向中央上解的收入数额和中央对地方返还或者给予补助的数额。

中央预算在国家预算体系中占主导地位，它集中了国家预算收入的大部分。中央预算收入在不同的预算管理体制下有不同的规定，我国的分税制规定，中央预算收入主要由中央固定收入、共享收入的中央收入部分、地方上缴收入等组成。

中央预算支出由中央本级支出和补助地方支出组成，主要包括国防、外交、援建支出、中央级行政管理费、文教卫生事业费、中央统筹的基本建设投资，以及中央本级负担的公检法支出、中央财政对地方的税收返还等。

2. 地方预算

地方预算是指各级地方总预算的统称，是国家预算的有机组成部分，是地方政府的财政收支计划，是政府预算活动的基本环节，在国家预算中占有重要地位。

地方各级总预算由本级政府预算（简称本级预算）和汇总的下一级预算（只有本级预算的）组成，下一级预算即指下一级的本级预算；没有下一级预算的，总预算即指本级预算。

地方各级政府预算由本级各部门（含直属单位，下同）的预算组成。地方各级政府预算包括下级政府向上级政府上解的收入数额和上级政府对下级政府返还或者给予补助的数额。各部门预算由本部门所属各单位预算组成。各单位是指列入部门预算的国家机关、社会团体和其他单位的收支预算。

我国国家预算收入的绝大部分通过地方预算筹集，国家预算支出中有相当一部分通过地方预算支出，地方预算担负着地方行政管理和经济文化建设支出，特别是支援农村生产发展的重要任务。因此，它在我国国家预算中占有重要地位。

地方预算收入主要是由地方固定收入、公共收入的地方收入部分、中央对地方的返还收入、补助收入等组成。地方预算支出根据地方政府的职能划分，主要包括：地方行政管理、公检法支出、地方统筹的基本建设投资、支农支出、地方文教卫生事业费支出、地方上解支出等。

3. 总预算

总预算是指政府的财政汇总预算。根据国家实行一级政府一级预算的原则，可划分各级次的总预算，如中央总预算、省（自治区、直辖市）总预算、市总预算、县总预算等。各级总预算由本级政府预算和汇总的下一级总预算组成；下一级只有本级预算的，下一级总预算即指下一级的本级预算；没有下一级预算的，总预算即指本级预算。

4. 部门单位预算

部门单位预算是指部门、单位的收支预算。各部门预算由本部门所属各单位预算组成。

单位预算是指列入部门预算的国家机关、社会团体和其他单位的收支预算。部门单位预算是总预算的基础，其预算收支项目比较详细和具体，它由各项预算部门和单位编制。

部门预算以各级政府职能部门为载体，汇集所属的单位预算，形成各级政府的预算计划，由财政部门审核，经各级人民代表大会审议通过。因此，部门预算是一个综合预算，它反映各部门内各类预算单位所有的收入和支出，既包括行政单位预算，又包括其下属的事业单位预算；既包括一般预算收支计划，又包括政府基金预算收支计划；既包括正常经费预算，又包括专项支出预算；既包括财政预算内拨款收支计划，又包括财政预算外核拨资金收支计划和部门其他收支计划。

单位预算是各级政府的部门或职能机构就其本身及其隶属的行政事业单位年度经费收支所编制实施的预算，它是各级公共机构行使职能的财力保证。编制单位预算，针对接受财政拨款的相关部门和单位，被称作预算单位，是各级政府预算的基本构成要素。例如，国家税务总局属于中央一级预算单位，部门预算由总局本级和40个二级预算单位的预算组成。

5. 一般公共预算

一般公共预算是对以税收为主体的财政收入，安排用于保障和改善民生、推动经济社会发展、维护国家安全、维持国家机构正常运转等方面的收支预算。

中央一般公共预算包括中央各部门（含直属单位，下同）的预算和中央对地方的税收返还、转移支付预算。中央一般公共预算收入包括中央本级收入和地方向中央的上解收入。中央一般公共预算支出包括中央本级支出、中央对地方的税收返还和转移支付。

地方各级一般公共预算包括本级各部门（含直属单位，下同）的预算和税收返还、转移支付预算。地方各级一般公共预算收入包括地方本级收入、上级政府对本级政府的税收返还和转移支付、下级政府的上解收入。地方各级一般公共预算支出包括地方本级支出、对上级政府的上解支出、对下级政府的税收返还和转移支付。

6. 政府性基金预算

政府性基金预算是对依照法律、行政法规的规定在一定期限内向特定对象征收、收取或者以其他方式筹集的资金，专项用于特定公共事业发展的收支预算。政府性基金预算应当根据基金项目收入情况和实际支出需要，按基金项目编制，做到以收定支。

7. 国有资本经营预算

国有资本经营预算是对国有资本收益作出支出安排的收支预算。国有资本经营预算应当按照收支平衡的原则编制，不列赤字，并安排资金调入一般公共预算。

8. 社会保险基金预算

社会保险基金预算是对社会保险缴款、一般公共预算安排和其他方式筹集的资金，专项用于社会保险的收支预算。社会保险基金预算应当按照统筹层次和社会保险项目分别编制，做到收支平衡。

一般公共预算、政府性基金预算、国有资本经营预算和社会保险基金预算应当保持完整、独立。政府性基金预算、国有资本经营预算和社会保险基金预算应当与一般公共预算相衔接。

三、预算管理的职权

国家的预算活动必须依法进行管理，才能有效地实现《预算法》的宗旨，而预算管理必须按照法定职权进行。明确划分国家各级权力机关、各级政府、各级财政部门、各单位在预算活动中的职权，是保证依法管理预算的前提条件，也是将各级预算编制、预算审批、预算执行、预算调整和预算决算的各个环节纳入法制化、规范化轨道的必要措施。

我国划分预算管理职权的原则是：统一领导、分级管理、权责结合。在此原则下，《预算法》规定了各级人民代表大会及其常务委员会、各级政府、各级财政部门和各部门、各单位的预算职权。

（一）各级人民代表大会及其常务委员会的预算管理职权

根据《预算法》的规定，各级人民代表大会的预算职权有审查权、批准权、变更撤销权。各级人民代表大会常务委员会的职权有：监督权、审批权、撤销权。需要指明的是，设立预算的乡、民族乡、镇，由于不设立人民代表大会常务委员会，因而其职权中还包括由人民代表大会常务委员会行使的监督权等。

1. 全国人民代表大会及其常务委员会的职权

（1）全国人民代表大会的职权。

① 审查权：审查中央和地方预算草案及中央和地方预算执行情况的报告。

② 批准权：批准中央预算和中央预算执行情况的报告。

③ 变更撤销权：改变或者撤销全国人民代表大会常务委员会关于预算、决算的不适当的决议。

（2）全国人民代表大会常务委员会的职权：

① 监督权：监督中央和地方预算的执行。

② 审批权：审查和批准中央预算的调整方案；审查和批准中央决算。

③ 撤销权：撤销国务院制定的同《宪法》、法律相抵触的关于预算、决算的行政法规、决定和命令；撤销省、自治区、直辖市人民代表大会及其常务委员会制定的同《宪法》、法律和行政法规相抵触的关于预算、决算的地方性法规和决议。

2. 县级以上地方各级人民代表大会及其常务委员会的职权

（1）县级以上地方各级人民代表大会的预算管理职权包括：

① 审查权：审查本级总预算草案及本级总预算执行情况的报告。

② 批准权：批准本级预算和本级预算执行情况的报告。

③ 改变撤销权：改变或者撤销本级人民代表大会常务委员会关于预算、决算的不适当的决议；撤销本级政府关于预算、决算的不适当的决定和命令。

（2）县级以上地方各级人民代表大会常务委员会的预算管理职权包括：

① 监督权：监督本级总预算的执行。

② 审批权：审查和批准本级预算的调整方案；审查和批准本级政府决算。

③ 撤销权：撤销本级政府和下一级人民代表大会及其常务委员会关于预算、决算的不适当的决定、命令和决议。

3. 乡、民族乡、镇的人民代表大会的职权

设立预算的乡、民族乡、镇的人民代表大会的预算管理职权包括以下几项：

（1）审批权：审查和批准本级预算和本级预算执行情况的报告；审查和批准本级预算的调整方案及本级决算。

（2）监督权：监督本级决算的执行。

（3）撤销权：撤销本级政府关于预算、决算的不适当的决定和命令。

4. 各级财政部门的职权（编制权、执行权、提案权、报告权）

各级财政部门是预算管理的职能部门，直接担负着各级预算的组织实施工作。《预算法》赋予了各级财政部门相应的预算管理职权。

（1）国务院财政部门的职权。

① 编制权：具体编制中央预算、决算草案；具体编制中央预算的调整方案。

② 执行权：具体组织中央和地方预算的执行。

③ 提案权：提出中央预算预备费动用方案。

④ 报告权：定期向国务院报告中央和地方预算的执行情况。

（2）地方各级政府财政部门的职权。

（1）编制权：具体编制本级预算、决算草案。

（2）执行权：具体组织本级总预算的执行。

（3）提案权：提出本级预算预备费动用方案；具体编制本级预算的调整方案。

（4）报告权：定期向本级政府和上一级政府财政部门报告本级总预算的执行情况。

（三）各部门、各单位的职权

1. 各部门的职权

根据《预算法》的规定，各部门的职权是指与财政部门直接发生预算缴款、拨款关系的国家机关、军队、政党组织和社会团体等各部门的预算职权，包括：

（1）编制本部门预算、决算草案。

（2）组织和监督本部门预算的执行。

（3）定期向本级政府财政部门报告预算的执行情况。

2. 各单位的职权

根据《预算法》的规定，各单位的职权是指与财政部门直接发生预算缴款、拨款关系的企业和事业单位等各单位的预算职权，包括：

（1）编制本单位预算、决算草案。

（2）按照国家规定上缴预算收入，安排预算支出，并接受国家有关部门的监督。

（四）预算公开

财政预算公开，对于保障群众对财政预算的知情权、参与权和监督权，促进基层预算管理法制化、民主化、科学化具有重要意义。预算公开是有效防治腐败的重要举措，它在反腐倡廉建设中发挥着重要作用。《预算法》规定，经本级人民代表大会或者本级人民代表大会常务委员会批准的预算、预算调整、决算、预算执行情况的报告及报表，除涉及国家秘密的事项外，应当在批准后 20 日内由本级政府财政部门向社会公开，并对本级政府财政转移支付的安排、执行情况以及举借债务的情况等重要事项作出说明。

经本级政府财政部门批复的各部门预算、决算及报表，除涉及国家秘密的事项外，应当在批复后 20 日内由各部门向社会公开，并对部门预算、决算中机关运行经费的安排、使用情况等重要事项作出说明。

除涉及国家秘密的情况外，各级政府、各部门、各单位应当将政府采购的情况及时向社会公开。

四、预算收入与预算支出

预算包括一般公共预算、政府性基金预算、国有资本经营预算、社会保险基金预算。以下简要介绍一般公共预算收入和支出。

（一）一般公共预算收入

一般公共预算收入包括各项税收收入、行政事业性收费收入、国有资源（资产）有偿使用收入、转移性收入和其他收入。

1. 税收收入

这是指国家依据政治权力，按照法定标准和程序，强制地、无偿地、固定地取得的预算收入。它是国家预算收入的最主要的部分，在许多国家都占预算收入总额的 90% 以上，包括我国。

2. 行政事业性收费收入

这是指国家机关、司法机关和法律、法规授权的机构，依据国家法律、法规和省以上财政部门的规定行使其管理职能，向公民、法人和其他组织收取的费用。

3. 国有资源（资产）有偿使用收入

这是指有偿转让国有资源（资产）使用权而取得的收入。包括国有自然资源有偿使用收入、社会公共资源有偿使用收入和行政事业单位国有资产有偿使用收入。

4. 转移性收入

这是指根据财政体制规定在各级财政间进行资金转移及在本级财政各项资金间进行资金调剂所形成的收入，包括补助收入、上解收入和调入资金等。

5. 其他收入

其他收入是指上述各项收入以外的收入，主要包括规费收入、罚没收入、捐赠收入等。

（二）一般公共预算支出

1. 一般公共预算支出按照其功能划分

（1）一般公共服务支出。一般公共服务支出主要用于保障机关事业单位正常运转，支持各机关单位履行职能，保障各机关部门的项目支出需要，以及支持地方落实自主择业军转干部退役金等。

（2）外交、公共安全、国防支出。

（3）农业、环境保护支出。

（4）教育、科技、文化、卫生、体育支出。

（5）社会保障及就业支出。

（6）其他支出。包括对外援助支出、财政贴息支出、国家物资储备支出、少数民族地区补助费等。

2. 一般公共预算支出按照其经济性质划分

（1）工资福利支出。

（2）商品和服务支出。

（3）资本性支出和其他支出。

政府性基金预算、国有资本经营预算、社会保险基金预算的收支范围，按照法律、行政法规和国务院的规定执行。

中央预算与地方预算的支出，包括地方本级支出和地方预算有关收入和支出项目的划分、地方向中央上解收入、中央对地方返还或者给予补助的具体方法，由国务院规定，报全国人民代表大会常务委员会备案。预算收入应当统筹安排使用，确需设立专用基金项目的，须经国务院批准。上级政府不得在预算之外调用下级政府预算的资金。下级政府不得挤占或者截留属于上级政府预算的资金。

五、预算组织程序

根据《预算法》的规定，预算组织程序，包括预算的编制、预算的审批、预算的执行和预算的调整等环节，如图 4-1 所示。预算组织程序都以法律形式确定下来，以保证各级预算组织能够各司其职，各尽其责，保证国家预算的正确贯彻执行。

预算的编制　预算的审批　预算的执行　预算的调整

图 4-1　预算组织程序

（一）预算的编制

国家预算编制是预算计划管理的起点，也是预算计划管理的关键环节，国家预算需要按一定的程序进行编制，还要按法定程序进行审批。各级政府、各部门、各单位应当按照国务院规定的时间编制预算草案。编制预算草案的具体事项由财政部负责部署。

1. 预算年度

预算年度一般与财政年度或会计年度相一致，指的是编制和执行预算所依据的法定期限或预算的有效期限，体现预算的时效性。预算年度一般为1年，但各国预算年度的起止日期不尽一致，可分为历年制和跨年制。

历年制按公历年度统计，根据《预算法》的规定，我国预算年度采用公历制，即自公历1月1日起，至12月31日止。

跨年制是指一个预算年度跨越两个公历年度，但总时长仍等于1个日历年度。世界上有不少国家的预算年度采用跨年制，其起止日期选择主要有三类：一是以英国、日本、印度为代表，从当年4月1日起至次年3月31日止。二是以瑞典、澳大利亚为代表，从7月1日起至次年的6月30日止。三是以美国、泰国为代表，从10月1日起至次年9月30日止。

2. 预算草案的编制依据

预算草案是指各级政府、各部门、各单位编制的未经法定程序审查和批准的预算收支计划。预算草案包括各级政府编制的预算草案和各部门、各单位编制的预算草案。

国务院于每年11月10日前向省、自治区、直辖市政府和中央各部门下达编制下一年度预算草案的指示，提出编制预算草案的原则和要求。各级政府、各部门、各单位应当按照国务院规定的时间编制预算草案。

中央预算和地方各级政府预算，应当参考上一年预算执行情况和本年度收支预测进行编制。其主要依据如下所示：

（1）各级政府编制年度预算草案的依据：

① 法律、法规；

② 国民经济和社会发展计划、财政中长期计划以及有关的财政经济政策；

③ 本级政府的预算管理职权和财政管理体制确定的预算收支范围；

④ 上一年度预算执行情况和本年度预算收支变化因素；

⑤ 上级政府对编制本年度预算草案的指示和要求。

（2）各部门、各单位编制年度预算草案的依据：

① 法律、法规；

② 本级政府的指示和要求以及本级政府财政部门的部署；

③ 本部门、本单位的职责、任务和事业发展计划；

④ 本部门、本单位的定员定额标准；

⑤ 本部门、本单位上一年度预算执行情况和本年度预算收支变化因素。

3. 预算草案的编制内容

（1）中央预算的编制内容包括：

① 本级预算收入和支出；

② 上一年度结余用于本年度安排的支出；

③ 返还或者补助的收入；

④ 地方上解的收入。

此外，中央财政本年度举借的国内外债务和还本付息数额应当在本级预算中单独列示。

（2）地方各级政府预算的编制内容包括：

① 本级预算收入和支出；

② 上一年度结余用于本年度安排的支出；

③ 上级返还或者补助的收入；

④ 返还或者补助下级的支出；

⑤ 上解上级的支出；

⑥ 下级上解的收入。

（二）预算的审批

1. 预算草案的初步审查

根据《预算法》的规定，各级预算草案在审批之前，应当在本级人民代表大会会议举行前 1 个月提交相关部门进行初步审查，具体如下：国务院财政部门应当在每年全国人民代表大会会议举行前 1 个月前，将中央预算草案的主要内容提交全国人民代表大会财政经济委员会进行初步审查。省、自治区、直辖市以及设区的市、自治州政府财政部门应当在本级人民代表大会会议举行前 1 个月前，将本级预算草案的主要内容提交本级人民代表大会有关的专门委员会或者根据本级人民代表大会常务委员会主任会议的决定提交本级人民代表大会常务委员会有关的工作委员会进行初步审查。县、自治县、不设区的市、市辖区政府财政部门应当在本级人民代表大会会议举行的 1 个月前，将本级预算草案的主要内容提交本级人民代表大会常务委员会进行初步审查。预算草案在提交给相应的权力机关进行初审后，即进入了审批阶段。

2. 预算的审批

预算的审批是指预算草案转为正式预算的关键阶段。国家预算草案一经批准，就成为正式的国家预算，具有法律效力，任何单位和个人必须严格遵守，不得随意变更。为此，我国《预算法》专门规定，经本级人民代表大会批准的预算，非经法定程序，不得改变。

（1）预算的审批。

由于各级预算的审批具有时效性、级别性、程序性和严肃性，《预算法》对预算的审查和批准作出了明确规定：中央预算由全国人民代表大会审查和批准，地方各级政府预算由本级人民代表大会审查和批准。

（2）预算的备案。

各级政府预算批准后，必须依法向相应的国家机关备案，以加强预算监督，预算备案是与预算审批密切相关的一项制度。各级政府预算经本级人民代表大会批准后，必须自上而下地向相应的国家机关备案。乡镇政府应当及时将经本级人民代表大会批准的本级预算报上一级政府备案。县级以上地方各级政府应当及时将经本级人民代表大会批准的本级预算及下一级政府报送备案的预算汇总，报上一级备案。县级以上地方各级人民政府将下一级政府依照前款规定报送备案的预算汇总后，报本级人民代表大会常务委员会备案。国务院将省、自治区政府依照前款规定报送备案的预算汇总后，报本级人民代表大会常务委员会备案。国务院和县级以上地方各级政府对下一级政府依法规定报送备案的预算，认为有同法律、行政法规相抵触，需要撤销批准预算的决议的，应当提请本级人民代表大会常务委员会审议决定。

（3）预算的批复。

预算的批复是指各级政府预算经过本级人民代表大会的批准之后，本级财政部门应当及时向本级财政各部门批复预算。

根据《预算法》的规定，各级政府财政部门应当自本级人民代表大会批准本级政府预算之日起30日内，批复本级各部门预算。各部门应当自财政部门批复本部门预算之日起15日内，批复所属各单位预算。

中央预算经本级人民代表大会批准后，本级政府财政部门应当在30日内向本级各部门批复预算。中央各部门应当在接到本级政府财政部门批复的本部门预算后15日内向所属各单位批复预算。

地方各级政府预算草案经本级人民代表大会批准后，为当年本级政府预算。县级以上地方各级政府财政部门应当在30日内向本级各部门批复预算。地方各部门应当在接到本级政府财政部门批复的本部门预算后15日内，批复所属各单位预算。

（三）预算的执行

预算的执行是指经法定程序审查和批准的预算的具体实施过程，是把预算由计划变为现实的具体实施步骤。预算执行工作是实现预算收支任务的关键步骤，也是整个预算管理工作的中心环节。我国预算执行的主体包括各级政府、各级政府财政部门、预算收入征收部门、国家金库、各有关部门和有关单位。各部门、各单位是本部门、本单位的预算执行主体，负责本部门、本单位的预算执行，并对执行结果负责。

1. 预算执行的依据

预算执行要以经过权力机关依法定程序批准的预算为依据，各级政府预算草案在本级人民代表大会批准前，本级政府可以先按照上一年同期的预算支出数额安排支出，预算经本级人民代表大会批准后，按照批准的预算执行。

2. 预算收入的组织执行

国家预算由预算收入和预算支出两部分组成，因而预算收入与预算支出的组织执行均为预算执行的重要内容。在预算收入的组织执行方面，最基本的要求是预算收入的取得必须及时、足额。

（1）预算收入征收部门的义务。预算收入征收部门必须按照法律、行政法规和财政部门的有关规定，及时、足额征收应征的预算收入，并按照财政管理体制的规定及时将预算收入缴入中央国库和地方国库，不得截留、占用、挪用或者拖欠。未经财政部门批准，不得将预算收入存入在国库外设立的过渡型账户。各项预算收入的减征、免征或者缓征，必须按照法律、行政法规和财政部门的有关规定办理，任何人不得违反法律、行政法规和财政部门的有关规定，擅自减征、免征或者缓征应征的预算收入。

（2）有预算收入上缴任务的部门和单位的义务。有预算收入上缴任务的部门和单位，必须按照法律、行政法规和财政部门的有关规定，将应当上缴的预算资金及时、足额地缴入国库，不得截留、占用、挪用或者拖欠。

3. 预算支出的组织执行

各级政府财政部门在预算支出的组织执行方面，最基本的要求是：严格依照预算，依法及时足额地拨付预算支出资金。同时，在预算支出的组织执行过程中，各级政府、各部门和各单位，均应贯彻厉行节约的方针，提高资金的使用效益，加强对预算支出资金的管理和监督。

政府财政部门遵循下列3项原则对预算拨款实施严格管理。

（1）按照预算拨款，即按照批准的年度预算和用款计划拨款，不得办理无预算、无用款计划、超预算计划的拨款，不得擅自改变支出用途。

（2）按照规定的预算级次和程序拨款，即根据用款单位的申请，按照用款单位的预算级次和审定的用款计划，按期核拨，不得越级办理预算拨款。

（3）按照进度拨款，即根据各用款单位的实际用款进度和国库库款情况拨付资金。各级政府预算预备费的动用方案，由本级政府财政部门提出，报本级政府决定；各级政府预算周转金由本级政府财政部门管理，用于预算执行中的资金周转，不得挪作他用。

4. 预算执行的中间环节

预算的收入和支出必须通过国库进行。国库是预算执行的中间环节，是国家进行预算收支活动的出纳机关。县级以上各级预算必须设立国库；具备条件的乡镇也应当设立国库。中央国库业务由中国人民银行办理，地方国库业务依照国务院的有关规定办理。各级国库必须按照国家有关规定，及时准确地办理预算收入的收纳、划分、留解和预算支出的拨付。各级国库库款的支配权属于本级政府财政部门。除法律、行政法规另有规定外，未经本级政府财政部门同意，任何部门、单位和个人都无权动用国库库款或者以其他方式支配已入国库的库款。

（四）预算的调整

1. 预算调整的概念

经全国人民代表大会批准的中央预算和经地方各级人民代表大会批准的本级预算，在执行中因特殊情况需要增加支出或者减少收入，使原批准的收支平衡预算的总支出超过总收入，或者使原批准的预算中举借债务的数额增加的部分变更，凡是涉及各级预算总收入和总支出变化，打破原有预算平衡，扩大预算收支逆差或者原批准的债务增加的，都属于预算调整。在预算执行中，因上级政府返还或者给予帮助而引起的预算收支变化，不属于预算调整。但应当按照上级政府规定的用途使用，并向本级人民代表大会常务委员会报告有关情况。

2. 调整预算的审批

预算是一种计划，确定后往往会受到主客观条件的影响和制约，原来预料不到的一些特殊情况也会发现，导致预算收支由原来的平衡变得不平衡，这时就必须依法进行预算调整。由于预算是由权力机关批准的，具有法律效力，预算的调整实际上是对预算法案的修正，因此，预算的调整就必须经权力机关审批。任何政府或部门都不得擅自变动预算。

（1）根据《预算法》的规定，各级政府对于必须进行的预算调整，应当编制预算调整方案。具体调整程序是：中央预算的调整方案必须提请全国人民代表大会常务委员会审核和批准；县级以上地方各级政府预算的调整方案必须提请本级人民代表大会常务委员会审查和批准；乡镇政府预算的调整方案必须提请本级人民代表大会审查和批准。

（2）未经批准调整预算，各级政府不得做出任何使原批准的收入平衡的预算的总支出超过总收入或者是原批准的预算中举借债务的数额增加的决定，对违反法律法规做出的决定，本级人民代表大会、本级人民代表大会常务委员会或者上级政府应当责令其改变或撤销。

（3）地方各级政府预算的调整方案经批准后，由本级政府报上一级政府备案。

除此之外，根据《预算法》实施条例的有关规定，以下几个问题需要注意：

① 预算调整方案由政府财政部门负责具体编制。预算调整方案应当列明调整的原因、项

目、数额措施及有关说明。经本级政府审定后，提请本级人民代表大会常务委员会审查批准。

② 接受上级返还或者补助的地方政府，应当按照上级政府规定的用途使用款项，不得擅自改变用途。

③ 政府有关部门，以本级预算安排的资金拨付给下级政府有关的专款，必须经本级政府财政部门同意，并办理预算划转手续。

④ 各部门各单位的预算支出，必须按照本级政府财政部门批复的预算科目和数额执行，不得挪用。确需调整的，必须经本级政府财政部门同意。

⑤ 年度预算确定后，企业、事业单位改变隶属关系，引起预算级次和关系变化的，应当在改变财务关系的同时，相应办理预算划转。

六、决算

决算在形式上是对年度预算收支执行结果的会计报告，在实质上是对年度预算结果的总结。决算是国家管理预算活动的最后一道程序。它包括决算报表和文明说明两个部分。

决算是国家经济活动在财政上的综合反映，从中可以考察出对国家经济政策和法律实际执行的情况，通过进行决算的编制和审批工作，有利于发现问题、纠偏匡谬、减少损失；也有利于总结经验、扬长避短，为今后的工作提供指导、参考；还有利于加强财政监督、完善财政法制。

（一）决算草案的编制

按照我国《预算法》及其实施条例的有关规定，财政部应当在每年第四季度部署编制决算草案的原则、要求、方法和报送期限，制发中央各部门决算、地方决算及其他有关决算的报表格式。县级以上地方政府财政部门根据财政部的部署，部署编制本级政府各部门和下级政府决算的原则、要求、方法和报送期限，制发本级政府各部门决算、下级政府决算及其他有关决算的报表格式。

1. 决算草案的编制主体与时间

决算草案的编制主体是各级政府、各部门和各单位，因此决算草案相应地可分为各级政府决算草案、各部门决算草案和各单位决算草案，这些决算草案由各级政府、各部门和各单位在每一预算年度终了以后按照国务院规定的时间编制。

2. 决算草案的编制原则

根据《预算法》的规定，编制决算草案的具体事项由国务院财政部门来部署，必须遵循决算草案的编制原则，这些原则主要是：

（1）合法原则，即决算草案的编制必须符合法律、行政法规，而不得与之相抵触，否则，相关的机关有权撤销该决算草案。

（2）准确完整原则。所谓准确，即决算草案中涉及的收支数额必须准确；所谓完整，即决算草案的内容必须完整，应有项目没有缺漏。

（3）报送及时原则。由于决算草案的编制有时间限制，同时各主体的决算草案编制是互相衔接、紧密相连的，因此，必须及时报送才能更好地完成整个决算草案的编制工作。

3. 决算草案的编制程序

决算草案的编制是一个自上而下、由部分到整体的过程。依据《预算法》的规定，决算草案的编制程序为：

（1）先由各单位编制其决算草案。

（2）各部门对所属各单位的决算草案，应当审核并汇总编制本部门的决算草案，在规定的期限内报本级政府财政部门审核。

（3）各级政府财政部门对本级各部门决算草案进行审核，审核后汇总编制本级决算草案，报本级政府审定，本级政府审定后，即可报本级权力机关审批。各级政府财政部门对本级各部门决算草案审核后发现有不符合法律、行政法规规定的，有权予以纠正。

4. 各级政府决算草案的形成

我国《预算法》规定了各级政府决算草案的编制主体，通过这些主体对本级各部门决算草案的审核和汇总，才形成了各级政府的决算草案。对此，《预算法》明确规定：

（1）国务院财政部门编制中央决算草案。

（2）县级以上地方各级政府财政部门编制本级决算草案。

（3）乡、民族乡、镇政府编制本级决算草案。

（二）决算草案的审查和批准

国家决算草案的审批和批准，是对国家预算执行情况作出评价的重要环节。决算草案只有经过权力机关依法定程序予以审查和批准，政府在预算年度内的预算执行责任才能免除，一个预算管理程序才告结束。因此，决算草案的审批，是整个决算制度非常重要的组成部分。

1. 决算草案的审批

根据《预算法》的规定，各级政府财政部门在编制本级决算草案后，报本级政府审定，经审定后的决算草案，再由本级政府提请本级权力机关审查和批准，因此，决算草案的审批主体是各级权力机关。

决算草案的审批具体如下：

（1）国务院财政部门编制中央决算草案，报国务院审定后，由国务院提请全国人民代表大会常务委员会审查和批准。

（2）县级以上地方各级政府财政部门编制本级决算草案，报本级政府审查后，由本级政府提请本级人民代表大会常务委员会审查和批准。

（3）乡、民族乡、镇政府编制本级决算草案，提请本级人民代表大会审查和批准。由于乡级人民代表大会不设常务委员会，因此决算草案的审批职能由乡级人民代表大会审批。这是乡级决算草案审批与其他政府决算草案审批的不同之处。

2. 决算的批复

根据《预算法》的规定，各级政府的决算经批准后，财政部门应当向本级各部门批复决算。决算的批复具体如下：

（1）各级政府的决算草案经本级人民代表大会常务委员会批准后，本级政府财政部门应当自批准之日起 20 日内向本级各部门批复决算。

（2）各部门自本级政府财政部门批复本部门决算之日起 15 日内向所属各单位批复决算。

（三）决算的备案

县级以上地方各级政府应当自本级人民代表大会常务委员会批准本级政府决算之日起 30 日内，将本级政府决算及下一级政府上报备案的决算汇总，报上一级政府备案。

根据《预算法》的规定，国务院和县级以上地方各级政府对下一级政府依照《预算法》规定报送备案的决算，认为有与法律、行政法规相抵触或者有其他不适当之处，需要撤销该项决算决议的，应当提请本级人民代表大会常务委员会审议决定。经审议决定撤销的，该下级人民代表大会常务委员会应当责成本级政府依照《预算法》规定重新编制决算草案，提请本级人民代表大会常务委员会审查和批准。

对于年度预算执行中上下级财政之间按照规定需要清算的事项，应当在决算时办理结算。

七、预决算的监督

预算、决算监督是指监督主体对各级政府和预算单位的预算编制、预算执行、预算调整乃至决算等活动的合法性和有效性实施的监察和督导，属于财政监督的重要组成部分。

国家各级权力机关依法对全部预算活动进行监督。各级权力机关、政府及其财政审计部门应依法切实地履行法律赋予的预算监督职责。根据《预算法》所确立的监督体系，对各级政府实施的预算与决算活动进行的监督，可以分为：国家权力机关的监督、各级政府的监督、各级政府财政部门的监督和各级政府审计部门和社会的监督。

（一）国家权力机关的监督

（1）全国人民代表大会及其常务委员会对中央和地方预算、决算进行监督。

（2）县级以上地方各级人民代表大会及其常务委员会对本级和下级政府预算、决算进行监督。

（3）乡、民族乡、镇人民代表大会对本级预算、决算进行监督。

（二）各级政府的监督

各级政府监督下级政府的预算执行，下级政府应当定期向上一级政府报告预算执行情况。

（三）各级政府财政部门的监督

各级政府财政部门的监督，简称财政监督。财政部门在整个预算活动中处于核心地位，在其所属预算主体的预算活动中处于核心地位，能够对其所属的预算主体的预算活动起到较大的指导作用。因此，财政监督在预决算的监督中非常重要。

《预算法》专门规定了财政部门对预算执行的监督权：各级政府财政部门负责监督检查本级各部门及其所属各单位预算的编制、执行，并向本级政府和上一级政府财政部门报告预算执行情况。

（四）各级政府审计部门的监督

各级政府审计部门的监督，简称审计监督，是一种专门的监督。审计部门独立于财政部门外，处于超然的监督地位，因而它能够更好地行使其监督权。而且，审计部门的监督与财政部门监督的范围是不同的。

县级以上政府审计部门依法对预算执行、决算执行实行审计监督，对预算执行和其他财政收支的审计工作报告应当向社会公开。

复习思考题

1. 什么是国家预算？国家预算有哪些作用？
2. 简述国家预算的级次划分。
3. 简述国家预算的构成。
4. 简述各级人民代表大会预算管理的职权。
5. 预算收入包括哪些收入？

6. 预算支出包括哪些支出？

7. 预算组织程序包括哪些环节？

第二节 政府采购法律制度

一、政府采购法律制度的构成

政府采购制度由《中华人民共和国政府采购法》（以下简称《政府采购法》）、政府采购行政法规（如《政府采购实施条例》）、国务院各部门特别是财政部颁布的一系列部门规章以及地方性法规和政府规章组成。

（一）《政府采购法》

2002 年 6 月 29 日第九届全国人民代表大会常务委员会第二十八会议通过、于 2003 年 1 月 1 日施行的《政府采购法》，是规范我国政府采购活动的基本法律，也是制定其他政府采购法律的依据。该法分为九章八十八条，包括总则、政府采购当事人、政府采购方式、政府采购程序、政府采购合同、质疑与投诉、监督检查、法律责任和附则。

《政府采购法》的颁布和实施对规范政府采购行为，提高政府采购资金的使用效益，维护国家利益和社会公众利益，保护政府采购当事人的合法权益，促进廉政建设具有十分重要的意义。

（二）《政府采购法实施条例》

2014 年 12 月 31 日，国务院第 75 次常务会议通过的《政府采购法实施条例》是对《政府采购法》的细化，自 2015 年 3 月 1 日起施行。

（三）政府采购部门规章

政府采购部门规章是指国务院各部门根据法律和国务院的行政法规、决定、命令，在本部门的职权范围内制定的规章。例如《政府采购信息公告管理办法》、《中央单位政府采购管理实施办法》、《政府采购货物和服务招标投标管理办法》等。

（四）政府采购地方性法规和政府规章

政府采购地方性法规是指省、自治区、直辖市以及省、自治区人民政府所在地的市和经国务院批准的较大的市的人民代表大会及其常委会根据本行政区域的具体情况和实际需要，在不同宪法、法律、行政法规相抵触的前提下制定的有关政府采购的规范性文件。

政府采购政府规章是由省、自治区、直辖市以及较大的市的人民政府根据法律、行政法规和本省、自治区、直辖市的地方性法规拟定，并经本级政府常委会会议或者全体会议讨论决定的法律规范形式。

这些法规和规章都以《政府采购法》为依据，同时结合了本地区的实际情况，具有较强的针对性和可操作性。如《安徽省省级 2009—2010 年度政府集中采购目录及限额标准》、《广东省实施办法》等。

二、政府采购的概念与原则

（一）政府采购的概念

根据《政府采购法》的规定，政府采购是指各级国家机关、事业单位和团体组织使用财政性资金采购依法制定的集中采购目录以内或者采购限额标准以上的货物、工程和服务的行为。

采购是指以合同方式有偿取得货物、工程和服务的行为，包括购买、租赁、委托、雇用等。需要说明的是，对于政府采购的概念，有广义和狭义两种不同的理解。从广义的角度看，所有由政府使用的财政性资金进行的采购，不管采购的内容是什么，都应该属于政府采购的范畴。而《政府采购法》中关于政府采购的定义是一种相对狭义的概念，按照《政府采购法》的解释，虽然同是由财政性资金进行采购，但限制了范围——集中采购目录以内的或者采购限额标准以上货物、工程和服务。应该说，广义的政府采购含义更加符合政府采购的本质。

政府采购与一般民事采购相比，具有非营利性、资金来源的财政性和公开性、管理上的规范性和公开性。因为政府采购的有关法律和程序都是公开的，采购的过程也是在完全公开的情况下进行的，一切采购活动都要作出公开记录，所有的采购信息都是公开的，所以政府采购也被称为"阳光下的交易"。

1. 政府采购的主体范围

（1）政府采购是以政府为主体的采购活动。政府采购的主体即采购人，其范围是特定的，只有纳入政府采购的主体范围的国家机关、事业单位和团队组织的政府采购活动，才受到《政府采购法》的约束。

（2）国家机关是指依法享有国家赋予的行政权力，具有独立的法人地位，以国家预算作为独立活动经费的各级机关；事业单位是指国家为了社会公益目的，由国家机关举办或者其他组织利用国有资产举办的，从事教育、科技、文化、卫生等活动的社会服务组织；团体组织是指我国公民自愿组成的，为实现会员共同意愿，按照其章程开展活动的非营利性社会组织。

（3）根据《政府采购法》的规定，政府采购的主体范围主要包括使用财政性资金采购依法制定的集中采购目录以内的或者采购限额标准以上的货物、工程和服务的各级国家机关、事业单位和团体组织。以政府为主体，是政府采购区别于个人采购、企业采购的根本点之一。所有个人、私人企业和公司均不能成为政府采购的采购主体。

（4）需要注意的是，虽然国有企业或国家控股公司的资产也是政府应该管理的国有资产，但因其经营和运用具有较强的市场性和特殊性，所以，除少数国家和地区外，一般都不纳入政府采购的范围。同时，下列4种情况也不受《政府采购法》的约束。

① 军事采购。

② 采购人使用国际组织和外国政府贷款进行的政府采购。

③ 采购人对因严重自然灾害和其他不可抗力事件所实施的紧急采购和涉及国家安全和秘密的采购。

④ 香港和澳门两个特别行政区的政府采购。

2. 政府采购的资金范围

政府采购运用的主要是财政性资金。采购资金的性质是确定采购行为是否属于《政府采购法》规范范围的重要依据。按照国际惯例和我国相关法律、法规的要求，运用财政性资金进行的采购，都应该属于政府采购。

2001年2月，财政部和中国人民银行制定发布的《政府采购资金财政直接拨付管理办法》中明确定义："政府采购资金是指采购机关获取货物、工程和服务时支付的资金，包括财政性资金，以及与财政资金相配套的单位自筹资金。"根据《政府采购法》的规定，政府采购全部使用或部分使用的资金必须是财政性资金。以财政性资金作为还款来源的借贷资金，以事业单位和团体组织占有或使用的国有资产作担保的借贷资金视同财政性资金。

财政性资金的最终来源为纳税人的税收和政府公共服务的收费。在财政支出中具体表现为采购支出，即财政支出减去转移支出的余额。

3. 政府集中采购目录和政府采购限额标准

集中采购目录是指应当实行集中采购的货物、工程和服务的类别目录。采购限额标准是指集中采购目录以外应实行政府采购的货物、工程和服务类别的最低金额标准。

《政府采购法》规定，政府集中采购目录和政府采购限额标准的制定，实行分级管理。政府集中采购目录和政府采购限额标准由省级以上人民政府确定并公布。其中，属于中央预算的政府采购项目，限额标准由国务院确定并公布；属于地方预算的政府采购项目，由省、自治区、直辖市人民政府或者其授权的机构确定并公布。

政府采购限额标准的制定实行分级管理，是考虑到在我国目前的情况下，全国各地情况差别较为明显，对不同省份和地区强求集中采购目录和采购限额标准一致是不现实的。采用这种分级管理的分权方法与当前我国国情是相适应的。

4. 政府采购的对象范围

政府采购的对象范围比较广泛，分类归纳起来主要包括三大类：货物、工程和服务。

（1）货物是指各种形态和种类的物品，包括有形物和无形物。有形物包括原材料、燃料、设备、产品等，无形物包括商标专用权、著作权、专利权等知识产权，视同货物。

（2）工程是指建设构筑物和建筑物的工程，包括新建、改建、扩建、装修、拆除、修缮以及与建设工程相关的勘察、设计、施工、监理等。

（3）服务是指除货物和工程以外的政府采购对象，包括各类专业服务、信息网络开发服务、金融保险服务、运输服务，以及维修与维护服务等。

政府采购应当采购本国货物、工程和服务，但有下列情况之一的除外：

①需要采购的货物、工程或者服务在中国境内无法获取或者无法以合理的商业条件获取的；

② 在中国境外使用而进行采购的；

③ 其他法律、行政法规另有规定。

（二）政府采购的原则

《政府采购法》规定，政府采购应当遵循公开透明原则、公平竞争原则、公正原则和诚实信用原则。

1. 公开透明原则

公开透明原则是政府采购必须遵循的基本原则之一，政府采购被誉为"阳光下的交易"，即源于此。政府采购的资金来源于纳税人缴纳的各种税金，只有坚持公开透明，才能为供应商参加政府采购提供公平竞争的环境，为公众对政府采购资金的使用情况进行有效的监督创造条件。公开透明要求政府采购的信息和行为不仅要全面公开，而且要完全透明。仅公开信息但仍搞暗箱操作属于违法行为。依本法精神，公开透明要求做到政府采购的法规和规章制度要公开，招标信息及中标或成交结果要公开，开标活动要公开，投诉处理结果或司法裁决等都要公开，使政府采购活动在完全透明的状态下运作，全面、广泛地接受监督。

公开透明原则应当贯穿于政府采购全过程，具体体现为以下三个方面：

（1）公开的内容。应当公开的政府采购信息包括：政府采购法规政策，省级以上人民政府公布的集中采购目录，政府采购限额标准和公开招标数额标准，政府采购招标业务代理机构名录，招标投标信息，财政部门受理政府采购投诉的联系方式及投诉处理决定，财政部门对集中采购机构的考核结果，采购代理机构、供应商不良行为记录名单等。

（2）公开的标准。政府采购公开的信息应当符合内容真实、准确可靠、发布及时、便于获得查找等标准。

（3）公开的途径。政府采购信息应当在省级以上财政部门指定的政府采购信息发布媒体上向社会公开发布。

2. 公平竞争原则

公平竞争原则是市场经济运行的重要法则，是政府采购的基本规则。公平竞争要求在竞争的前提下公平地开展政府采购活动。

（1）要将竞争机制引入采购活动中，实行优胜劣汰，让采购人通过优中选优的方式，获得价廉物美的货物、工程或者服务，提高财政性资金的使用效益。

（2）竞争必须公平，不能设置妨碍充分竞争的不正当条件。

公平竞争是指政府采购的竞争是有序竞争，要公平地对待每一个供应商，不能有歧视某些潜在的符合条件的供应商参与政府采购活动的现象，而且采购信息要在政府采购监督管理部门指定的媒体上公平地披露。本法有关这方面的规定将推进我国政府采购市场向竞争更为充分、运行更为规范、交易更为公平的方向发展，不仅使采购人获得价格低廉、质量有保证的货物、工程和服务，同时还有利于提高企业的竞争能力和自我发展能力。

3. 公正原则

公正原则主要指采购人、采购代理机构相对于作为投标人、潜在投标人的多个供应商而言，政府采购主管部门相对于作为被监督人的多个当事人而言，应站在中立、公允、超然的立场上，对于每个相对人都要一碗水端平、不偏不倚、平等对待、一视同仁，而不应厚此薄彼，不因其身份不同而实行差别对待。

要实现政府采购的公正，不仅要有供应商之间的公平竞争，还要有其他的相关安排在程序上或制度上作出保证。在这方面，较为重要的制度是回避制度，以及采购代理机构独立于政府的制度。

为了实现政府采购的公正，《政府采购法》做了一些具体规定：采购人不得对供应商实行差别待遇和歧视待遇；任何单位和个人不得要求采购人向指定的供应商采购；邀请招标是通过随机方式选择3家以上符合条件的供应商向其发出邀请；严格按照采购标准和采购程序确定中标、成交供应商；对竞争性谈判采购的谈判小组、询价采购的询价小组人员组成、人数等提出了要求；采购人员及相关人员与供应商有利害关系的必须回避。供应商认为采购人员及相关人员与其他供应商有利害关系的，可以申请其回避；政府采购监督管理部门不得设置集中采购机构，不得参与政府采购项目的采购活动，等等。

4. 诚实信用原则

市场经济既是法制经济也是信用经济，需要以当事人的诚实信用形成良好的社会风气，保障市场经济的有序运行。诚实信用原则也是发展市场经济的内在要求。

政府采购既然涉及采购，当然就会涉及基本的买方和卖方的利益。只要涉及不同利益主体，涉及在不同利益主体之间的信息传递，就会涉及诚信原则的使用问题。

诚实信用原则一方面要求采购主体在项目发标、信息公布、评标审标过程中要真实，不得有所隐瞒；另一方面也要求供应商在提供物品、服务时达到投标时作出的承诺，树立相应的责任意识。

三、政府采购的功能与执行模式

（一）政府采购的功能

1. 节约财政支出，提高采购资金的使用效益

政府采购资金来源于财政预算，是纳税人的钱，政府部门有义务合理使用这部分资金，提高资金的使用效益。

推行政府采购制度，就是使财政管理不仅重视预算，也要重视支出分配及其使用，将财政监督管理延伸到使用环节，从货币形态延伸到实物形态，增强财政履行分配职能的力度和水平，保证政府采购资金按预算目标使用，特别是政府采购通过公开、公平、公正、透明、科学的制度设计，使政府采购主体能够做到少花钱、多办事、办好事，从而降低采购成本，节约财政支出，提高财政资金的使用效益。在实行政府集中采购的情况下，既可以节约采购成本，又可以在保证产品性能与质量的前提下，压低产品与劳务的价格。另外，政府采购实行国库支付，将采购资金直接拨付给供应商，减少资金流通环节，所以通过政府采购可以以尽量少的财政投入获得最大的产出，因而实行政府采购可以达到"少花钱、多办事"的效果，提高财政资金的使用效益。

2. 强化宏观调控

我国市场经济的健康发展离不开政府合理、适度的宏观调控与科学的财力分配管理。消费是经济稳定和发展的重要因素，政府采购支出直接构成社会总需求的一部分，采购规模的扩大与缩小可以对经济起到扩张和收缩的政策效果。

政府采购的一个重要特征，就是它既不同于一般商业采购活动，也不同于企业和个人采购，是政府行为，要体现国家利益和政策要求；同时，一个国家和政府可以通过政府采购制度的实施，发挥宏观调控作用。比如，政府可以通过调整采购总量来调控社会总需求，进而促进社会总供给和总需求的平衡；可以通过调整采购品种、数量来影响国民经济产业结构和产品结构；可以通过对采购地区的选择以平衡地区间的经济发展等。

根据《政府采购法实施细则》草案的规定，国务院财政部门应当围绕国家经济和社会发展目标，会同国务院有关部门制定政府采购政策和政府采购产品清单，通过优先或强制采购等措施，支持保护节能环保、自主创新产品，以及扶持中小企业、不发达地区和少数民族地区企业等。

3. 活跃市场经济

政府采购必须遵循公开透明、公平竞争、公正和诚实信用原则，在竞标过程中实行公平、公正、客观、择优机制，所有这些，都会调动供应商参与政府采购的积极性，并促使供应商不断提高产品质量，降低生产成本，改善售后服务，以使自己能够获得政府订单。供应商竞争能力的提高，不仅可以促进国内市场经济的繁荣，为我国市场经济注入生机与活力，而且有助于供应商走向国际市场，增强我国产品在国际市场的竞争力。

4. 推进反腐倡廉

由于政府采购项目多，规模大，其采购合同成为各供应商的竞争目标，所以，在具体采购活动中，经常出现采购人将政府行为与商业行为混淆的现象。如果缺乏完善的监督机制，就极容易出现索贿、行贿、钱权交易等贪污腐败问题。

统一的政府采购，特别是公开招标方式，使政府的各项采购活动在公开、公正公平的环境中运作，财政、审计、供应商和社会公众等全方位地参与监督，从而有效地抑制各种腐败。

政府采购作为一项制度，从两个方面推进政府反腐倡廉工作。

（1）政府采购中的采购人、供应商和采购代理机构三者之间在各自内在利益驱动下所形成的内在相互监督机制，可以促进反腐倡廉。如《政府采购法》规定，在政府采购活动中，采购人员及相关人员与供应商有利害关系的，必须回避。供应商认为采购人员及相关人员与其他供应商有利害关系的，可以申请其回避。

（2）政府采购制度同时建立了一套外在的监督制度。如《政府采购法》规定，各级人民政府财政部门是负责政府采购监督管理的部门，依法履行对政府采购活动的监督管理职责。各级人民政府其他有关部门依法履行与政府采购活动有关的监督管理职责。这些监督制度强化了对采购行为的约束力，增强了有效抑制政府采购中各种腐败现象滋生的可行性，进而有助于上述措施和决定的落实，净化交易环境，使政府采购成为名副其实的"阳光下的交易"，从源头上抑制腐败现象的发生，促进廉政建设。

5. 保护民族产业

在众多的非关税贸易堡垒中，政府采购是世界各国为保护民族产业而普遍采用的一种有效手段。例如，美国1933年的《美国产品法》的宗旨即保护美国工业、工人及美国资本。根据我国《政府采购法》的规定，除有少数法定情形外，政府采购应当采购本国货物、工程和服务。这一规定体现了国货优先原则，即政府采购保护民族产业的功能。我国加入世界贸易组织之后，面临大量进口产品对民族产业的冲击和压力，尤其是汽车、信息等高技术产业，但我国仍保留政府采购市场不对外开放。即便今后我国加入了GPA《政府采购协议》，仍然会有大量在协议条款之外的政府采购项目。对于这部分采购，同样需要实施保护本国产品的政策措施。主体能够以较低廉的价格购买到高质量的货物、工程和服务，从而起到节约财政支出、提高采购资金的使用效率的作用。

（二）政府采购的执行模式

我国《政府采购法》明确规定：政府采购实行集中采购和分散采购相结合的办法，集中采购范围由省级以上人民政府公布的集中采购目录确定。纳入集中采购目录的政府采购项目，应当实行集中采购。

1. 集中采购

集中采购是指由政府设立的职能机构统一为本级政府机构提供采购服务的一种采购组织实施形式。这是一种由财政部门或由另一个专门负责的部门负责本级政府所有采购的模式。按照集中程度不同，集中采购又可分为政府集中采购和部门集中采购两类。

按照《政府采购法》的规定，集中采购必须委托由政府设立的集中采购机构为采购代理机构。设区的市、自治州以上人民政府根据本级政府采购项目组织集中采购的需要设立集中采购机构。

集中采购的范围由省级以上人民政府公布的集中采购目录确定。属于中央预算的政府采购项目，其集中采购目录由国务院确定并公布；属于地方预算的政府采购项目，其集中采购目录由省、自治区、直辖市人民政府确定并公布。

纳入集中采购目录的政府采购项目，应当实行集中采购。实行集中采购有利于取得规模效益、降低采购成本、保证采购质量、贯彻落实政府采购有关政策导向、便于实施统一的管理和监督等。但是实行集中采购的周期较长、程序复杂，难以满足用户多样化的需求，尤其是满足紧急情况下的采购需要。

2. 分散采购

分散采购是指各预算单位自行开展采购活动的一种采购组织实施形式，这是一种由各支出单位自行采购的模式。根据《政府采购法》的规定，分散采购所采购的对象是集中采购目录以外、采购限额标准以上的货物、工程和服务。分散采购可以由各预算单位自行实施采购，也可以委托政府采购代理机构采购。

相对于集中采购来说，分散采购有利于满足采购及时性和多样性的需求，手续简单，不足之处是失去了规模效益，也不便于实施统一的管理和监督，容易滋生腐败。

四、政府采购当事人

政府采购当事人是指在政府采购活动中享有权利和承担义务的各类主体，包括采购人、供应商和采购代理机构等。

（一）采购人

1. 采购人的定义

采购人是指依法进行政府采购的国家机关、事业单位、团体组织。

采购人为从事日常政务活动或为了满足公共服务的目的，利用国家财政性资金和政府借款购买货物、工程和服务。

作为政府采购的采购人，一般具有以下两个重要特征：

（1）采购人是依法进行政府采购的国家机关、事业单位和团体组织。

（2）采购人的政府采购行为从筹划、决策到实施，都必须在《政府采购法》等法律法规的规范内进行。

2. 政府采购中采购人依法享有的权利

（1）采购人有权自主选择采购代理机构的权利。采购人有权在政府采购监督管理部门认定的合格采购代理机构中自主选择，任何单位和个人不得以任何方式为采购人指定采购代理机构。

（2）要求采购代理机构遵守委托协议约定的权利。采购人发现代理机构有违约行为或自身利益受到损害时，有权依法予以追究。

（3）审查政府采购供应商的资格的权利。采购人可以要求参加政府采购的供应商提供有关资质证明文件和业绩情况，并根据规定的供应商条件和采购项目对供应商的特定要求，对供应商的资格进行审查。

（4）依法确定中标供应商的权利。采购人依据事先确定的采购标准和规定，确定符合采购要求的供应商中标。

（5）签订采购合同并参与对供应商履约验收的权利。

（6）特殊情况下提出特殊要求的权利，例如，对于纳入集中采购目录，属于本部门、本系统有特殊要求的项目，可以实行部门集中采购；属于本单位有特殊要求的项目，经省级以上人民政府批准，可以自行采购。

（7）其他合法权利。

3. 政府采购中采购人依法应当承担的义务

（1）遵守政府采购的各项法律、法规和规章制度。

（2）接受和配合政府采购监督管理部门的监督检查（政府采购的监督管理部门是各级人民政府财政部门），同时还要接受和配合审计部门的审计监督以及监察部门的监察。

（3）采购人在采购过程中必须尊重供应商的正当合法权益。采购人必须对所有供应商一视同仁，不得以不合理的条件对供应商实行差别待遇或者歧视待遇；不得与集中采购代理机构或其他供应商串通，损害部分供应商的利益。

（4）采购人必须遵守采购代理机构的工作秩序。邀请招标时，采购人与采购代理机构应从符合相应资格条件的供应商中随机选择 3 家以上的供应商，并向其发出招标邀请书；招标采购自招标文件发出日起至投标人提交投标文件截止日止不得少于 20 日。

（5）确定中标供应商后，采购人必须在规定时间内与中标供应商签订书面政府采购合同。

（6）采购人有义务在指定媒体及时向社会发布政府采购信息和招标结果，以增强政府采购透明度，接受社会各界监督。

（7）依法答复供应商的询问和质疑。

（8）妥善保存反映每项采购活动的采购文件。

（9）其他法定义务。

4. 采购人员回避制度

在政府采购活动中，采购人员及相关人员与供应商有下列利害关系之一的，应当回避：

（1）参加采购活动前 3 年内与供应商存在劳动关系。

（2）参加采购活动前 3 年内担任供应商的董事、监事。

（3）参加采购活动前 3 年内是供应商的控股股东或者实际控制人。

（4）与供应商的法定代表人或者负责人有夫妻、直系血亲、三代以内旁系血亲或者近姻亲关系。

（5）与供应商有其他可能影响政府采购活动公平、公正进行的关系。

供应商认为采购人员及相关人员与其他供应商有利害关系的，可以向采购人或采购代理机构书面提出回避申请，并说明理由。根据《预算法实施条例》的规定，采购人员与供应商有利害关系而不依法回避的，由财政部门给予警告，处 2000 元以上 2 万元以下的罚款。

（二）供应商

1. 供应商的定义

供应商是指向采购人提供货物、工程或者服务的法人、其他组织或者自然人。

供应商参加政府采购活动的法定条件：

（1）具有独立承担民事责任的能力。

（2）具有良好的商业信誉和健全的财务会计制度。

（3）具有履行合同所必需的设备和专业技术能力。

（4）有依法缴纳税收和社会保障资金的良好记录。

（5）参加政府采购活动前三年内，在经营活动中没有重大违法记录。

（6）法律、行政法规规定的其他条件。

2. 政府采购中供应商的权利

（1）平等取得政府采购供应商资格的权利。

（2）平等地获得政府采购信息的权利。

（3）自主、平等地参加政府采购竞争的权利。

（4）就政府采购活动事项提出质询、质疑和投诉的权利。

（5）自主、平等地签订政府采购合同的权利。

（6）要求采购人或集中采购机构保守其商业机密的权利。

（7）监督政府采购依法公开、公正进行的权利。

（8）运用行政、法律等手段维护自身合法权益的权利。

（9）其他合法权利。

3. 政府采购中供应商的义务

（1）遵守政府采购的各项法律、法规和规章制度。

（2）按规定接受供应商资格审查，在资格审查中客观、真实地反映自身情况。

（3）在政府采购活动中，满足采购人或采购代理机构的正当要求，并提供合格的采购对象。

（4）投标中标后，按规定程序签订政府采购合同并严格履行合同义务。

（5）其他法定义务。

（三）采购代理机构

采购代理机构是指具备一定条件，经政府有关部门批准而依法拥有政府采购代理资格的社会中介机构。采购代理机构分为政府设立的集中采购机构和经认定资格的一般采购代理机构两种。

1. 集中采购机构

集中采购机构是进行政府集中采购的法定代理机构，由设区的市、自治州以上人民政府根据本级政府采购项目组织集中采购的需要设立。

《政府采购法》中所称的集中采购机构是采购代理机构。它只能根据采购人的委托，以代理人的身份办理政府采购事务。集中采购机构是非营利事业法人，完全是为了向采购人提供采购服务而设立。

集中采购机构不实行政府采购代理机构资格认定制度。集中采购机构进行政府采购活动，应当符合采购价格低于市场平均价格、采购效率更高、采购质量优良和服务良好的要求。

2. 一般采购代理机构

（1）一般采购代理机构是指经国务院有关部门或者省级人民政府有关部门认定，主要负责分散采购的代理业务。采购代理机构资格认定由省、自治区、直辖市以上人民政府财政部门依据《政府采购代理机构资格认定办法》规定的权限和程序实施。

（2）政府采购代理机构作为一种特殊的利益主体，应当对包括自身在内的政府采购当事人负责，自觉履行政府采购法律规定的义务，依法开展代理采购活动，维护国家利益和社会公众利益。就具体操作而言，其义务和责任主要包括：

① 依法开展代理采购活动并提供良好服务；

② 依法发布采购信息；

③ 依法接受监督管理；

④ 不得向采购人行贿或者用其他不正当手段牟取非法利益；

⑤ 其他法定义务和责任。

3. 采购人对采购代理机构的委托

采购人采购纳入集中采购目录的政府采购项目，必须委托集中采购机构代理采购；采购未纳入集中采购目录的政府采购项目，可以自行采购，也可以委托集中采购机构在委托的范围内代理采购。

纳入集中采购目录属于通用的政府采购项目的，应当委托集中采购机构代理采购；属于本部门、本系统有特殊要求的项目，应当实行部门集中采购；属于本单位有特殊要求的项目，经省级以上人民政府批准，可以自行采购。采购人可以委托经国务院有关部门或者省级人民政府有关部门认定资格的采购代理机构，在委托的范围内办理政府采购事宜。

采购人有权自行选择采购代理机构，任何单位和个人不得以任何方式为采购人指定采购代理机构。采购人依法委托采购代理机构办理采购事宜的，应当由采购人与采购代理机构签订委托代理协议，依法确定委托代理的事项，约定双方的权利和义务。

4. 政府采购代理机构的义务和责任

（1）依法开展采购代理活动，并提供良好服务。凡是政府设立的政府采购代理机构，都应当自动接受采购人的委托，代理集中采购目录以内、限额标准以上的政府采购项目；社会招标代理机构应当按照谁委托谁出资，就为谁实施代理工作，任何单位和个人都不得干预和指定社会招标代理机构。

（2）依法发布采购信息。对代理的公开招标采购项目，应当在财政部或省级财政部门指定政府的采购信息披露媒体上发布采购信息，不属于公开招标的采购信息，如果有供应商提出要求，政府采购代理机构同样有义务将有关情况告知供应商。

（3）依法接受监督管理。必须接受政府采购监督管理部门的监管和社会各方面的监督。

（4）不得向采购人行贿或采取其他不正当手段谋取非法利益。

（5）其他法定义务和责任。

五、政府采购方式

政府采购的采购方式有公开招标、邀请招标、竞争性谈判、单一来源采购、询价以及国务院政府采购监督管理部门认定的其他采购方式。其中，公开招标应作为政府采购的主要采购方式。

（一）公开招标采购

政府采购公开招标是指采购人或者其委托的采购代理机构按照法定程序，通过发布招标公告的方式，邀请所有潜在的不特定供应商参加投标，采购人通过事先确定的标准从所有投票中择优评选出中标供应商，并与之签订政府采购合同的一种采购方式。公开招标是政府采购的重要方式，与其他的采购方式不是并行的关系。公开招标是一种透明度最高、竞争性最强的缔约方式，是招标者之间充分竞争、优胜劣汰的过程。

依据《政府采购法》的规定，政府采购达到规定限额的，应采取公开招标的方式。采购人采购货物或者服务应当采用公开招标方式的，其具体数额标准，属于中央预算的政府采购项目由国务院规定；属于地方预算的政府采购项目由省、自治区、直辖市人民政府规定，因特殊情况需要采用公开招标以外的采购方式的，应当在采购活动开始前获得设区的市、自治州以上人民政府采购监督管理部门的批准。

采购人不得将应当以公开招标方式采购的货物或者服务化整为零或者以其他任何方式规避公开招标采购。采用公开招标方式采购的，招标采购单位必须在财政部门指定的政府采购信息发布媒体上发布公告。采用公开招标方式采购的，自招标文件发出之日起至投标人提交投标文件截止之日止，不得少于 20 日。

要特别注意的是，采购工程必须依法使用公开招标方式，《政府采购法》排除了采购工程适用其他方式。

（二）邀请招标采购

1. 定义

邀请招标也称选择性招标，是指采购人或其委托的政府采购代理机构根据供应商的资信和业绩，选择 3 家或以上的法人或其他组织，向其发出招标邀请书，邀请他们参加投标竞争，从中选定中标的供应商的方式。

2. 范围

符合下列情形之一的货物或者服务，可以依照《政府采购法》采用邀请招标方式采购。

（1）具有特殊性，只能从有限范围的供应商处采购的。

（2）采用公开招标方式的费用占政府采购项目总价值的比例过大的。

邀请招标时，采购人与采购代理机构应从符合相应资格条件的供应商中随机选择 3 家以上的供应商，并向其发出招标邀请书；货物和服务项目实行招标方式采购的，自招标文件开始发出之日起至投标人提交投标文件截止日止不得少于 20 日。

在招标采购中，出现下列情形之一的，应予废标：符合专业条件的供应商或者对招标文件作实质响应的供应商不足三家的；出现影响采购公正的违法、违规行为的；投标人的报价均超过了采购预算，采购人不能支付的；因重大变故，采购任务取消的。

废标后，采购人应当将废标理由通知所有投标人。废标后，除采购任务取消情形外，应当重新组织招标；需要采取其他方式采购的，应当在采购活动开始前获得设区的市、自治州以上人民政府采购监督管理部门或者政府有关部门批准。

（三）竞争性谈判采购

1. 定义

竞争性谈判是指采购人或集中采购机构从符合相应资格条件的供应商名单中确定不少于 3 家的供应商参加谈判，经分析比较后，根据符合采购需求、质量和服务相等且报价最低的原则确定成交供应商的采购方式。

2. 范围

（1）符合下列情形之一的货物或者服务，可以依照《政府采购法》采用竞争性谈判方式采购。

① 招标后没有供应商投标或者没有合格标的或者重新招标未能成立的。

② 技术复杂或者性质特殊，不能确定详细规格或者具体要求的。

③ 采用招标所需时间不能满足用户紧急需要的。

④ 不能事先计算出价格总额的。

（2）采用竞争性谈判方式采购的，应当遵循下列程序：

① 成立谈判小组。谈判小组由采购人的代表和有关专家共 3 人以上的单数组成，其中专家的人数不得少于成员总数的三分之二。

② 制定谈判文件。谈判文件应当明确谈判程序、谈判内容、合同草案的条款以及评定成交的标准等事项。

③ 确定邀请参加谈判的供应商名单。谈判小组从符合相应资格条件的供应商名单中确定不少于 3 家的供应商参加谈判，并向其提供谈判文件。

④ 谈判。谈判小组所有成员集中与单一供应商分别进行谈判。在谈判中，谈判的任何一方不得透露与谈判有关的其他供应商的技术资料、价格和其他信息。谈判文件有实质性变动的，谈判小组应当以书面形式通知所有参加谈判的供应商。

⑤ 确定成交供应商。谈判结束后，谈判小组应当要求所有参加谈判的供应商在规定时间内进行最后报价，采购人从谈判小组提出的成交候选人中根据符合采购需求、质量和服务相等且报价最低的原则确定成交供应商，并将结果通知所有参加谈判的未成交的供应商。

（四）单一来源采购

1. 定义

单一来源采购也称直接采购，是指达到了限额标准和公开招标数额标准，但所购商品的来源渠道单一，或属专利、首次制造、合同追加、原有采购项目的后续扩充和发生了不可预见的紧急情况不能从其他供应商处采购等情况的方式。该采购方式的最主要特点是没有竞争性。

2. 范围

符合下列情形之一的货物或者服务，可以依照《政府采购法》采用单一来源方式采购。

（1）只能从唯一供应商处采购的。

（2）发生了不可预见的紧急情况不能从其他供应商处采购的。

（3）必须保证原有采购项目一致性或者服务配套的要求，需要继续从原供应商处添购，且添购资金总额不超过原合同采购金额 10% 的。

采取单一来源采购方式进行采购的，采购人与供应商应当遵循《政府采购法》规定的原则，在保证采购项目质量和双方商定合理价格的基础上进行并购。同时，采购人应当将采购项目信息和唯一供应商名称在省级以上人民政府财政部门指定的媒体上公示，公示期不得少于 5 个工作日。

（五）询价采购

1. 定义

询价采购也称货比三家，是指采购人从符合相应资格条件的供应商名单中确定不少于 3 家的供应商，并向其发出询价通知书让其报价，对供应商一次性报出的价格进行分析比较，根据符合采购需求、质量和服务相等且报价最低的原则确定成交供应商的采购方式。采购的货物规格、标准统一、现货货源充足且价格变化幅度小的政府采购项目，可以采用询价方式采购。

2. 采取询价方式采购应当遵循的程序

（1）成立询价小组。询价小组由采购人的代表和有关专家共 3 人以上的单数组成，其中专家的人数不得少于成员总数的三分之二。询价小组应当对采购项目的价格构成和评定成交的标准等事项作出规定。

（2）确定被询价的供应商名单。询价小组根据采购需求，从符合相应资格条件的供应商名单中确定不少于 3 家的供应商，并向其发出询价通知书让其报价。

（3）询价。询价小组要求被询价的供应商一次报出不得更改的价格。

（4）确定成交供应商。采购人根据符合采购需求、质量和服务相等且报价最低的原则确定成交供应商，并将结果通知所有被询价的未成交的供应商。

六、政府采购的监督检查

《政府采购法》规定，各级人民政府财政部门是负责政府采购监督管理的部门，依法履行对政府采购活动的监督管理职责。各级人民政府其他有关部门依法履行与政府采购活动有关的监督管理职责。

政府采购活动应受到政府采购监督管理部门和政府其他相关部门的监督检查，以及集中采购机构和采购人的内部监督。此外、任何单位和个人都有权控告、检举政府采购活动中的违法行为。

（一）政府采购监督管理部门的监督

各级人民政府财政部门是负责政府采购监督管理的部门。政府采购监督管理的部门应当加强对政府采购活动及集中采购机构的监督检查。政府采购监督管理部门不得设置集中采购机构，不得参与政府采购项目的采购活动。采购代理机构与行政机关不得存在隶属关系或者其他利益关系。

政府采购监督管理部门监督检查的主要内容包括：

（1）有关政府采购的法律、行政法规和规章的执行情况；

（2）采购范围、采购方式和采购程序的执行情况；

（3）政府采购人员的职业素质和专业技能。

（二）集中采购机构的内部监督

1. 建立健全内部监督管理制度

集中采购机构应当建立健全内部监督管理制度。采购活动的决策和执行程序应当明确，并相互监督、相互制约。经办采购的人员与负责采购合同审核、验收人员的职责权限应当明确，并相互分离。建立健全内部监督管理制度包括诸多方面的内容，最核心的问题就是在集中采购机构内形成一种相互制衡的约束机制。这不仅是促进政府采购活动正常高效进行的需要，也是维护国家利益和社会公共利益的重要举措。

2. 提高采购人员的职业素质和专业技能

集中采购机构的采购人员应当具有相关职业素质和专业技能，符合政府采购监督管理部门规定的专业岗位任职要求。集中采购机构对其工作人员应当加强教育和培训；对采购人员的专业水平、工作实绩和职业道德状况定期进行考核。采购人员经考核不合格的，不得继续任职。

（三）采购人的内部监督

（1）政府采购项目的采购标准和采购结果应公开。

（2）采购人选择采购方式和采购程序应符合法定要求。

（四）政府其他有关部门的监督

依照法律、行政法规的规定对政府采购负有行政监督职责的政府部门，应当按照其职责分工，加强对政府采购活动的监督。

1. 审计机关的监督

审计机关应当对政府采购进行审计监督。政府采购监督管理部门、政府采购当事人有关政府采购活动，应当接受审计机关的审计监督。

2. 监察机关的监督

监察机关应当加强对参与政府采购活动的国家机关、国家公务员和国家行政机关任命的其他人员的监察。

3. 其他有关部门的监督

（五）政府采购活动的社会监督

任何单位和个人对政府采购活动中的违法行为，有权控告和检举，有关部门、机关依照各自职责及时处理。

第三节　国库集中收付制度

【拓展阅读】

国库集中收付制度能够有效地提高财政资金收付管理的规范性、安全性、有效性和透明度。作为政府预算执行的关键制度，美国、日本、英国、法国、加拿大等市场经济发达的国家都已普遍实行国库集中收付制度。

为了满足我国社会主义市场经济体制下公共财政的发展需要，我国借鉴国际通行的做法和成功经验，2001年，根据国务院的要求，按照总体规划、分步实施的原则，我国开始在选择了几个有代表性的部门实行国库集中收付制度的改革试点，在总结经验、优化和完善方案的基础上，2002年进一步扩大了改革试点范围。

为了建立比较完善的国库集中收付制度体系，财政部陆续发布了一系列制度办法，其中最主要的文件包括财政部、中国人民银行联合印发的《财政国库管理制度改革试点方案》（财库〔2001〕24号）和《中央单位财政国库管理制度改革试点资金支付管理办法》（财库〔2002〕28号），逐步建立了比较完善的国库集中收付制度体系。

一、国库集中收付制度的概念

国库集中收付制度包括国库集中支付制度和收入收缴管理制度，是指由财政部门代表政府设置国库单一账户体系，所有的财政性资金均纳入国库单一账户体系收缴、支付和管理的制度。由于其核心是通过国库单一账户对现金进行集中管理，所以这种制度一般又称作国库单一账户制度。

国库集中收付是政府预算执行的重要环节，建立国库集中收付制度也是国库制度改革的核心内容。国库集中收付制度包括国库集中支付制度和收入收缴管理制度。财政收入通过国库单一账户体系，直接缴入国库；财政支出通过国库单一账户体系，以财政直接支付和财政授权支付的方式，将资金支付到商品和劳务供应者或用款单位，即预算单位使用资金但见不到资金；未支用的资金均保留在国库单一账户，由财政部门代表政府进行管理运作，降低政府筹资成本，为实施宏观调控政策提供可选择的手段。

二、国库单一账户体系

（一）国库单一账户体系的概念

国库单一账户体系是以财政国库存款账户为核心的各类财政性资金账户的集合，所有财政性资金的收入、支付、存储及资金清算活动均在该账户体系运行。

实行国库单一账户集中支付，虽然不改变各部门、各单位的支出权限，但其作用在于建立了预算执行的监督管理机制。一方面，通过单一账户集中化管理，灵活地调度和使用资本，提高政府资金使用效率，降低成本；另一方面，从根本上杜绝在预算执行中的克扣、截留、挪用资金的现象，促进政府资金使用信息公开化、透明化，强化了约束力和社会监督力，从源头上堵住了政府资金使用的行政干预和腐败现象。

（二）国库单一账户体系

财政部、中国人民银行印发的《财政国库管理制度改革试点方案》将我国财政国库账户设置为国库单一账户、财政部门零余额账户、预算单位零余额账户、预算外资金财政专户和特设专户五类账户，统称为国库单一账户体系。这一账户体系涵盖了所有财政性资金的管理，它既借鉴了市场经济国家财政国库管理制度的经验，又考虑了我国现阶段的具体国情；既体现改革方案的系统性和前瞻性，为今后改革向纵深发展留有余地，又考虑了历史遗留问题和新旧体制转换过程中的衔接问题，方便了操作和单位用款。

1. 国库单一账户

财政部门在中国人民银行开设的国库单一账户，简称国库单一账户。该账户用于记录、核算和反映财政预算资金和纳入预算管理的政府性基金的收入和支出。

代理银行应当按日将支付的财政预算内资金和纳入预算的政府性基金与国库单一账户进行清算。国库单一账户在财政总预算会计中使用。行政单位和事业单位中不设置该账户。

2. 财政部门零余额账户

财政部门在商业银行开设的零余额账户，简称财政部门零余额账户。该账户用于财政直接支付和与国库单一账户清算。该账户每日发生的支付，于当日营业终了前与国库单一账户清算；营业中单笔支付额在 5000 万元人民币以上的（含 5000 万元），应当及时与国库单一账户清算。财政部门零余额账户在国库会计中使用。

3. 预算单位零余额账户

财政部门在商业银行为预算单位开设的零余额账户，简称预算单位零余额账户。该账户用于财政授权支付和清算。该账户每日发生的支付，于当日营业终了前由代理银行在财政部门批准的用款额度内与国库单一账户清算；营业中单笔支付额在 5000 万元人民币以上的（含 5000 万元），应当及时与国库单一账户清算。预算单位零余额账户可以办理转账、提取现金等结算业务，可以向本单位按账户管理规定保留的相应账户划拨工会经费、住房公积金及提租补贴，以及经财政部门批准的特殊款项，不得违反规定向本单位其他账户和上级主管单位、所属下级单位账户划拨资金。预算单位零余额账户在行政事业单位会计中使用。

4. 预算外资金专户

财政部门在商业银行开设的预算外资金财政专户，简称预算外资金专户。该账户用于记录、核算和反映预算外资金的收入和支出活动，并用于预算外资金日常收支清算。预算外资金专户在财政部门设立和使用。

5. 特设专户

经国务院或国务院授权财政部门批准为预算单位在商业银行开设的特殊专户，简称特设专户。该账户用于记录、核算和反映预算单位的特殊专项支出活动，并用于与国库单一账户清算。

财政部门是持有和管理国库单一账户体系的职能部门，任何单位不得擅自设立、变更或撤销国库单一账户体系中的各类银行账户。中国人民银行对国库单一账户和代理银行进行管理和监督。这里所指的代理银行，是指由财政部门确定的、具体办理财政性资金支付业务的商业银行。

建立国库单一账户体系后，相应取消各部门、各单位的各类收入过渡性账户。上述账户和专户与财政部门及其支付执行机构、中国人民银行国库部门和预算单位的会计核算保持一致，相互核对有关账务记录。

三、财政收支的方式

（一）收缴方式

为适应我国国库集中收付制度改革的要求，将财政收入的收缴分为直接缴库和集中汇缴两种方式。

1. 直接缴库

直接缴库是指由缴款单位或缴款人按有关法律、法规的规定，直接将应缴收入缴入国库单一账户或预算外资金财政专户，不设立各类过渡性账户。

2. 集中汇缴

集中汇缴是指由征收机关（有关法定单位）按有关法律、法规的规定。将所收的应缴收入汇总缴入国库单一账户或预算外资金财政专户，不再通过过渡性账户收缴。

（二）收缴程序

1. 直接缴库程序

直接缴库程序的税收收入，由纳税人或税务代理人提出纳税申报，经征收机关审核无误后，由纳税人通过开户银行将税款缴入国库单一账户。直接缴库的其他收入，比照上述程序缴入国库单一账户或预算外资金财政专户。

2. 集中汇缴程序

小额零散税收和法律另有规定的应缴收入，由征收机关于收缴收入的当日汇总缴入国库单一账户。非税收入中的现金缴款，比照本程序缴入国库单一账户或预算外财政专户。

此外，规范收入退库管理。涉及从国库中退库的，依照法律、行政法规有关国库管理的规定执行。

（三）支付方式

财政性资金的支付实行财政直接支付和财政授权支付两种支付方式。

1. 财政直接支付

财政直接支付由财政部门向中国人民银行和代理银行签发支付指令，代理银行根据支付指令通过国库单一账户体系，直接将财政资金支付到收款人（即商品或劳务的供应商等，下同）或用款单位账户（即具体申请和使用财政性资金的预算单位，下同）。实行财政直接支付的支出包括以下两项：

（1）工资支出、购买支出以及中央对地方的专项转移支付，拨付企业大型工程项目或大型设备采购的资金等，直接支付到收款人。

（2）转移支出（中央对地方专项转移支出除外）包括中央对地方的一般性转移支付中的税收返还、原体制补助、过渡期转移支付、结算补助等支出以及对企业的补贴和未指明购买内容的某些专项支出等，支付到用款单位。

2. 财政授权支付

财政授权支付是指预算单位按照财政部门的授权，自行向代理银行签发支付指令，代理银行根据支付指令，在财政部批准的预算单位的用款额度内，通过国库单一账户体系将资金支付到收款人账户。实行财政授权支付的支出包括未实行财政直接支付的购买支出和零星支出；包括单件物品或单项服务购买额不足 10 万元人民币的购买支出；年度财政投资不足 50 万元人民币的工程采购支出；特别紧急的支出和经财政部门批准的其他支出。

（四）支付程序

1. 财政直接支付程序

财政直接支付即财政部门发出支付令的支付方式，即预算单位按照批复的部门预算和资金使用计划，向财政国库支付执行机构提出支付申请，财政国库支付执行机构根据批复的部门预算和资金使用计划及相关要求对支付申请审核无误后，向代理银行发出支付令，并通知中国人民银行国库部门，通过代理银行进入全国银行清算系统实时清算，把财政资金从国库单一账户划拨到收款人的银行账户。

财政直接支付的具体流程如下：

（1）预算单位申请。财政直接支付的申请由一级预算单位汇总，填写"财政直接支付汇总申请书"，报财政部门国库执行机构。

（2）财政部门国库支付执行机构开具支付令。财政部门国库支付执行机构对一级预算单位提出的支付申请审核无误后，开具"财政直接支付汇总清算额度通知单"和"财政直接支付凭证"，经财政部门国库管理机构加盖印章签发后，分别送到中国人民银行和代理银行。

（3）代理银行划拨资金。代理银行根据"财政直接支付凭证"及时将资金直接支付给收款人或用款单位。

（4）资金清算。代理银行依据财政部门国库支付机构的支付指令，将当日实际支付的资金，按一级预算单位分预算科目汇总，附实际支付清单与国库单一账户进行资金清算。

（5）出具入账通知书。代理银行根据"财政直接支付凭证"办理支出后，开具"财政直接支付入账通知书"发给一级预算单位和基层预算单位。"财政直接支付入账通知书"作为一级预算单位和基层预算单位收到或付出款项的凭证。（一级预算单位有所属二级或多级

预算单位的，由一级预算单位负责向二级或多级预算单位提供收到或付出款项的凭证）

（6）会计处理。预算单位根据收到的支付凭证做好相应会计核算。

财政直接支付主要通过转账方式进行，也可以采取"国库支票"支付。财政国库支付执行机构根据预算单位的要求签发支票，并将签发给收款人的支票交给预算单位，由预算单位转给收款人。收款人持支票到其开户银行入账，收款人开户银行再与代理银行进行清算。每日营业终了前，由国库单一账户与代理银行进行清算。

工资性支付涉及的各预算单位人员编制、工资标准、开支数额等，分别由编制部门、人事部门和财政部门核定。

支付对象为预算单位和下级财政部门的支出，由财政部门按照预算执行进度将资金从国库单一账户直接拨付到预算单位或下级财政部门账户。

2. 财政授权支付程序

财政授权支付由预算单位按照批复的部门预算和资金使用计划，向财政国库支付执行机构申请授权支付的月度用款限额，财政国库支付执行机构将批准后的限额通知代理银行和预算单位，并通知中国人民银行国库部门。预算单位在月度用款限额内，自行开具支付令，通过财政国库支付执行机构转由代理银行向收款人付款，并与国库单一账户清算。

财政授权支付程序适用于未纳入工资支出、工程采购支出、物品、服务采购支出管理的购买支出和零星支出。包括单件物品或单向购买额不足 10 万元人民币的购买支出；年度财政投资不足 50 万元人民币的工程采购支出；特别紧急的支出和经财政部门批准的其他支出。

财政授权支付的具体流程如下：

（1）预算单位申请。财政直接支付的申请由一级预算单位汇总，填写"财政直接支付汇总申请书"，报财政部门国库执行机构。

（2）通知支付银行。财政部门根据批准的一级预算单位用款计划中月度授权支付额度，每月 25 日前以"财政授权支付汇总清算额度通知单"、"财政授权支付额度通知单"的形式分别通知中国人民银行、代理银行。

（3）代理银行办理支付。代理银行在收到财政部门下达的"财政授权支付额度通知单"后，向相关预算单位发出"财政授权支付额度到账通知单"，基层预算单位根据"财政授权支付额度到账通知书"所确定的额度支用资金。

（4）代理银行办理资金清算。代理银行根据"财政授权支付额度通知单"受理预算单位财政授权支付业务，控制预算单位的支付金额，并与国库单一账户进行资金清算。

（5）预算单位使用资金。预算单位支用授权额度时，填制财政部门统一制定的"财政授权支付凭证"（或新版银行票据和计算凭证）送代理银行，代理银行根据"财政授权支付凭证"，通过零余额账户办理资金支付。

上述财政直接支付和财政授权支付流程，以现代化银行支付系统和财政信息管理系统的国库管理操作系统为基础。在这些系统尚未建立和完善前，财政国库支付执行机构或预算单位的支付指令通过人工操作转到代理银行，代理银行通过现行银行清算系统向收款人付款，并在每天轧账前，与国库单一账户进行清算。

第五章

会计职业道德

学习目标

（一）知识目标

1. 了解会计职业道德的功能。

2. 熟悉会计职业道德的含义。

3. 熟悉加强会计职业道德教育的途径。

4. 掌握会计职业道德规范的主要内容。

（二）能力目标

1. 理解道德与法律的关系。

2. 掌握和领会会计职业道德的内涵。

3. 正确识别违背会计职业道德的行为。

第一节　会计职业道德概述

一、职业道德的特征与作用

（一）职业道德的概念

职业道德是指在一定职业活动中应遵循的、体现一定职业特征的、调整一定职业关系的职业行为准则和规范。

（二）职业道德的特征

职业道德是道德在职业实践活动中的具体体现，除了职业道德的一般特征外，还有以下特征：

职业道德具有职业性、实践性、继承性和多样性等特征。

1. 职业性

职业道德的内容与职业实践活动紧密相连，反映着特定职业活动对从业人员行为的道德要求。

2. 实践性

由于职业活动是具体的实践活动，因此根据职业实践经验概括出来的职业道德规范具有较强的针对性、实践性，容易形成条文。一般用于行业公约、工作守则、行为须知、操作规程等具体的规章制度形式，来教育约束本行业的从业人员，让行业内外的人员（包括服务对象）检查监督。

3. 继承性

职业道德作为社会意识形态的一种特殊形式，是受社会经济关系决定着的，随着社会经济关系的变化而改变。但是由于职业道德是与职业活动紧密结合的，所以在不同的社会经济发展阶段，同一种职业因服务对象、服务手段、职业利益、职业责任的不同，具有义务相对稳定性和历史继承性的特点。例如教师"诲人不倦"、医生"救死扶伤"、商人"买卖公平"等道德要求，就在这些行业中世代相传，并且不断地丰富和发展。

4. 多样性

社会上有多种多样的职业，他们各自有着自己特殊的活动方式和特点，在社会生活中起着不同的作用。不同的职业道德必须鲜明地表达本职业的职业义务和职业责任，以及职业行为上的道德准则，这就形成了各种职业特定的道德传统和道德习惯，以及从事不同职业的人所特有的道德心理和道德品质，从而形成了职业道德的多样性。

（三）职业道德的作用

职业道德的作用主要有：促进职业活动的有序进行、对社会道德风尚产生积极的影响。

二、会计职业道德的概念与特征

（一）会计职业道德的概念

会计职业道德是指在会计职业活动中应当遵循的、体现会计职业特征的、调整会计职业关系的职业行为准则和规范。会计职业道德作为社会道德体系的重要组成部分，既吸纳社会道德规范的一般要求，如爱岗敬业、诚实守信，又有会计职业的特征，如客观公平、坚持准则等。

会计职业道德规范的对象，既有单位会计人员，也有注册会计师，两者都是以会计信息为载体从事工作，从广义上来说，两者都是会计人员的一部分。

会计职业道德是调整会计职业活动中各种利益关系的手段，会计职业道德具有相对稳定性和广泛的社会性。

【例5-1】会计职业道德是在会计职业活动中应当遵循的、体现会计职业特征、调整会计职业关系的职业行为准则和规范，其含义包括（　　　）。

A. 调整会计职业活动利益关系的手段

B. 具有相对的稳定性

C. 具有广泛的社会性

D. 具有一定的强制性和较多关注公众利益

【答案】ABC

【解析】D选项是会计职业道德的特征。

（二）会计职业道德的特征

会计作为社会经济活动中的一种特殊职业，除具有职业道德的一般特征外，还具有一定的强制性和较多关注公众利益的特征。

道德一般不具有强制性，它是通过自身的道德约束和社会舆论发挥作用的，但在我国，由于会计职业道德的许多内容都直接纳入会计法律制度中，使它具有一定的强制性。如我国的《会计法》、《会计基础工作规范》等规定了会计职业道德的内容和要求。当然也有非强制性的内容，如爱岗敬业、提高技能、参与管理、强化服务等。

在会计工作中，会计确认、计量、记录和报告的程序、标准和方法，在选择和运用上发生任何变化，都会使与经济主体有关的各方的经济利益受到直接的影响。

三、会计职业道德的功能与作用

（一）会计职业道德的功能

会计职业道德的功能主要有指导功能、评价功能、教化功能。

1. 指导功能是指会计职业道德指导会计人员行为的职能作用

在实际中，会计职业道德不仅规范会计人员、约束会计人员的职业行为，而且通过规范性的要求来指导会计人员正确地认识会计职业生活中的各种道德关系，正确地选择自己的职业行为。

2. 评价功能是指对会计人员的行为，根据一定的职业道德标准进行评价

道德是公正的法官，是人们评价一个人的标尺。这一功能可以强化会计人员职业道德行为，纠正会计人员的不道德行为。

3. 教化功能是指会计人员的道德具有引导人的行为的功能

（二）会计职业道德的作用

会计职业道德的作用主要有以下几点：

（1）会计职业道德是规范会计行为的基础；

（2）会计职业道德是实现会计目标的重要保证；

（3）会计职业道德对会计法律制度做重要补充。

（4）会计职业道德是提高会计人员职业素养的内在要求。

四、会计职业道德与会计法律制度的关系

（一）会计职业道德与会计法律制度的联系

（1）在作用上相互补充、相互协调；

（2）在内容上相互借鉴，相互吸收。

（二）会计职业道德与会计法律制度的区别

（1）两者的性质不同；

（2）两者的作用范围不同；

（3）两者的表现形式不同；

（4）两者的实施保障机制不同；

（5）两者的评价标准不同。

（三）会计行为的法治与德治

法律和道德都是社会上层建筑的重要组成部分，是规范人们行为的重要手段，虽然两者具有各自不同的特点和作用，但是它们相互联系、相互补充。在建设有中国特色的社会主义、发展社会主义市场经济的过程中，要坚持不懈地加强社会主义法治建设，依法治国，同时也要坚持不懈地加强社会主义道德建设，以德治国。对一个国家的治理来说，法治与德治是相辅相成的、相互促进的。两者缺一不可，不可偏废。

复习思考题

1. 简述会计职业道德的概念、功能和作用。

2. 简述会计职业道德与会计法律制度的联系与区别。

第二节　会计职业道德规范的主要内容

根据我国国情和现有的会计职业道德规范，结合国际上会计职业道德的一般要求以及我国会计职业道德的一般要求，我国会计职业道德规范主要包含以下八个方面：爱岗敬业、诚实守信、廉洁自律、客观公正、坚持准则、提高技能、参与管理和强化服务。

一、爱岗敬业

（一）定义

爱岗敬业是指忠于职守的事业精神，这是会计职业道德的基础。

（二）爱岗敬业的基本要求

（1）正确认识会计职业，树立职业荣誉感；

（2）热爱会计工作，敬重会计职业；

（3）安心工作，任劳任怨；

（4）严肃认真，一丝不苟；

（5）忠于职守，尽职尽责。

【5-2】"严肃认真，一丝不苟"是会计职业道德中的（　　）的基本要求。

A. 服务群众　　　　　　　　　　B. 爱岗敬业

C. 提高技能　　　　　　　　　　D. 参与管理

【答案】B

【解析】爱岗敬业的基本要求是热爱会计工作，敬重会计职业；严肃认真，一丝不苟；忠于职守，尽职尽责。

二、诚实守信

（一）定义

诚实是指言行思想一致，不弄虚作假、不欺上瞒下，做老实人，说老实话，办老实事。守信就是遵守自己所作出的承诺，讲信用，重信用，信守诺言，保守秘密。诚实守信是做人的基本准则，也是会计职业道德的精髓。

（二）诚实守信的基本要求

（1）做老实人，说老实话，办老实事，不搞虚假；

（2）保密守信，不为利益所诱惑；

（3）执业谨慎，信誉至上。

三、廉洁自律

（一）定义

廉洁就是不贪污钱财，不收受贿赂，保持清白。自律是指自律主体按照一定的标准，自己约束自己、自己控制自己的言行和思想的过程。廉洁自律是会计职业道德的前提，也是会计职业道德的内在要求。

（二）廉洁自律的基本要求

（1）树立正确的人生观和价值观；

（2）公私分明，不贪不占；

（3）遵纪守法，一身正气。

四、客观公正

（一）定义

客观是指按事物的本来面目去反映，不掺杂个人的主观意愿，也不为他人意见所左右。公正就是平等、公平、正直，没有偏失。客观公正是会计职业道德所追求的理想目标。

（二）客观公正的基本要求

（1）依法办事；

（2）实事求是；

（3）如实反映。

【例5-3】会计人员态度端正，依法办事，在处理涉及各方利益的会计事务时，不为他人所左右，不因个人好恶而取舍，实事求是，不偏不倚，保持应有的独立性，这是会计职业道德中（　　）的要求。

A. 诚实守信　　　　　　　　　B. 客观公正

C. 提高技能　　　　　　　　　D. 坚持准则

【答案】B

【解析】客观公正要求会计人员端正态度，依法办事，实事求是，不偏不倚，保持独立性。

五、坚持准则

（一）定义

坚持准则是指会计人员在处理业务的过程中，要严格按照会计法律制度办事，不为主观或他人意志左右。

（二）坚持准则的基本要求

（1）熟悉准则；

（2）遵循准则；

（3）敢于同违法行为作斗争。

六、提高技能

（一）定义

提高技能是指会计人员通过学习、培训和实践等途径，持续提高会计职业技能，以达到和维持足够的专业胜任能力的活动。作为一名会计工作者，必须不断地提高其职业技能，这既是会计人员的义务，也是在职业活动中做到客观公正、坚持准则的基础，是参与管理的前提。

（二）提高技能的基本要求

（1）具有不断提高会计专业技能的意识和愿望；

（2）具有勤学苦练的精神和科学的学习方法。

【例5-4】提高技能的基本要求包括（　　）。

A. 具有不断提高会计专业技能的意识和愿望

B. 具有勤学苦练的精神和科学的学习方法

C. 热爱工作

D. 积极维护单位负责人的利益

【答案】AB

【解析】提高技能的基本要求有：不断提高会计专业技能的意识和愿望，要有勤学苦练的精神和科学的学习方法。

七、参与管理

（一）定义

参与管理是指间接参加管理活动，为管理者当参谋，为管理活动服务。

（二）参与管理的基本要求

（1）努力钻研业务，熟悉财经法规和相关制度，提高业务技能，为参与管理打下坚实的基础；

（2）熟悉服务对象的经营活动和业务流程，使管理活动更具针对性和有效性。

八、强化服务

（一）定义

强化服务就是要求会计人员具有文明的服务态度、强烈的服务意识和优良的服务质量。

（二）强化服务的基本要求

1. 强化服务意识

强化服务意识要求会计人员做到谦虚谨慎，要时刻将自己放在与普通群众平等的位置上，要充分尊重别人的意见；做到态度和蔼，语言文明；做到以诚相待，尊重事实；做到团队合作，以和为贵。

2. 提高服务质量

要求会计人员真实地记录单位的经济活动，积极主动地向单位领导反映经营活动情况和存在的问题，提出合理化建议，协助领导决策，参与经营管理，同时，充分运用会计理论、会计方法、会计数据，为单位决策层、政府部门、投资人、债权人及社会公众提供真实、可靠的会计信息。

会计职业强化服务的结果，就是奉献社会。如果说敬业是前提，爱岗是基础，那么强化服务就是表现。如果说忠于职守是爱岗敬业的内在品质，那么强化服务就是爱岗敬业的外在表现。如果说将爱岗敬业看作是会计职业道德的出发点，那么奉献社会就是会计职业道德的基本要求和最终归宿。

【例 5-5】下列各项中，不符合会计职业道德强化服务要求的有（　　）。

A. 出纳人员在稽核会计生病期间主动提出兼任稽核检查工作

B. 会计人员在采购部门人手不足的情况下，代理采购人员办理采购业务

C. 会计机构负责人在单位负责人苦于无法实现盈利目标时，主动提出虚构销售合同、虚增利润的建议

D. 总会计师在单位负责人外出开会的前提下，代替单位负责人在财务会计报告上签章

【答案】ABCD

【解析】以上选择均不符合会计职业道德强化服务的要求。

【例 5-6】（判断题）会计职业强化服务的结果，就是奉献社会。（　　）

【答案】正确

第三节 会计职业道德教育

一、会计职业道德教育的含义

会计职业道德教育是指根据会计工作的特点，有目的、有组织、有计划地对会计人员施加系统的会计职业道德影响，促使会计人员形成会计职业道德品质，履行会计职业道德义务的活动。

二、会计职业道德教育的形式

会计职业道德教育的形式有：
（1）接受教育（外在教育）；
（2）自我修养（内在教育）。

三、会计职业道德教育的内容

会计职业道德教育的内容包括：
（1）会计职业道德观念教育；
（2）会计职业道德规范教育；
（3）会计职业道德警示教育；
（4）其他教育。

四、会计职业道德教育的途径

（一）接受教育的途径

1. 接受教育的途径

（1）岗前职业道德教育。岗前职业道德教育是指对将要从事会计职业的人员进行道德教育，包括会计专业学历教育及获取会计从业资格中的职业道德教育。教育的侧重点应放在职业观念、职业情感及职业规划等方面。

（2）岗位职业道德继续教育，指利用开展继续教育的形式对已经取得会计从业资格证书或取得注册会计师资格的人员进行职业道德教育。

2. 接受教育的意义

岗位职业道德教育是岗前会计职业道德教育的延续，是强化会计职业道德教育的有效形式。岗位职业道德继续教育与会计人员继续教育结合在一起，属于会计人员继续教育的一部分。

3. 岗位职业道德教育的内容

其内容包括形势教育、专业理论教育、品德教育和法制教育四个方面。培训方法有面授、函授、录像和网络教学。

4. 会计人员继续教育的特点

其特点有适应性、针对性、灵活性。

【例 5 - 7】 会计职业道德教育的途径包括（ ）两方面。

A. 法制教育   B. 岗前职业道德教育
C. 自我教育   D. 岗位职业道德继续教育

【答案】 BD

【解析】 会计职业道德教育的途径可以分为岗前职业道德教育和岗位职业道德继续教育两部分。

（二）自我修养的途径

1. 含义

自我修养是指会计人员在会计职业活动中，按照会计职业道德的基本要求，在自身道德品质方面进行的自我教育、自我改造、自我锻炼、自我提高，从而达到一定的职业道德境界。

2. 自我修养的环节

包括道德认知、道德情感、道德信念、道德行为等几个方面的修养。这几个环节相互联系，不可或缺，形成一个完整的会计职业道德修养过程。

3. 自我修养的途径

（1）慎独慎欲；

（2）慎省慎微；

（3）自警自励。

复习思考题

（1）简述会计职业道德教育的形式和内容。

（2）简述会计职业道德自我修养的途径。

第四节　会计职业道德建设组织与实施

一、财政部门的组织推动

各级财政部门应当负起组织和推动本地区会计职业道德建设的责任，把会计职业道德建设与会计法制建设紧密结合起来。

（1）采用多种形式开展会计职业道德宣传教育；

（2）会计职业道德建设与会计从业资格信息化管理相结合；

（3）会计职业道德建设与会计专业技术资格考评、聘用相结合；

（4）会计职业道德建设与《会计法》执法检查相结合；

（5）会计职业道德建设与会计人员表彰奖励制度相结合。

二、会计行业的自律

充分发挥会计协会等会计职业组织的作用，改革和完善会计职业组织自律机制，有效发挥自律机制在会计职业道德建设中的促进作用。

会计职业组织在促进会计职业道德建设中可采取的措施有：

（1）制定会计职业道德规范；

（2）开展会计职业道德典型人物宣传；

(3) 对违反会计职业道德的会员实施惩戒;

(4) 对严格遵守会计职业道德的会员予以表彰。

三、企事业单位的内部监督

形成内部约束机制,防范舞弊和经营风险,支持并督促会计人员遵循会计职业道德,依法开展会计工作。

四、社会各界的监督与配合

(一) 各有关部门和机构要重视会计职业道德建设

加强会计职业道德建设,既是提高广大会计人员素质的一项基础性工作,又是一项复杂的社会系统工程;不仅是某一个单位、某一个部门的任务,也是各地区、各部门、各单位的共同责任。

(二) 发挥社会舆论的重要监督作用

广泛开展会计职业道德的宣传教育,加强舆论监督,在全社会会计人员中倡导诚信为荣、失信为耻的职业道德意识,引导会计人员加强职业修养。

复习思考题

(1) 财政部门可以从哪些方面组织实施会计职业道德建设?

(2) 法律惩罚和道德惩戒两者能否同时并处? 为什么?

第五节 会计职业道德的检查与奖惩

一、会计职业道德检查与奖惩的意义

(1) 具有促使会计人员遵守职业道德规范的作用;

(2) 裁决与教育作用;

(3) 有利于形成抑恶扬善的社会环境。

二、会计职业道德检查与奖惩机制

(1) 财政部门的监督检查;

(2) 会计行业组织的自律管理与约束;

(3) 激励机制的建立。

复习思考题

1. 简述会计职业道德检查与奖惩的意义。

2. 会计职业道德检查与奖惩的机制是什么?

参 考 书 目

[1] 财经法规与会计职业道德编委会. 财经法规与会计职业道德 [M]. 上海：立信会计出版社，2015.

[2] 赵金英，魏亚丽. 财经法规与会计职业道德 [M]. 北京：经济科学出版社，2015.

[3] 丁蕾. 财经法规与会计职业道德 [M]. 北京：北京大学出版社，2016.

[4] 财经法规与会计职业道德编委会. 财经法规与会计职业道德 [M]. 郑州：河南人民出版社，2013.